Reis

Christine Ingram

Reis

Über 160 körnig-köstliche Rezeptideen

BECHTERMÜNZ

Originaltitel: Rice & Risotto
Originalverlag: Anness Publishing Ltd, U.K.

Deutsche Erstausgabe

Rezepte: Carla Capalbo, Kit Chan, Roz Denny, Rafi Fernandez, Silvana Franco, Deh-Ta Hsiung, Shezad Husain, Christine Ingram, Soheila Kimberley, Masaki Ko, Elizabeth Lambert Ortiz, Ruby Le Bois und Sallie Morris

Gestaltung: Penny Dawes
Fotografien: Dave King (Rezepte) und David Jordan (Schnitt und Gestaltung)
Lebensmittel/Gerichte für Fotos: Jennie Shapter (Rezepte)
und Sara Lewis (Schnitt und Gestaltung)
Stylist: Jo Harris
Indexbearbeitung: Vicki Robinson

Aus dem Englischen übertragen von Verena Blum (akapit Verlagsservice)
Produktion der deutschen Ausgabe: akapit Verlagsservice, Berlin – Saarbrücken

Umschlaggestaltung: +Malsy, Kommunikation und Gestaltung, Bremen
Umschlagmotiv: Hoffmann & Reichelt, Delmenhorst

Gesamtherstellung: Offizin Andersen Nexö, Leipzig
Printed in Germany

ISBN 3-8289-1073-4

HINWEIS

Die Zutaten werden fallweise in Tassen und Tee- bzw. Esslöffeln angegeben, wobei 1 Teelöffel (TL.) 5 ml entspricht, 1 Esslöffel (EL.) 15 ml und eine Tasse 250 ml. Wenn nicht anders angegeben, werden mittelgroße Eier verwendet.

INHALT

EINFÜHRUNG

Reis ist für seine große Vielfalt bekannt und seit Tausenden von Jahren eine Lieblingszutat von Köchen auf der ganzen Welt. Der Reisanbau spielte in der Entwicklung der Menschheit durchaus eine Rolle, und dieses faszinierende Buch beginnt mit einem Blick auf seine Geschichte und auf die mystische Verehrung, die dem Getreide von einigen Kulturen heute noch entgegengebracht wird. Sie finden ein fotografisches Verzeichnis der Reissorten und Informationen über die verschiedenen Zubereitungsformen. Jedes Land hat seine eigenen köstlichen Reisrezepte, die hier für Sie gesammelt wurden. Lernen Sie Reis als vielseitiges Grundnahrungsmittel kennen und schätzen.

Reis ist das Grundnahrungsmittel für einen Großteil der Weltbevölkerung. Das Getreide hat auch die Kulturen Asiens geprägt, weil Reis in der Mythologie den Himmel mit der Erde verbindet und so die Sterblichen mit den Göttern. In Bangladesch, Thailand und China grüßt man sich mit: „Hast du heute Reis gegessen?“ statt mit „Wie geht es dir?“. Und zu Neujahr sagt man: „Möge dein Reis nie anbrennen.“ Eine Schale Reis umzustoßen, bedeutet Pech. Das Umkippen einer fremden Reisschale gilt sogar als schwere Beleidigung.

In ganz Südostasien betonen Feste und Traditionen die große Bedeutung von Reis. In Kambodscha zum Beispiel – hier glauben die Menschen, dass der Reisgeist, Yiey Tep, auf den Reisfeldern lebt – zeigen die Bauern ihre Ergebenheit durch Gebete und Opfer aus süßem Reis. Die Balinesen haben viele Reisrituale – vom Auslegen von Reis rund um die Felder, um böse Geistern fernzuhalten, bis zu sagenhaften Zeremonien in den zahlreichen Tempeln der Insel.

Es gibt zwei Grundeinstellungen, was Reis betrifft, und somit auch zwei Arten von Reisessern. Für viele im Westen ist Reis einfach nur ein weiteres Getreide, wenn auch ein geschätztes. Wir sehen Reis als angenehme Alternative zu Kartoffeln, Nudeln oder Brot; kochen Pilaws, Currygerichte oder Risottos oder richten Reis als Salat an.

Aber für die Menschen in Indonesien, Thailand und anderen südostasiatischen Ländern ist Reis der Mittelpunkt des Lebens. Viele Asiaten essen dreimal täglich Reis, und in einigen Sprachen wie thailändisch ist das Wort für „Reis essen“ das gleiche wie für „essen“ im Allgemeinen. Zum Beispiel ist für viele Chinesen und Malaien der Reis die Hauptmahlzeit – der Rest ist „nur“ Soße. Im Durchschnitt konsumieren wir im Westen 1,8 kg Reis pro Jahr. In Asien aber sind es 150 kg. In diesem Buch empfehlen wir für vier Personen 225 g Reis – also eine gute Tasse voll ungekochten Reis. Diese Menge würde einen hungrigen Erwachsenen in Indonesien oder China kaum satt machen. Auf der ganzen Welt werden pro Jahr etwa 350 Millionen Tonnen Reis produziert, und mehr als die Hälfte davon wird im Umkreis von 48 km von der Erntestelle gleich wieder konsumiert.

Reisfelder sind ein typsiches Bild Südostasiens. Die 2.000 Jahre alten Reisterrassen der Ifugao auf Luzon im Norden der Philippinen sind sogar eines der acht Weltwunder. Reis, der auf Feldern wächst, wird Paddyreis genannt, was von dem Wort *padi* kommt. Das heißt so viel wie „Reis, der im tiefen Wasser wächst“. Reis wird als Paddy bezeichnet, bis er gedroschen wurde.

In Asien wird der größte Teil des Reises immer noch per Hand gepflanzt, gehegt und geerntet. In den USA und Australien dagegen ist dieser Prozess voll mechanisiert.

Aber gerade durch die fehlende Automatisierung in Asien ist der Reisanbau eine starke Wirtschaftskraft. Ganze Familien beschäftigen sich mit dem Anbau und der Ernte ihres eigenen Reises, und jeder Einzelne hat eine wichtige Aufgabe dabei. Reis versorgt die Familie, so lange das Wetter mitspielt, der Regen kommt und der Reisanbau die Lebensweise bestimmt.

Unten: Reis wird in ganz Frankreich angebaut – hier die Provence – obwohl keine großen Mengen exportiert werden.

Links: Chinesische Arbeiter ernten Reis in einem Reisfeld (19. Jahrhundert).

DIE GESCHICHTE VOM REIS

Betrachen Sie die Geschichte von Reis etwas genauer, und Sie entdecken, dass sie mit vielen seltsamen und faszinierenden Mythen verbunden ist. Reis hat mehr Menschen ernährt als jedes andere Essen und die Geschichte seines Anbaus ist eine der wichtigsten Entwicklungen der Menschheit. Jede fernöstliche Kultur hat ihre eigene Reissagen und in vielen Ländern sind diese Mythen noch heute lebendig.

In Bali und anderen Teilen Indonesiens erzählt ein Schaffensmythos, wie dank Gott Vishnu die Erde Reis gebar und Gott Indra den Menschen den Anbau zeigte. In China wird von einer verheerenden Überschwemmung erzählt, die die ganze Ernte zerstörte. Die Bewohner litten Hunger, doch eines Tages sahen sie einen Hund mit gelben Samen am Schwanz. Als der den überschwemmten Boden berührte, wuchs Reis.

In den Mythen aus Indonesien, Thailand und Japan ist der Reisgeist weiblich. Er ist jung und zart – eine schöne Maid, deren Gesicht mit Reispulver gepudert ist, um ihre perfekte weiße Haut zu betonen. In fast allen Kulturen Asiens spiegelt sich diese Weiblichkeit in der Art des Anbaus wider. Die Männer bestellen das Land, legen die Dämme an und bewässern die Felder. Aber es sind die Frauen, die den Reis pflanzen, hegen, schneiden und schließlich kochen.

Es gibt in Südostasien viele Zeichen dafür, dass der Reis noch heute verehrt wird. Eine Familie bewahrt ihren Reis immer traditionell in einer Reisscheune auf. Es heißt, dass der Reisgeist sich in diesen schönen, kunstvollen Gebäuden bis zur nächsten Aussaat aufhält, und es gibt meist sehr strenge Vorschriften darüber, wer diese Scheunen betreten darf. Für gewöhnlich dürfen nur Frauen hinein und das auch nur einmal täglich.

Diese Mythen erzählen uns viel über die Geschichte vom Reis und heben seine zentrale Rolle im Leben der Menschen hervor. Wie und wann er zuerst angebaut wurde, ist wesentlich schwieriger zu ergründen. Sicher ist, dass er aus Südostasien stammt und dort vermutlich schon seit 8.000 Jahren kultiviert wird. Funde in einer Höhle im Norden Thailands belegen, dass Reis um etwa 6.000 v.u.Z. angebaut wurde.

Wilder Reis stammt aus der Familie der Gräser und wuchs in ganz Thailand. Wahrscheinlich baute der frühe Mensch erst wilden Reis an und kultivierte dann später lokale Arten. Einige Forscher glauben, dass der erste Reis trocken war und Nassreis eine spätere Entwicklung. Andere sagen, dass die Menschen Reis gemäß den vorhandenen Gegebenheiten anbauten. Reis kann sich immer dem Standort anpassen. Einige Arten tolerieren kalte Nächte und Überschwemmungen, während andere heiße Temperaturen und relative Trockenheit.

Nach und nach erkannten die Leute den Wert dieses nahrhaften Getreides, und Reis begann zu wandern. Von Nordostindien und Thailand aus verbreitete er sich erst über Südostasien

Oben: Hungersnot von 1900 in Bombay. Den Hungernden wird Reis gegeben.

und von dort aus weiter. Man glaubt, dass der Reisanbau in China um 4.000 v.u.Z. im Delta des Jangtsekiang begann, obwohl der Reis dort vielleicht zuerst für Unkraut gehalten wurde, da zu dieser Zeit in Teilen dieser Region Taro angebaut wurde. Reis wurde wahrscheinlich erst um 800 v. Chr. ein wichtiger Teil der chinesischen Nahrung.

Im neunten Jahrhundert wurde Reis in ganz Südchina gegessen, während er im Norden, wo er nicht angebaut werden konnte, nur den Reichen vorbehalten blieb. Es ist erstaunlich, dass Reis Japan erst im zweiten Jahrhundert v.u.Z. erreichte und selbst dann für die meisten Japaner Hirse das wichtigste Getreide blieb. Zwölfhundert Jahre später war Reis immer noch vorwiegend für die Reichen und sollte für weitere 800 Jahre nur wenig konsumiert werden.

DER REST DER WELT

Es ist schwierig, festzulegen, wie und wann der Reisanbau über Asien hinausging. Im Mittelmeerraum und Orient war Weizen das Hauptanbauprodukt, während in Amerika Mais das bei weitem wichtigste Getreide darstellte. Reis war hier nicht bekannt, bis die Spanier ihn im späten 16. Jahrhundert einführten.

Reis wird in vielen Ländern des Orients genossen, wobei Basmati-Reis besonders beliebt ist. Heute ist dort die Vielfalt der Reisgerichte sehr groß, aber das war natürlich nicht immer so. Reis wurde vermutlich durch Eroberungen und Handel über Nordindien und Afghanistan eingeführt. Doch selbst im 13. Jh. wurde Reis in Bagdad immer noch als Luxus angesehen.

Reis kam auf verschiedenen Wegen nach Europa. Seine Beliebtheit lag nicht so sehr an seiner Vielseitigkeit, sondern daran, ob er kultiviert werden konnte oder nicht. Konnte Reis nicht vor Ort angebaut werden, ließen die Transportkosten seinen Preis steigen und begrenzten so Angebot und Nachfrage. In der Mitte des 13. Jhs. sanken die Transportkosten für Nahrungsmittel, und Lebensmittel wie Reis, der zuvor sehr exotisch war, wurden für die Mehrheit und nicht nur für die Elite erschwinglich.

Die Mauren, die Spanien vom Beginn des 8. Jahrhunderts an etwa 300 Jahre lang beherrschten, führten auch den Reis ein. Sie bauten die Bewässerungskanäle um Valencia und in den Bergen um Murcia, die noch heute für den Anbau genutzt werden.

Die Araber brachten einen trockenen oder Hochlandreis nach Sizilien, und schon kurze Zeit später gab es Reisfelder in Norditalien: um Piemont und auf den Ebenen der Lombardei. Hier wurde ein nasser Rundkornreis angebaut, der laut vielen Historikern nicht aus dem Süden des Landes kam, sondern aus Spanien stammt, wo lange Zeit eine andere Art Rundkornreis angebaut wurde. Ab dem 14. Jh. merkten die Herrscher um Pisa und Mailand, dass Reis eine gute Alternative zu Weizen als Grundnahrungsmittel war. Nach einigen Hungersnöten begannen sie ernsthaft, den Reisanbau zu fördern. Im 18. Jh. war der Reis aus Piemont so hochwertig, dass Thomas Jefferson, zu dieser Zeit US-Botschafter in Frankreich, ein paar Körner aus Italien schmuggelte und sie mit einer Anleitung zum Anbau zu Freunden in Charleston schickte (Hierbei handelte es sich um ebenjenen Thomas Jefferson, der die Unabhängigkeitserklärung der USA verfasst hatte und später der dritte Präsident der Vereinigten Staaten werden sollte).

In den Teilen Europas, wo ein Anbau nicht möglich war, wurde Reis oft mit Argwohn betrachtet, und scheinbar gab es dort ein wenig Widerstand dagegen, ihn zu essen. Zumindest in Großbritannien vergingen trotz des stets präsenten Milchreises viele Jahre, bis Reis wirklich angenommen wurde. Reis war aber nicht völlig unbekannt in England. Im 13. Jh. brachten die von den Kreuzzügen heimkehrenden Ritter neben anderen arabischen Produkten wie Zucker und Zitronen auch Reis mit.

Lange wurde Reis in Großbritannien genauso wie die neuen teuren Gewürze betrachtet. Nur Küchenchefs nutzten sie, um für die Aristokratie delikate Süßspeisen zuzubereiten. Diese waren aber kein Essen für das Volk. Außer

Oben: Reisbewässerung in China während der Yuan-Dynastie, 13.–14. Jh.

Links: Männer und Frauen bei der Reisernte im China des 13.–14. Jahrhunderts: Dreschen, Worfeln und Sortieren.

Oben: Ein überflutetes Reisfeld in Queensland, Australien. Das Wasser wird vor der Ernte abgelassen.

durch Milchreis war Reis durch ein kräftiges Frühstück bekannt, das Kedgeree, das im Indien des 19. Jahrhunderts unter der englischen Kolonialherrschaft entstanden war. Kedgeree basiert auf dem indischen *kitchiri* und ist ein cremiges Gemisch aus geräuchertem Schellfisch, Eiern und Basmati-Reis, der meist mit Muskat und Curry gewürzt ist. Es wurde im viktorianischen England sehr beliebt und ist heute ein Lieblingsgericht der ganzen Nation.

Die Spanier und die Portugiesen führten Reis in Amerika ein und seitdem wächst er dort. Heute ist Reis in den meisten südamerikanischen Ländern eine sehr wichtige Feldfrucht. Ein besonderes Beispiel hierfür ist Brasilien, das so viel Reis anbaut wie Japan und trotzdem damit noch immer nicht seinen Bedarf decken kann. Brasilien ist nach Europa der größte Reisimporteur der Welt.

Einige Historiker glauben, dass Sklaven aus Westafrika Reis nach Nordamerika mitbrachten. Es hieß, dass nur sie das Wissen um den Reisanbau hätten. Eine andere Geschichte erzählt von einem Schiff aus Madagaskar, das vom Kurs abkam und im Hafen von Charleston, South Carolina, landete. Aus Dankbarkeit schenkte der Kapitän der Stadt ein paar „Goldkörner", eine Reissorte, die ihrer Farbe wegen so heißt. Die Wahrheit ist wahrscheinlich wie meistens eine Mischung dieser Geschichten.

Die ersten spanischen Siedler in Florida brachten neben Weizen und Brot auch Reis aus der Alten Welt mit. Obwohl Florida sehr gute Bedingungen bot, wurde doch South Carolina das Zentrum des Reisanbaus. Versuche, Hochlandreis in North Carolina anzubauen, schlugen fehl, aber der Anbau von Carolina Gold in den Süßwassersümpfen von South Carolina erwies sich als erfolgreich. Im späten 17. Jahrhundert wurde Carolina Gold in großen Mengen produziert.

Die Reisfelder in South Carolina wurden ausschließlich von Sklaven bearbeitet, was direkt zum Zusammenbruch der dortigen Reisindustrie beitrug. Als die Sklaven nach Ende des Amerikanischen Bürgerkriegs befreit wurden, verließen sie die Reisfelder. Der Krieg setzte dem groß angelegten Reisanbau in den beiden Carolinas und in Georgia ein Ende, aber entlang des Mississippi, in Louisiana, Arkansas and Texas wurde er weitergeführt. Zu Beginn des 20. Jhs. gelangte der Reis nach Kalifornien, wo er heute noch bedeutend ist. Die USA sind jetzt der zweitgrößte Reisexporteur der Welt.

Links: Der Mähdrescher spielt bei der modernen Reisernte eine wichtige Rolle.

DAS REISFELD

Kurz vor der Ernte bieten die Reisfelder Asiens einen spektakulären Anblick. An den Berghängen und in den Tälern gleicht das Land einem Meer weicher, heller Schattierungen von Grün, und aus der Ferne scheint es immerwährend zu wogen. Aus der Luft sieht man, dass einige Felder überflutet sind, viele dagegen trocken. Das sind die Felder, wo die Bauern für die Ernte das Wasser abgelassen haben, während der Reis weiter reift und der Boden begehbar wird. Die Annahme, dass die Reispflanze ihr ganzes Leben im Wasser verbringt, ist falsch. Mit dem Wasser werden die Felder überflutet, und die Pflanze bleibt für einige Wochen oder Monate unter Wasser, aber der achtsame Bauer wird den Wasserstand immer regulieren.

Einteilung

Es gibt zahlreiche Reissorten, obwohl alle von einer einzigen Art abstammen. In einfachen Worten: Jede dieser Arten kann einer von drei Hauptgruppen zugeordnet werden: Indica, Japonica und Javonica. Wie der Name verrät, ist Indica der Reis Indiens. Die Körner sind lang und bleiben beim Kochen meist körnig. Japonica, der in anderen Teilen Asiens angebaut wird, hat kurze Körner, die beim Kochen zusammenkleben. Die dritte Gruppe, Javonica, ist langkörnig, aber klebrig.

Anbau

Reis ist das einzige wichtige Getreide, das im Wasser angebaut wird. Dieses gibt der Pflanze Nährstoffe, schützt sie von extremer Hitze und Kälte, und einige glauben, dass es Unkraut mindert, obwohl trotzdem gejätet werden muss.

In Amerika werden die Felder durch ein Kanalsystem geflutet, das bei Bedarf frisches Wasser von einem nahen Fluss zuführt. In Südostasien fließt das Wasser für die Reisfelder ständig, aber der Verlass auf die natürliche Versorgung kann zum Problem werden. Es gibt immer zu viel Wasser oder zu wenig, oder es fließt zu schnell oder gar nicht.

Die Pflanze übersteht nasse und trockene Perioden, kann auch in stehendem Wasser angebaut werden, aber im besten Fall wird nach der Blüte geflutet und vor der Ernte trocken gelegt.

Reis wird heute auf der ganzen Welt angebaut. Die Hauptanbaugebiete sind der Süden der USA, Brasilien, Ägypten, Spanien und Italien. Die größte Reis produzierende Region ist Südostasien von Pakistan im Osten bis Japan und den Philippinen im Westen.

Im Westen hat die Mechanisierung die Arbeiten übernommen, die in Asien noch immer per Hand verrichtet werden. Die Reisfelder in Texas und Louisiana sehen völlig anders aus als die in Bali oder Thailand. Nur in Asien werden Sie die Bilder finden, die man traditionell mit dem Reisanbau verbindet: Wasserbüffel, die die Felder eggen, Männer, die vor dem Pflanzen die Felder hacken, und Frauen mit den typischen Hüten, die die Reissetzlinge pflanzen.

In Asien versuchen die Bauern, zweimal im Jahr zu ernten. Der erste Schritt dafür ist die Vorbereitung des Landes. Mit der Hacke wird der Boden aufgebrochen, der dann überflutet wird. In bergigen Regionen wird der Reis erst in den obersten Feldern angebaut. Sobald diese Felder nass sind, lässt man das Wasser bergab zu den unteren Terrassen fließen. Ochsen oder Wasserbüffel eggen die überfluteten Felder, die dann bepflanzt werden – meist von Frauen. Das Bepflanzen eines Feldes kann Tage dauern, und während der Reis wächst, werden alle Familienmitglieder benötigt, um das Düngen, Jäten oder das Ausbringen von Pestiziden zu verrichten.

Ernte

In vielen Ländern Asiens gehen zur Ernte wieder die Frauen auf die Felder, um mit Hilfe eines scharfen Messers die Reishalme abzuschneiden. Reis ist so wichtig für das Leben der Leute, dass sie weiter den alten Traditionen folgen; die Frauen verbergen die Messer, um den Reisgeist vor der Kenntnis seines nahen Todes zu schützen.

Wenn die Reishalme abgeschnitten wurden, werden sie gebündelt und gedroschen – mit Dreschflegeln auf einer harten Unterlage oder über Stachel gezogen, um die Reiskörner zu lösen. Die Mechanisierung ist im Vormarsch, aber in Teilen von Java oder Bali können Sie noch immer diese Arbeiten beobachten. Hier wird das Korn in Handarbeit geschält und von der Spreu getrennt, bevor es in der traditionellen Scheune der Familie gelagert wird, dem kunstvoll gearbeiteten Schrein für den Reisgeist.

Unten: Reisproduktion in Spanien. Gemahlene Körner werden zum Trocknen in die heiße Sonne gelegt (unten), dann abgefüllt und gewogen (oben).

Das Mahlen

Wenn er nicht gedroschen und handgeschält wird, wird der Paddy gleich nach dem Schnitt in die Mühle gebracht, wo man Kleie und Spelzen entfernt und „polierten" weißen Reis erhält. Ungemahlener, entspelzter Reis heißt Cargoreis. In dieser Form wird der Reis auch aus Asien und Amerika nach Europa importiert, damit er hier in einer der modernen Mühlen gemahlen werden kann, die man besonders in den Niederlanden findet.

In Europa ist das Mahlen ist ein mechanisierter Vorgang, obwohl das Prinzip dasselbe ist wie in den kleinen, reichlich lauten Mühlen Asiens. Der braune Reis passiert Walzen, die die braune Außenhaut wegreiben und das weiße Korn übrig lassen. Nach diesem Mahlvorgang wird er als „polierter" Reis bezeichnet. Früher setzte das eine Behandlung mit Glyzerin oder Talk voraus, damit die Körner glänzten, heute gibt es das nur noch selten.

Vermarktung

Bis vor kurzem war der ganze auf einem typisch asiatischen Feld angebaute Reis für den Eigenbedarf, und noch heute werden weniger als 4 % zwischen den Ländern gehandelt. Die Nachfrage nach Reis wächst aber weltweit, und da die Landwirtschaft sich weiter ausbreitet, verkaufen die Reisbauern einen größeren Anteil ihrer Ernte entweder für den lokalen Markt oder den Export.

Europa ist der größte Reisimporteur, gefolgt von Brasilien und dem Orient. Viele Reis anbauende Länder importieren ihn, um, wie im Falle von Brasilien, ihre eigene Ernte zu ergänzen oder ihren eigenen Reis zu exportieren. Um Devisen zu erhandeln, exportiert China den größten Teil seines hochwertigen Reises und importiert für sein Volk minderwertigen. In Teilen Punjabs, wo Basmati-Reis angebaut wird, wird fast die ganze Ernte exportiert. Der Preis, der damit erzielt werden kann, ist ein Ansporn dafür, diesen Qualitätsreis zu verkaufen. Paradoxerweise wird in dieser Region sowieso mehr Brot als Reis gegessen.

ERNÄHRUNG

Reis ist ein allergiefreies Lebensmittel, das reich an komplexen Kohlenhydraten, salz- und fettarm ist. Da brauner Reis den Keim behält, hat er einen doppelt so hohen Nährwert wie weißer Reis und wird deswegen als die gesunde Alternative angesehen. Das sollte Sie aber nicht davon abhalten, weißen Reis zu essen, da jeder Reis gut für Sie ist.

Stärke/Kohlenhydrate Reis enthält zwei Stärketypen. Von diesen hängt es ab, wie klebrig der Reis ist. Reis ist ein ausgezeichnetes kohlenhydrathaltiges Nahrungsmittel, das Ihnen Energie liefert, ohne die Fettzufuhr zu erhöhen.

Eiweiß Jede Sorte enthält einen kleinen Anteil leicht verdaulichen Proteins.

Mineralstoffe Reis enthält kleine Mengen Phosphor, Magnesium, Kalium und Zink. Da diese Mineralstoffe vorwiegend im Keim stecken, findet man sie vorwiegend in braunem Reis und in kleineren Mengen in Parboiled Reis, bei dessen Herstellung die Nährstoffe ins Innere des Korns gepresst werden.

Ballaststoffe Der Keim in braunem Reis besteht zum Teil aus Ballaststoffen, von denen auch einige im weißen Reis verbleiben, wenn der Keim entfernt wurde.

Vitamine Im Reis befinden sich kleine Mengen der Vitamine E und B, Thiamin, Riboflavin, Niacin, Vitamin B6 und Folsäure. Da die meisten Vitamine im Keim enthalten sind, ist brauner Reis reicher. daran, und Parboiled Reis hat einen höheren Vitaminanteil als weißer Reis.

REISSORTEN

Es gibt Tausende Sorten von Reis. In den großen Reisanbaugebieten der Welt ist es nicht ungewöhnlich, dass jedes Reisfeld seine eigene Sorte hervorbringt. Das bedeutet aber nicht, dass die Leute in diesen Regionen einer verwirrenden Auswahl gegenüberstehen. Im Gegenteil: die Meisten essen nur den Reis, der vor Ort angebaut wird. Es heißt, dass mit weltweit nur ein oder zwei Ausnahmen 65 % des Reises in einem Umkreis von 500 Metern von der Stelle gegessen werden, wo er angebaut wird.

Es gibt mehrere Möglichkeiten, Reis einzuteilen: nach Region, nach Farbe, nach Kocheigenschaften oder sogar nach dem Preis. In einem Asialaden werden Sie eine dieser Einteilungsmethoden vorfinden, aber die gebräuchlichste, die es auch in den normalen Supermärkten gibt, ist die Einteilung nach der Länge des Korns: lang, mittel oder kurz bzw. rund. Die Faustregel ist, dass Lang- und Mittelkornreis für eher kräftige Mahlzeiten genommen werden und Rundkornreis für Süßspeisen, obwohl es Ausnahmen gibt: Risotto wird zum Beispiel immer aus einem besonderen Rundkornreis zubereitet.

Links: Weißer und brauner Langkornreis.

Unten: Bioreis wird ganz ohne Chemie angebaut.

Bioreis

Dieser Reis wird ohne den Einsatz von Pestiziden oder Dünger angebaut. Er kann lang, mittel oder rund sein.

Langkornreis

Langkornreis ist drei- oder viermal länger, als er breit ist. Beim Kochen bleibt er locker. Langkornreis kann in vielen Rezepten benutzt werden.
Weißer Langkornreis Das ist der am häufigsten erhältliche weiße Reis. Er stammt aus verschiedenen Ländern. Die USA sind der wichtigste Produzent für den Langkornreis, der in Europa verkauft wird. China, Indien, Malaysien, Thailand und andere Länder produzieren viel mehr Langkornreis als die USA, aber dieser wird in erster Linie für den eigenen Markt hergestellt und nicht exportiert.

In China wird Langkornreis *xian* oder *indica* genannt (*oryza indica* ist der Oberbegriff für alle Langkornreise). In den Reis essenden Regionen Chinas ist dies der billigste und am einfachsten erhältliche für den täglichen Konsum.

Bei der weißen Sorte Langkornreis wurden beim Mahlen der Keim und die äußeren Schichten entfernt. Die Körner sind weiß und schimmern leicht, weshalb sie oft als poliert bezeichnet werden, obwohl das eigentlich den Einsatz von Glyzerin oder Talk voraussetzen würde, was ihnen ein weiches, glänzendes Aussehen verleiht. Heute ist dieses Verfahren nur noch selten anzutreffen, obwohl sich der Terminus „polierter Reis“ in einigen Gegenden hartnäckig hält. Obwohl weißer Reis nicht den Geschmack von Basmati oder thailändischem Duftreis hat, ist er trotzdem sehr beliebt und für eine große Anzahl westlicher und auch asiatischer Gerichte zu empfehlen.

Weißer und brauner Basmati-Reis, der wegen seines feinen Duftes und der schlanken Körner sehr beliebt ist.

Brauner Langkornreis Manchmal auch als Vollkornreis oder „ungeschält“ bezeichnet, entspricht er Vollkornbrot. In Ländern, in denen Reis ein Grundnahrungsmittel ist und darum in großen Mengen gegessen wird, ist brauner Reis recht unbeliebt und wird selten gegessen. In der westlichen Welt wird der meiste braune Reis konsumiert, da er als die gesündere Alternative zum weißen Reis gilt und wegen seines nussigen Geschmacks genossen wird. Brauner Reis ist fast immer Lang- oder Mittelkornreis. Kurzkornreis wird wahrscheinlich wegen seiner fast ausschließlichen Verwendung für Süßspeisen gemahlen, um die Kleie zu entfernen. Es ist aber möglich, braunen Kurzkornreis in Reformhäusern zu erhalten.

Rechts: Langkornreis aus den USA.

Basmati-Reis

Dieser Reis wird in der Region Punjab angebaut, die sich von Nordindien und dem angrenzenden Pakistan bis in das Vorgebirge des Himalaya erstreckt. Der einzigartige Geschmack und die Konsistenz des Basmati-Reises liegen wohl am besonderen Boden und dem Klima dieser Region. Das Hindi-Wort „basmati“ bedeutet „der Duftende“, und für viele Reisliebhaber auf der ganzen Welt ist Basmati der König des Reises. Er hat einen feinen aromatischen Geschmack. Die Körner sind lang und schlank und werden beim Kochen wegen ihrer wunderbaren Konsistenz sogar noch länger. Es gibt verschiedene Handelsklassen für Basmati-Reis, aber für den Käufer ist es unmöglich, sie zu unterscheiden, es sei denn, er kostet sich durch alle Marken, um die beste Sorte herauszufinden. Basmati-Reis eignet sich vorzüglich für fast jedes pikante Reisgericht und ist perfekt für Pilaws oder Currygerichte. Er ist eine grundlegende Zutat für Biryani.

Brauner Basmati-Reis Wie alle Sorten braunen Reises beinhaltet auch er die Kleie. Er schmeckt wie weißer Basmati-Reis, hat aber die typische Konsistenz von braunem Reis. Für indische Gerichte wird er nicht verwendet, aber für westliche eignet er sich vorzüglich.

Oben: Thailändischer Duftreis

Patna-Reis

Früher kam der meiste in Europa verkaufte Langkornreis aus Patna in Indien. Der Begriff wurde ziemlich locker für jeden Langkornreis verwendet. Diese Gewohnheit hat sich in Teilen der USA gehalten, aber anderswo wird so nur eine besondere Art Langkornreis aus der Region Bihar in Indien bezeichnet.

Dehra Dun

Ein lockerer indischer Langkornreis. Außerhalb Indiens ist er eigentlich nicht erhältlich – außer in Fachgeschäften.

Domsiah-Reis

Ein feinkörniger, persischer Reis, erhältlich in orientalischen Läden.

Thai-Duft- oder Jasmin-Reis

Dieser Langkornreis wird in Thailand angebaut und viel in der südostasiatischen und orientalischen Küche verwendet. Der Reis hat ein zart duftendes, fast milchiges Aroma, wodurch er perfekt zur exotischen asiatischen Küche passt. Gekocht sind die Körner leicht klebrig. Thai-Reis eignet sich vorzüglich für pikante und süße Gerichte. Damit er seinen vollen Geschmack entfaltet, sollte er am besten nach der Quellreis-Methode gekocht werden.

Amerikanischer Duftreis

Die USA bauen verschiedene bekannte Duftreissorten wie Jasmin-Reis an und haben auch eigene Sorten gezüchtet. Texmati, die amerikanische Version vom Basmati-Reis, wird nur in den USA verkauft. Er kann aber oft in speziellen Amerikaläden gefunden werden.

Mittelkornreis

Mittelkornreis ist etwa doppelt so lang wie breit. Nach dem Kochen sind die Körner saftig und cremig, kleben aber mehr zusammen als Langkornreis. Mittelkornreis wird braun oder weiß verkauft. In Spanien wird der weiße Reis oft für Paella genommen.

Rundkornreis

Bei Rundkornreis werden die meisten von Ihnen entweder an Risotto denken oder an cremigen, langsam gekochten Milchreis. Beide Gerichte verdanken ihre Beliebtheit der Fähigkeit des Rundkornreises, Flüssigkeit aufzusaugen und dabei weich und klebrig zu werden. Rundkornreis ist ebenso lang wie breit. Die Körnchen kleben beim Kochen zusammen.

Milchreis

Das ist der Sammelbegriff für jeden Rundkornreis. Milchreis sieht weiß aus und hat kurze rundliche Körner. In den USA hieß er zuerst Carolina-Reis, benannt nach seinem ursprünglichen Anbaugebiet. Dieser Name wird heute nur noch selten verwendet, obwohl er manchmal in Kochbüchern vorkommt.

Italienischer Reis

Italien produziert mehr Reis und in größerer Vielfalt als jedes andere Land in Europa. Der meiste Reis wird im Norden des Landes angebaut, im Tal des Po um Piemont. Italienischer Reis wird nach seiner Größe eingeteilt: vom kürzesten Korn *ordinario* über *semi-fino* und *fino* bis zu *superfino*. Die meisten Sorten Risotto-Reis sind entweder *fino* oder *superfino*.

Rechts: rundkörniger Milchreis

Links: Risottoreis. Im Uhrzeigersinn von oben: Arborio, Carnaroli, Vialone Nano.

Arborio ist eine der bekanntesten Sorten von Risotto-Reis. Er ist nach der Stadt Arborio in der Vercelli-Region im Nordwesten Italiens benannt. Im Gegensatz zu den feineren Risotto-Reisen wie Carnaroli hat Arborio relativ lange rundliche Körner mit hohem Amylopektinanteil. Das ist die Stärke, die beim Kochen zergeht und *Risotti* seine cremige Konsistenz verleiht. Wegen der langen Körner und weil er weniger Amylose (gebundene Stärke) enthält, ist es nur allzu leicht, Arborio-Reis zu verkochen. In Rezepten wird oft empfohlen, die Platte abzuschalten, wenn er fast gar ist, und ihn ein paar Minuten ruhen zu lassen. Der Reis wird durch seine Wärme gar, ohne pappig zu werden.

Vialone Nano ist ein anderer beliebter Risotto-Reis mit runden Körnern. Vialone Nano enthält weniger Amylopektin als Arborio und hat einen höheren Amyloseanteil. So bleibt der Kern bissfest, während der Rest des Korns beim Kochen cremig wird. In Risottos neigt dieser Reis zu einer welligen Konsistenz, was im Italienischen als *all' onda* bezeichnet wird. Vialone Nano wird besonders gern für Risottos nach der Art von Venedig oder Verona verwendet.

Carnaroli gilt als der beste Risotto-Reis. Er wurde von einem mailändischen Reisbauern gezüchtet, der Vialone Nano mit japanischem Reis kreuzte. Die äußere Schicht des Korns besteht aus einer weichen Stärke, die beim Kochen zergeht und das Innere wunderbar bissfest lässt.

Spanischer Reis

In Spanien wird viel Reis angebaut, besonders in dem sumpfigen Gebiet um Valencia. Der am häufigsten angebaute Reis ist eine Mittelkornsorte, die eine leicht klebrige Konsistenz hat. Er wird besonders gern für Paella genommen. Der dort angebaute Langkornreis ist im Allgemeinen eine Zutat für Suppen.

In Spanien wird der Reis nach der Anzahl der ganzen Körner im Verhältnis zum Gewicht eingeteilt: *Categoria Extra* (rotes Etikett) ist der beste Reis mit 95 % ganzen Körnern, *Categoria Uno* (grünes Etikett) hat 87 % ganze Körner und *Categoria Due* (gelbes Etikett) 80 %. *Calasperra* ist ein hoch qualitativer Rundkornreis, den man im Gegensatz zu anderen Sorten, die es nur in besonderen Läden gibt, ziemlich oft im Ausland erwerben kann.

Grano Largo oder Variedad Americana Ein weißer Langkornreis. Sein braunes Pendant wird *arroz integral* genannt.

Bahia Ein Mittelkornreis, der für Paella verwendet wird.

Bomba Noch ein Paella-Reis. Wie beim italienischen Risotto-Reis saugen die rundlichen Körner viel Flüssigkeit auf.

Asiatischer Reis

In Japan werden zwei Sorten Reis gegessen: Klebreis (siehe weiter unten) und ein ovaler Rundkornreis namens *uruchimai*, der oft einfach als japanischer Reis verkauft wird. Obwohl er kein Klebreis ist, hat selbst der normale Reis haftende Eigenschaften – einen nicht klebenden Reis könnte man nur schwerlich mit Stäbchen essen.

Sushireis Im Westen wird ein Paket Sushireis fast zwangsläufig einen Rundkornreis enthalten, der erst gekocht werden muss, bevor Sie mit ihm Sushi zubereiten können. Typische Beispiele sind Japanischer Rose, Kokuho Rose und Calrose. Wenn Sie aber in Japan nach Sushireis fragen, wird man Ihnen welchen anbieten, der bereits mit Essig, Zucker und Salz gekocht wurde und schon komplett fertig ist.

Shinmai Hoch geschätzter japanischer Reis, der dort nur im Spätsommer verkauft wird. Er ist der erste Reis der Saison. Wegen des hohen Feuchtigkeitsgehalts braucht er weniger Wasser zum Kochen.

Links: Sushireis. Im Uhrzeigersinn: eine gesüßte Art, Kokuho und Sushireis.

Klebreis

Es gibt mehrere Sorten Klebreis. Der Name ist irreführend – die Körner enthalten keinen Kleber – aber er ist dafür berühmt, dass seine Körner beim Kochen aneinander haften. Bekannt als klebriger oder süßer Reis, wird Klebreis gewöhnlich nicht zu kräftigen Gerichten serviert, sondern gesüßt und entweder heiß oder kalt mit Früchten als Dessert.
Japanischer Klebreis Dieser Rundkornreis wird beim Kochen klebrig, wodurch man ihn perfekt formen kann. Er hat einen leicht süßlichen Geschmack.
Chinesischer Klebreis In China wird Klebreis *geng*-Reis genannt. Er ist auch unter seinem Gattungsnamen (*oryza japonica*) bekannt. Es gibt weiße und schwarze Arten und auch eine rötliche, die entlang des Jangtsekiang wächst. Klebreis wird für Puddings und Dim Sum verwendet.

Oben: Weißer, rundkörniger, chinesischer Klebreis

Thailändischer Klebreis Auch weiß- und schwarzkörnig erhältlich ist er in Milchreis und Desserts ausgesprochen beliebt. Die gekochten schwarzen Körner sind eigentlich eher dunkelblau-violett.

Roter Reis

Roter Reis ist in den Reisanbaugebieten nicht unbekannt, aber er wird nicht immer gern gesehen, da er eine Wildpflanze ist, die als spröde, zerbrechlich und nachweislich schwierig zu ernten gilt. In Frankreich aber wurde in der Camargue ein roter Reis entwickelt, der durch eine Kreuzung mittels Fremdbestäubung aus dem einheimischen weißen Reis und wildem roten Reis entstand. Das ungekochte Korn ist rotbraun. Das Kochen verstärkt die Farbe, und das Wasser rötet sich. Wie der meisten Sorten Vollkornreis muss auch roter Reis länger gekocht werden als weißer. Er hat einen nussigen Geschmack und eine gute, feste Struktur. Ersetzen Sie mit ihm braunen Reis oder weißen Langkornreis.

Oben: Die halb wilde Kreuzung – roter Reis

Wildreis

Er ist kein richtiger Reis, sondern eine Grasart, die in den sumpfigen Gebieten rund um die Großen Seen in Amerika wächst. Wildreis war ein Lieblingsessen der Indianer. Heute wird der meiste amerikanische Wildreis von Indianern geerntet, die besondere Verträge für seine Ernte haben.

Wildreis muss vor dem Kochen mehrere Stunden eingeweicht werden und dann noch etwa 40 Minuten kochen, bis die Schale aufplatzt. Wildreis ist im Moment auch bei uns in Mode, aber seine größte Beliebtheit genießt er immer noch in den USA. Mit ihm wird zu Thanksgiving der Truthahn gestopft als Symbol für die Tatsache, dass Wildreis für die ersten Siedler ein wichtiges Grundnahrungsmittel war, da der Weizen und die Gerste, die sie mitgebracht hatten, im neuen Land nicht gediehen.

Kanadischer Wildreis

Kanadischer Riesen-Wildreis

Kanadischer Wildreis ist dem aus den USA ähnlich. Seine Körner sind aber länger, und er wird als der besser Schmeckende angesehen. Der Reis wird an den Seen im Norden und an der Westküste Kanadas angebaut und von ortsansässigen Indianern geerntet. Vom Kanu aus ziehen sie traditionell die langen Halme zu sich heran und schlagen die Körner mit dem Paddel heraus. Ein Teil davon fällt dabei ins Kanu und der Rest als neue Saat ins seichte Wasser. Wie jeder Wildreis sollte auch diese riesige Form mehrere Stunden eingeweicht und gewaschen werden, bevor er mindestens 40 Minuten kocht, bis die harte Außenschale aufspringt.

Wild- und Basmati-Reis

Dies ist einfach eine Mischung aus zwei beliebten und gut schmeckenden Sorten. Da Wildreis normalerweise eine längere Kochdauer als einfacher Basmati-Reis hat, nehmen die Hersteller dieses Produkts einen parboiled Basmati-Reis mit längerer Kochzeit und mischen ihn mit einer Sorte Wildreis, die schneller als gewöhnlich gar wird. Achten Sie auf die Packungsangaben zu den Kochzeiten.

Parboiled Reis

Trotz seines Namens ist Parboiled Reis kein schnell kochender Reis; tatsächlich braucht er zum Kochen anderthalb mal länger als die meisten Sorten Langkornreis. Das Parboiling-Verfahren ist alt und wurde in Indien entwickelt. Der Vollkornreis wird eingeweicht und dann mit Dampf versiegelt, wodurch alle Nährstoffe aus der äußeren Schicht ins Innere gelangen. Bei weißen Reis wird diese äußere Schicht dann entfernt.

In Teilen Indiens und des Orients ist dieser Reis sehr beliebt. Im Westen wird er oft fälschlich für einen leicht kochbaren Reis gehalten, obwohl eine bessere Umschreibung vielleicht „schwer zu verderben“ wäre, da er beim Kochen eine Menge Fehler aushalten kann.

Die Körner des Parboiled Reis sind gelber als die von normalem Reis, obwohl diese Farbe beim Kochen verblasst. Wenn weißer Parboiled Reis gar ist, ist er von leuchtend weißer Farbe. Parboiled Reis braucht beim Kochen länger als normaler Reis, der Vorteil ist aber, dass er schön locker und körnig bleibt. Es gibt aber Leute, die diese Konsistenz nicht mögen und meinen, dass er einen faden Geschmack hätte.

Probieren Sie beide Sorten aus und vergleichen sie miteinander. Es gibt weißen und braunen Parboiled-Basmati-Reis und auch Langkornreis.

Unten: Wild- und Basmatireis

Schnell kochender Reis

Kochbeutel-Reis Er wird als Fertigreis bezeichnet, obwohl er genau so lange wie gewöhnlicher Reis braucht; das Beste daran ist, dass man nach dem Kochen den Topf nicht abwaschen muss. Meisten verwendet man Parboiled Reis als Kochbeutel-Reis.

Schnell kochender und vorgekochter Reis

Im Gegensatz zu Parboiled Reis ist vorgekochter Reis genau das, was er verspricht – bereits fertig gekochter Reis, der vor dem Servieren nur noch in Wasser gegeben und erwärmt wird. Viele verschiedene Marken sind erhältlich und jede mit anderen Anleitungen, so dass es wichtig ist, sich vor dem Kochen die Packung genau anzusehen.

Gefrorener Reis Auch ein vorgekochter Reis, der nur noch aufgetaut und erhitzt werden muss, was meistens auch in der Mikrowelle getan werden kann. Achten Sie auf die Packungsangaben.

Dosenreis Dieser Typ Reis könnte wirklich nicht einfacher zu handhaben sein. Sie öffnen die Dose, geben den Inhalt in eine Schüssel und erwärmen ihn in der Mikrowelle oder im Backofen. Dosenreis mag eine handliche Reserve für allein stehende Personen sein, ist aber eine sehr teure Art, Reis zu essen, und der Geschmack lässt zu wünschen übrig.

Rechts: Heute gibt es auf dem Markt eine große Auswahl an Fertigreis. Einige werden komplett gewürzt angeboten oder mit Gemüse als Beilage.

REISPRODUKTE

Reisflocken

Reisflocken verwendet man gewöhnlich in der chinesischen, thailändischen und vietnamesischen Küche für Füllungen und Desserts. Parboiled Reis wird mit Walzen gepresst, so dass der Reis schnell und gleichmäßig kocht. Im Westen nimmt man sie für Frühstückscerealien und Snacks, aber in privaten Haushalten gibt es sie selten. Sie sind in Asia-Shops erhältlich.

Von links: Reisflocken und gemahlener Reis. Beide kochen schnell und gleichmäßig, besonders gut für Puddings, Desserts und zum Backen.

Reisschrot

Es ist grober als Reismehl und wird für Milchreis verwendet. Früher war er besonders beliebt in England. Reisschrot wird auch oft für Kekse und zum Backen verwendet und ist ein guter Ersatz für Weizenmehl, besonders für Leute, die kein Gluten vertragen.

Reismehl

Feiner als Reisschrot nimmt man es in der asiatischen und westlichen Küche für Kuchen, Kekse und Desserts.

Klebreismehl

Es wird aus Klebreis hergestellt und ist gewöhnlich als Reisstaub bekannt. Es wird für Süßspeisen verwendet.

Shiratamo-Ko

Die japanische Version vom Klebreismehl.

Weißer Reisessig

Der aus Klebreis hergestellte japanische Reisweinessig hat ein feines, delikates Aroma und eignet sich nicht nur für die asiatische Küche, sondern auch als Dressing, wenn Sie ein mildes einfaches Aroma brauchen. Der chinesische ist strenger

Schwarzer Reisessig

Trotz der dunklen Farbe hat schwarzer Reisessig einen überraschend milden Geschmack. Er kann für asiatische Suppen und Dips verwendet werden.

Roter Reisessig

Viel pikanter als andere Reisessige wird der chinesische rote Reisessig vorwiegend für scharfe Dips zu Meeresfrüchten verwendet.

Shaoxing

Dieser chinesische Reiswein aus Klebreis, Hefe und Wasser hat ein schweres, liebliches Aroma. Er ist in ganz China zum Kochen und Trinken beliebt und in chinesischen Läden und einigen Weinläden erhältlich. Verwechseln Sie Shaoxing nicht mit Sake, da dieser ein völlig anderen Geschmack hat.

Links: Klebreismehl. Das obere Produkt wird aus gekochtem Klebreis hergestellt und das untere aus rohem. Der Unterschied zwischen beiden macht sich bei der Kochzeit und im Geschmack bemerkbar.

Oben: Von links: Gewürzter japanischer Reisessig, roter chinesischer Reisessig und gesüßter japanischer Essig. Die milden japanischen Essige können in der Küche vielseitig eingesetzt werden, der pikante chinesische Essig wird gewöhnlich nur für schärfere Gerichte und Dips verwendet.

Sake

Dieser japanische Reiswein ist recht süß mit einem milden Aroma, das über seine Wirkung hinwegtäuscht. Er wird in kleinen Tassen serviert, die in etwa so groß wie Eierbecher sind, und kann gekühlt sein, ist aber meistens warm. Heute wird Sake oft zu Mahlzeiten getrunken; der Schwerpunkt ist verschoben. Traditionell war Sake der Mittelpunkt, und die zu ihm gereichten kleinen Essensportionen erhöhten das Aroma dieses berühmten Getränks.

Mirin

Als süßer Sake für die Küche mit einem leichten delikaten Aroma wird Mirin japanischen Gerichten normalerweise in der letzten Phase des Kochens beigegeben. Dadurch bekommen Soßen und Dips eine milde Süße. Mit Sojasoße ist er die Grundlage für Teriyaki-Soße, die sehr beliebt für Gegrilltes ist. Mirin gibt es in japanischen Geschäften und vielen größeren Supermärkten.

Bandnudeln aus Reis

Diese flachen Nudeln variieren in ihrer Breite. Jede ist etwa so lang wie ein Essstäbchen. Weichen Sie die Bandnudeln zum Kochen für 20 Minuten in warmem Wasser oder Brühe ein. Die Nudeln eignen sich, um Suppen und Kasserollen anzudicken und für Kurzgebratenes.

Fadennudeln aus Reis

Diese dünnen Nudeln sind in der thailändischen, vietnamesischen und indonesischen Küche sehr beliebt. Sie sehen den Glasnudeln zum Verwechseln ähnlich, diese werden aber aus gemahlenen Mungobohnen hergestellt. Weichen Sie die Fadennudeln für 5–10 Minuten in warmem Wasser ein und verwenden sie dann wie im Rezept angegeben.

Japanische Harusame-Nudeln

Sie werden genau wie Fadennudeln aus Reismehl hergestellt und in zerbrechlich aussehenden Schlaufen verkauft. Die Zubereitung erfolgt wie bei den Fadennudeln.

Oben: Chinesische und Thai-Bandnudeln sowie Fadennudeln aus Reis.

Reispapier

Die hauchdünnen Blätter werden aus Reismehl, Salz und Wasser hergestellt. Sie werden getrocknet in asiatischen Läden und Supermärkten verkauft und können rund oder dreieckig sein. Tauchen Sie die Blätter vor dem Gebrauch für ein paar Sekunden in heißes Wasser, um sie einzuweichen. In Vietnam bereitet man mit ihnen Frühlingsrollen zu, und sie sind sehr beliebt in einigen chinesischen Gerichten. Die Ummantelung von Frühlingsrollen aus Weizenmehl und Wasser und das essbare Reispapier zum Auslegen von Backblechen haben mit unserem Reispapier nichts zu tun.

Unten: Von links: japanischer Sake und Shaoxing-Reiswein.

Unten: Rundes und dreieckiges Reispapier. Im Uhrzeigersinn von oben: aus Thailand, China und Vietnam.

WIE SIE PERFEKTEN REIS KOCHEN

GEKOCHTER REIS

Wahl des Reises

Die Wahl des Reises hängt davon ab, was Sie kochen wollen. Basmati-Reis mit seinem wundervollen Duft und Aroma ist für viele Köche der einzig wahre Reis für ein indisches Gericht. Für ein Gericht aus China, Thailand oder Indonesien eignet sich Thai-Duftreis mit seinem angenehmen Aroma und der leicht klebrigen Konsistenz vorzüglich (besonders wenn Sie mit Stäbchen essen wollen), während der vielseitige amerikanische Langkornreis großartig zu Kurzgebratenem, Pilaws, Jambalayas und Gumbos passt.

In einigen Fällen kann man nur eine bestimmte Reissorte nehmen. Risotto gelingt zum Beispiel nur mit Risotto-Reis. Im Allgemeinen gibt es keine festen Regeln, so lange Sie ein paar Eigenschaften der jeweiligen Reissorte kennen. Milchreis wird traditionell mit Rundkornreis zubereitet, aber das ist kein Grund, nicht auch Langkornreis dafür zu nehmen. Mit Thai-Duftreis oder Basmati-Reis können Sie ebenfalls leckere Süßspeisen zubereiten.

Mengen

Es gibt keine allgemein gültige Regel. Im Westen werden 450 g/2 1/3 Tassen roher Reis als Beilage für acht Personen empfohlen. Das würde zwei Handwerker auf Java kaum satt machen. Die folgenden Mengen roher Reis gelten für Basmati-Reis, Jasminreis, braunen und weißen Langkornreis.

- Als Beilage: 50–75 g Reis pro Person bzw. 225–350 g für vier.
- Für Pilaws 50 g Reis pro Person bzw. 225 g für vier.
- Für Salate 25–40 g Reis pro Person bzw. 115–175 g für vier.
- Für Rundkorn-Puddings 15–20 g Reis pro Person bzw. 50–75 g für vier.

Nach dem Kochen wiegt Reis ungefähr doppelt so viel wie im rohen Zustand, obwohl das von der Reissorte, der Flüssigkeitsmenge und der Kochzeit abhängt. Die Faustregel ist: Wenn in einem Rezept nur der gekochte Reis angegeben ist, nehmen Sie etwa die Hälfte an rohem Reis.

Reiszubereitung

Einige Reissorten profitieren davon, erst in kaltem Wasser gespült zu werden, andere sollten vor dem Kochen eingeweicht werden. Die einzelnen Rezepte legen dar, wie Sie vorgehen sollten.

Spülen

- Geeignet für: Basmati-, auch braunen, Thai Duftreis, braunen und weißen Langkornreis, Sushi-, Kleb- und Rundkornreis.

Den Reis vor dem Kochen zu spülen, ist nicht unbedingt nötig, hilft aber, überschüssige Stärke und eventuell angesammelten Staub zu entfernen. Den meisten Sorten tut das Spülen gut. Spülen Sie nicht, wenn der Reis für Risotto gedacht ist. Wenn Sie Reis spülen, mit dem Sie Paella oder ein Rezept zubereiten, bei dem der Reis zuerst angebraten wird, lassen Sie ihn sehr gut abtropfen.

1 Bedecken Sie den Reis mit kaltem Wasser und rühren ihn mit den Händen um. Das Wasser wird unklar.

2 Lassen Sie den Reis absinken und gießen dann das Wasser ab. Bedecken Sie den Reis noch einmal mit kaltem Wasser und spülen Sie. Wiederholen Sie das so oft, bis das Wasser klar bleibt.

TIPP
In Japan wird Reis fast immer gespült. Dann lässt man ihn mindestens 30 Minuten abtropfen.

Einweichen

- Geeignet für: Basmati-, auch braunen, Klebreis und manchmal amerikanischen Langkorn- und braunen Langkornreis, Rundkornreis und Thai-Duftreis.

Einweichen ist selten nötig, erhöht aber den Feuchtigkeitsgehalt in den Körnern, wodurch der Reis schneller gar wird und weniger klebt. Einweichen ist besonders gut für Basmati-Reis, aber weniger für Thai-Duftreis, bei dem die Klebrigkeit von Vorteil ist. Risotto-Reis muss nicht eingeweicht werden. Wenn Sie einmal eingeweichten Reis braten müssen, lassen Sie ihn vorher vollständig abtropfen.

1 Geben Sie den Reis zum Einweichen in einen großen Topf und bedecken ihn mit doppelt so viel kaltem Wasser.

2 Lassen Sie den Reis für 30 Minuten oder der im Rezept angegebenen Zeit im Topf. Lassen Sie ihn dann in einem Sieb völlig abtropfen.

Perfekten gekochten Reis zubereiten

Wasserreis-Methode

• Geeignet für: die meisten Reissorten, aber besonders für Basmati-, braunen Basmati-, amerikanischen Langkornreis, roten Camargue- und braunen Reis. Nicht für Thai-Duftreis empfohlen.

In Asien fügen die Köche oft ein paar Tropfen Pflanzenöl und Salz hinzu, wenn sie den Reis so kochen.

1 Füllen Sie den Reis in einen großen Kochtopf. Gießen Sie viel kochendes Wasser oder Brühe hinein (etwa 1,2 l bzw. 5 Tassen je 200 g/1 Tasse Reis) und geben Sie eine Prise Salz dazu. Lassen Sie ihn aufkochen und dann unbedeckt bei kleiner Hitze so lange köcheln, wie auf der Packung angegeben, bzw. bis der Reis weich ist.

2 Schütten Sie den Reis nun in ein Sieb und spülen ihn mit viel heißem Wasser.

3 Geben Sie den Reis in den Topf zurück oder das Sieb darauf. Legen Sie den Deckel oder ein Küchentuch darauf und lassen ihn 5 Minuten stehen. Lockern Sie mit einer Gabel auf und fügen Sie nach Belieben Butter oder Öl dazu.

Gewürze Statt Wasser können Sie auch Brühe nehmen und nach Belieben Lorbeer- oder Curryblätter oder ganze Gewürze hinzufügen – besonders wenn der Reis für Salate und Füllungen gedacht ist oder später gebraten wird.

Quellreis-Methode

• Geeignet für: Basmati-, Thai-Duftreis, Rundkornreis und Klebreis. Manchmal auch für braunen Basmati- und amerikanischen Langkornreis verwendet.

Der Reis wird mit einer gemessenen Menge Wasser in einem gut verschließbaren Topf gekocht, bis er das Wasser aufgesogen hat. Das Verhältnis vom Reis zum Wasser und die Kochzeit hängen von der Sorte ab. Verwenden Sie diese Methode, wenn Sie gekochten Reis für Kurzgebratenes oder Reissalat brauchen. Auch für einige Süßspeisen ist diese Methode empfehlenswert.

1 Füllen Sie den Reis in einen Topf und dann die Flüssigkeit hinzu. Lassen Sie ihn aufkochen und stellen dann die kleinstmögliche Hitze ein.

2 Lassen Sie ihn zugedeckt kochen, bis die Flüssigkeit aufgesogen ist. Das kann je nach Sorte bis 25 Minuten dauern.

3 Nehmen Sie den Topf vom Herd und lassen ihn 5 Minuten stehen – noch mit Deckel, Folie oder einem Küchentuch abgedeckt. An der Reis-Oberfläche bilden sich Löcher vom Dampf. Wenn die Körner noch nicht weich sind, legen Sie den Deckel wieder fest auf und lassen den Reis weitere 5 Minuten stehen.

Gewürze Wenn Sie den Reis würzen möchten, gibt Ihnen die Quellreis-Methode die beste Möglichkeit dazu. Zitronengras, Curryblätter und andere Gewürze können der Flüssigkeit beigegeben werden, die Wasser, Brühe, Kokosmilch oder eine Mischung daraus sein kann. Die Quellreis-Methode ist die Grundlage verschiedener Pilaw-Gerichte, bei denen Zwiebeln, Knoblauch und andere Gewürze angebraten werden, bevor Reis und Flüssigkeit hinzukommen.

TIPP

Es ist sehr wichtig, dass der Topf fest verschlossen ist und der Reis bei kleinster Hitze gekocht wird. Wenn der Deckel locker sitzt, legen Sie Folie oder ein Küchentuch darunter. Achten Sie darauf, dass herausragende Zipfel nicht auf die heiße Herdplatte herabhängen. Weißer Reis wird auch bei kleiner Hitze gar. Wenn Sie nach dem Aufkochen den Topf ganz vom Herd nehmen, wird der Reis weiterkochen. Er braucht aber länger.

Die Quellreis-Methode ist die beste für Thai-Duftreis. Wenn Sie Basmati-Reis mit dieser Methode zubereiten, wird er ebenfalls sein ausgezeichnetes Aroma behalten.

Mikrowellen-Methode

• Geeiget für: Basmati-, braunen Basmati-, Thai-Duftreis, weißen und braunen Langkornreis.

Die Mikrowellen-Methode ist zwar nicht schneller als die anderen, dafür aber praktisch. Der Reis brennt nicht an und kann in dem Gefäß serviert werden, in dem er gekocht wurde.

1 Es werden dieselben Mengen wie bei der Quellreis-Methode genommen. Füllen Sie den Reis in eine Glasschüssel oder ein Mikrowellengefäß und dann kochendes Wasser oder Brühe dazu.

2 Geben Sie einen Deckel oder eine mikrowellenfeste Klarsichtfolie darauf und kochen das Ganze auf der höchsten Stufe. Die Kochzeit entnehmen Sie der Anleitung des Gerätes. Lassen Sie den Reis danach 10 Minuten stehen.

Gewürze Die Mikrowellen-Methode entspricht im Grunde genommen der für Quellreis. Einfache Gewürze können beigegeben werden. Wenn Sie viele zusätzliche Zutaten dazugeben wollen, werfen Sie einen Blick in die Anleitung Ihrer Mikrowelle, da sich die Kochzeiten ändern können.

Ofen-Methode

• Geeiget für: Basmati-, braunen Basmati-, amerikanischen und braunen Langkornreis und roten Camargue-Reis.

Dies ist eine Kombination aus zwei Methoden: Der Reis wird zuerst in einem Topf auf der Platte angekocht und dann im Ofen gar. Es entsteht ein etwas trockener, aber lockerer Reis.

1 Bereiten Sie den Reis nach einer der beiden ersten Methoden zu, aber nur mit drei Vierteln der normalen Kochzeit. Lassen Sie ihn bei Bedarf abtropfen und geben ihn dann in eine Backform.

2 Pinseln Sie den Reis mit Butter oder Ghee ein, decken ihn fest ab und backen ihn 10–20 Minuten im Ofen. Die Temperatur kann zwischen 160° C/ Gas Stufe 3 und 190° C/ Gas Stufe 5 liegen, die Backzeit muss angepasst werden.

Gewürze Sie können dem Reis im ersten Teil des Kochvorgangs Gewürze beigeben oder ihn nach Wunsch mit Safran oder Würze färben oder würzen. Sie können den Reis auch mit Röstzwiebeln, Knoblauch oder Kardamom bestreuen, bevor Sie ihn in den Ofen schieben.

Dämpfen

• Geeiget für: weißen Basmati-, amerikanischen Langkorn- und Thai-Duftreis.

Diese Methode ist auch eine Kombination. Der Reis wird erst in einem Topf sprudelnd gekocht, bevor er gedämpft wird. Diese Art des Reiskochens verwendet man für einfach gekochten Reis und einige Gerichte mit Klebreis.

1 Bereiten Sie den Reis nach einer der beiden ersten Methoden zu, aber nur mit drei Vierteln der normalen Kochzeit. Schütten Sie den vorgekochten Reis in ein Sieb.

2 Geben Sie ihn dann in einen Musselinbeutel in denselben Topf. Decken Sie ihn ab und dämpfen Sie weißen Reis 5–10 und braunen 15 Minuten. Wenn die Körner noch hart sind, dämpfen Sie den Reis ein bisschen länger.

Gewürze Sie können den Reis im ersten Teil des Kochvorgangs ebenso wie bei den ersten beiden Methoden würzen. Ersetzen Sie das Wasser mit Brühe, Kokosmilch oder einer Mischung daraus und geben in die Flüssigkeit nach Belieben Lorbeer- oder Curryblätter, Zitronengras oder ganze Gewürze.

Der elektrische Reiskocher

- Geeignet für: alle Sorten Reis.

1 Geben Sie den Reis in den Kocher und fügen Sie die laut Anleitung erforderliche Menge Wasser hinzu.
Salzen Sie nicht. Geben Sie den Deckel auf den Kocher und schalten ihn an. Er schaltet sich automatisch aus, wenn der Reis fertig ist und hält ihn warm, bis er serviert wird.

Schnellkoch-Methode

Reis kann in kochendem Wasser eingeweicht und in letzter Minute schnell gekocht werden. Das funktioniert besonders gut bei Basmati-Reis, der nach der Wasserreis-Methode gekocht werden sollte. Diese Methode ist von Nutzen, wenn Sie Gäste erwarten und den Reis schnell und mit möglichst wenig Umständen kochen wollen.

1 Geben Sie den abgemessenen Reis in eine große Schüssel und decken ihn mit kochendem Wasser ab. Lassen Sie ihn unbedeckt 30–60 Minuten stehen.

2 Bringen Sie leicht gesalzene Brühe oder Wasser zum Kochen. Gießen Sie den Reis ab, geben ihn dazu und kochen ihn in 3–4 Minuten weich.

Gewürze Gewürze können genau wie bei gekochtem Reis dazugegeben werden.

Brauner Reis

Brauner Reis braucht beim Kochen länger als weißer, die Dauer hängt aber von der Sorte ab; achten Sie immer auf die Packungsangaben. Durch das Einweichen werden die Körner zwar weicher, die Kochzeit aber nicht kürzer.

Klebreis

Klebreis sollte vor dem Kochen mindestens 1 bis zu 4 Stunden eingeweicht werden. Nach dem Abgießen kann er in Kokosmilch und Zucker köcheln, wenn er als Dessert serviert werden soll. Für deftige Gerichte dämpfen Sie den Reis 10–15 Minuten, bis er weich ist.

Wildreis

Obwohl er kein echter Reis ist, kann er ebenso zubereitet werden.
Er muss recht lange kochen und sollte, um zu gelingen, 1 Stunde einweichen, bevor er in leicht gesalzenem Wasser 45–60 Minuten kocht. Achten Sie auf die Packungsangaben, da die Kochzeit von der Länger der Körner abhängt. Wildreis ist gar, wenn der weiße Kern die schwarze Schale sprengt.

Parboiled Reis

Er braucht länger als normaler Reis. Achten Sie auf die Packungsangaben. Parboiled Reis kann nach der Wasserreis- oder Quellreis-Methode gekocht und auch in der Mikrowelle oder im Reiskocher zubereitet werden. Die Sorte eignet sich gut als Beilage, aber nicht besonders für Bratreisgerichte.

Gefrorener oder Dosenreis

Folgen Sie den Angaben auf der Packung oder der Dose. Die meisten Arten können Sie auf dem Herd oder in der Mikrowelle erwärmen oder kochen.

Lagerung von Reis

Roher (ungekochter) Reis kann an einem kühlen, dunklen Ort ungeöffnet oder in einem luftdichten Gefäß bis zu drei Jahre aufbewahrt werden. Er sollte völlig trocken gelagert werden. Wird er feucht, beginnt er zu schimmeln. Wenn der Reis sehr alt ist, kann er mehr Wasser und Zeit zum Kochen brauchen. Achten Sie auf das Haltbarkeitsdatum.

Gekochter Reis kann abgedeckt bis zu 24 Stunden im Kühlschrank aufbewahrt werden. Sie können ihn auch einfrieren. Erhitzen Sie ihn im Ofen in einer geschlossenen Kasserolle oder tauen ihn auf und braten ihn oder machen Salat. Aufgewärmter Reis sollte gut durch und richtig heiß sein.

KOCHTIPPS FÜR REIS

- Lassen Sie gekochten Reis nach dem Abgießen – vor dem Servieren – 5 Minuten ruhen, damit der Kochprozess abschließen kann.
- Reis saugt das Wasser beim Kochen auf. Wenn Sie ihn zu lange kochen oder für Quellreis zu viel Wasser nehmen, wird er matschig.
- Wenn Reis nach dem Kochen noch nicht ganz gar ist (egal nach welcher Methode), verschließen Sie ihn fest und stellen ihn 5–10 Minuten zur Seite. In der verbleibenden Hitze wird er gar.
- Bereiten Sie den Reis für Reissalat nach der Wasserreis-Methode zu und spülen ihn nach dem Abgießen unter kaltem Wasser. Er muss gut abtropfen, bevor Sie die anderen Zutaten hinzufügen.
- Wenn Sie Reis für ein Bratreisgericht brauchen, kochen Sie ihn entweder nach der Quellreis-Methode (Thai-Duftreis) oder nach der Wasserreis-Methode (Basmati-Reis). Vermeiden Sie zu langes Kochen. Der Reis sollte trocken und locker sein.
- Achten Sie auf einen fest schließenden Deckel, wenn Sie nach der Quellreis-Methode kochen.

Oben: Gekochter Reis lässt sich gut einfrieren, nachdem er abgekühlt ist.

RISOTTO

Dieses einfache italienische Gericht war ursprünglich Bauerngericht und sagt eine Menge über unsere bewusstere Einstellung zu Lebensmitteln und gesundem Essen aus. Erst durch diese wurde dieses Gericht wie die ganze *cucina povera* so beliebt. Heute werden Sie Risotti selbst auf der Karte einiger der exklusivsten Restaurants Ihrer Stadt finden. Risotto ist gesund, sättigend und äußerst lecker. Was könnte also einfacher sein als ein Risotto? Obwohl es schwierige und aufwändige Varianten gibt, werden einige der besten fast nur mit Reis, einer guten Brühe und frischen Kräutern oder Käse zubereitet. Diese einfachen Risotti wie *Risi e Bisi* (Reis und Erbsen) oder *Risotto alla Parmigiana* (Reis mit Käse) sind wahrscheinlich die traditionellsten von allen und trotz ihrer einfachen Zutaten nicht weniger schmackhaft.

Da die ersten Risotti das Essen ärmerer Leute waren, gibt es keine alten, überlieferten Rezepte, die dieses Gericht genau beschreiben. Die in Italien zur Entstehungszeit des Risotto geschriebenen Kochbücher befassten sich mit kostspieligem Fleisch oder Gewürzen und wurden für die Reichen verfasst, die sich diese teuren Zutaten leisten konnten. Bauern und arme Gutsherren hatten weder die Zeit noch die Fähigkeit oder Muße zu lesen, was sie längst wussten: dass Reis ein billiges und stärkendes Lebensmittel war und bei richtiger Zubereitung köstlich.

Rundkornreis, die wichtigste Zutat für Risotto, wird in Italien seit einigen hundert Jahren angebaut. Die Araber führten den Reis in Italien im Mittelalter ein, aber der Damalige hatte längere Körner und wurde auf Sizilien und im Süden des Landes angebaut.

Irgendwann gelangte der Reis in die Lombardei in Norditalien, und seit dem 15. Jahrhundert ist der Reisanbau ein fester Bestandteil des italienischen Lebens. Um diese Zeit begann man in Italien, Reis wie in Asien in überfluteten Feldern anzubauen. Diese Methode war der Gegensatz zu der von den Arabern bevorzugten trockenen Anbauvariante.

Heute teilt sich Italien mit Spanien den ersten Platz als Europas führender Reisexporteur. Risotto-Reis wird noch immer im Norden des Landes angebaut, wo die Felder mit dem Wasser aus den Alpen bewässert werden. Die heute angebauten Sorten wurden seit damals verbessert und verfeinert. Nur das typische stärkehaltige Rundkorn ist gleich geblieben.

Die Methode, Reis in Brühe zu kochen, ist vermutlich von Frankreich und Spanien beeinflusst, und es gibt fast keine bessere Art, einen feinen Reis zu würdigen, als ihn als ein wunderbares Risotto zu servieren.

Risotto wird traditionell als Vorspeise vor Fleisch oder Fisch und Gemüse gegessen. Die Grundzutaten sind nur Reis und Brühe, aber Sie sollten sie sorgfältig auswählen. Die Brühe muss hausgemacht sein (oder die beste, die Sie kaufen können) sein, und der Reis muss einer der für diesen Zweck empfohlenen sein. Köcheln Sie die Brühe neben dem Risotto- Topf und geben Sie sie langsam und mit viel Liebe zum Risotto dazu. Denken Sie daran, den Reis nach dem Kochen eine Weile stehen und ziehen zu lassen, damit er perfekt wird. Sie werden sehen, dass Risotto eins der einfachsten und lohnendsten Reisgerichte ist.

Sorten von Risotto-Reis

Es ist nur wichtig, Risotto-Reis zu verwenden, die Sorte selbst bleibt Ihnen überlassen. Von den namhaften Sorten ist Arborio der am ehesten erhältliche. Carnaroli und Vialone Nano findet man zunehmend in italienischen Delikatessengeschäften und gut sortierten Supermärkten. Andere besondere Sorten sind Baldo, Vialone Nano Gigante und Roma. Jeder Risotto-Reis hat seine besonderen Qualitäten, die denjenigen, die viele Risotti kochen, mit der Zeit geläufig werden. Für einige Rezepte brauchen Sie unbedingt namhaften, qualitativ hochwertigen Risotto-Reis, aber meistens wird auch jeder andere ein gutes Ergebnis liefern.

FERTIG-RISOTTI

Es sind mehrere Fertig-Risotti auf dem Markt. Die Zubereitung ist einfach. Sie müssen nur Wasser dazugeben, erhitzen und umrühren. Die Packungen geben einfache Anleitungen und empfehlen, das Risotto etwa 10 Minuten köcheln zu lassen – die halbe Zeit für ein klassisches Risotto. Es gibt diverse Geschmacksrichtungen, wie Vier-Käse, Spinat, Safran, Tomate und Schwarzer Tintenfisch. Es ist eine handliche schnelle Mahlzeit und die durch die Gewürze entstehenden Farben lassen das Auge mitessen. Wichtiger ist aber, dass diese Risotti überraschend gut schmecken.

Im Uhrzeigersinn: Fertig-Risotti mit Tintenfisch-, Tomaten-, Safran- und mit Spinatgeschmack

Perfektes Risotto

1 Braten Sie unter Rühren Zwiebeln, Knoblauch und sonstiges Gemüse in einem großen Topf bei mittlerer Hitze in Olivenöl extra vergine an. Wenn im Rezept nicht anders angegeben, sollten die Zwiebel und das sonstige Gemüse weich, aber nicht gebräunt sein.

2 Rohes Fleisch oder Geflügel geben Sie als Nächstes in den Topf, wenn im Rezept nichts anderes steht. Braten Sie jetzt bei großer Hitze weiter, bis alles rundum gebräunt ist. Rühren Sie dabei ständig um.

3 Geben Sie den Risotto-Reis in den Topf und rühren dabei um, bis jedes Reiskorn mit Öl überzogen ist. Braten Sie den Reis unter Rühren 3–4 Minuten bei großer Hitze. Während die Körner im heißen Öl gewälzt werden, werden sie glasig. Nur ihr innerster Kern bleibt undurchsichtig.

4 Wenn im Rezept verlangt, fügen Sie ein wenig Wein oder eine Kelle heiße Brühe hinzu. Rühren Sie den Reis um, bis er alle Flüssigkeit aufgesogen hat.

5 Verringern Sie die Hitze und geben unter Rühren eine weitere Kelle heißer Brühe dazu. Lassen Sie das Risotto bei kleiner Hitze köcheln, so dass die Flüssigkeit sprudelt, der Reis aber nicht anbrennt. Rühren Sie ständig um.

6 Fügen Sie die restliche Brühe kellenweise hinzu, sobald die jeweils letzte aufgesogen ist. Dieser Vorgang dauert etwa 20 Minuten. Sobald das Risotto aufkocht, werden die Körner langsam weicher und kleben zusammen.

7 Wenn das Risotto langsam cremig wirkt, reiben Sie den Käse hinein oder geben Butter hinzu. Der Reis sollte praktisch weich und in der Mitte noch ein bisschen hart sein. Nehmen Sie den Topf von der Platte, decken ihn mit einem Küchentuch ab und lassen ihn etwa 5 Minuten stehen. In der verbleibenden Hitze gart das Risotto zu Ende.

TIPPS FÜR RISOTTO

- Braten Sie den Reis erst unter ständigem Rühren in heißem Öl, bis die Körner mit Öl überzogen sind und durchsichtig werden.
- Fügen Sie dem Risotto vor der Brühe zuerst Wein oder Sherry hinzu. Der Alkohol verdampft, aber das Aroma bleibt.
- Nehmen Sie hochwertige, hausgemachte Brühe für das Risotto. Oder kaufen Sie frische Brühe in Tüten in einem Delikatessengeschäft oder großen Supermarkt.
- Die Brühe muss immer heiß sein. Stellen Sie gleich neben Ihren Risotto-Topf einen mit der köchelnden Brühe.
- Geben Sie die heiße Brühe langsam und kellenweise zu. Sie muss erst aufgesogen sein, bevor Sie die nächste Kelle nehmen.
- Lassen Sie das Risotto nicht verkochen. Nehmen Sie es vom Herd, wenn es noch nicht ganz gar ist.
- Damit es besser gelingt, würzen Sie das Risotto nach dem Kochen, aber bevor Sie es zur Seite stellen. Brühe, gesalzene Butter, Parmesankäse und andere Zutaten werden alle Salz beisteuern, probieren Sie also immer, bevor Sie es weitersalzen.
- Nehmen Sie keinen fertig geriebenen Parmesan. Am besten schmeckt hochwertiger Parmesan im Stück, selbst gerieben.

Küchengeräte

Es gibt nur drei wichtige Küchengeräte, die Sie für Risotto brauchen, und mit ein wenig Glück haben Sie die schon.

- Ein schwerer Topf. Im Idealfall sollte das ein breiter, glattwandiger und vor allem tiefer Topf sein, in den das gekochte Risotto passt. Für kleinere Mengen kann eine tiefe Bratpfanne verwendet werden.
- Ein Holzlöffel.
- Eine Kelle für die kochende Brühe.

Risotto-Zutaten

In den Rezepten steht, wann eine weitere Zutat in das Risotto einzurühren ist. Dieses Kapitel hilft Ihnen bei der Erstellung des eigenen Risotto-Rezepts.

Gemüse Zwiebeln und Knoblauch werden angebraten, bevor der Reis hinzukommt. Die meisten Gemüsearten wie Auberginen, Möhren, Zucchini und Paprika werden mit den Zwiebeln gebraten. Gemüse wie Spinat und Spargel, die schnell gar werden, sollten kurz vor Ende eingerührt werden. Pilze werden gewöhnlich mit den Zwiebeln oder kurz nach ihnen angebraten, bevor der Reis hinzukommt.

Oben: Zwiebeln und Knoblauch sind die Grundzutaten eines Risottos. Auch rote Zwiebeln oder Schalotten passen gut.

Oben: Frisches grünes Gemüse wie Zucchini, Spinat und Spargel verleihen Risotto Substanz. Sie behalten beim Kochen ihre Form und Farbe und sehen immer eindrucksvoll aus.

Fisch und Schalentiere Diese sind bereits gar, wenn sie dazukommen. Gewöhnlich werden Fischfilets wie Lachs, Scholle oder Seebarsch pochiert und zerteilt. Kammmuscheln sollten kurz gekocht und dann zerschnitten werden. Rühren Sie die Meeresfrüchte in das Risotto, wenn es fast fertig ist.

Oben: Fast jeder Fisch und Meeresfrüchte passen in das Risotto so wie hier Lachsfilet, Schellfisch, Scholle und Garnelen.

Fleisch und Geflügel Diese werden gewöhnlich mit den Zwiebeln angebraten, bevor der Reis hinzukommt, so dass beide Zutaten zusammen gar werden. Die Ausnahme bildet gekochtes Fleisch wie Wurst oder Schinken, die erst zum Ende in das Risotto gerührt werden.

Oben: Hühnerfilet und Schinken sind sehr beliebte Zutaten für Risotto, die Auswahl ist schier endlos. Schneiden Sie Fleisch in kleine Stücke und braten es mit den Zwiebeln an, bevor Sie den Reis dazugeben.

Kräuter Kräftige Kräuter werden manchmal mit den Zwiebeln gekocht, aber feinere Kräuter wie Petersilie oder Koreander werden gewöhnlich erst zum Schluss dazugegeben, gleichzeitig mit dem Parmesankäse und der Butter.

Oben: Kräuter mit feinem Aroma wie Thymian, Salbei, Koriander und Estragon können bei einem einfachen Risotto in den gekochten Reis eingerührt werden.

Käse Wenn Käse wie beim Vier-Käse-Risotto der Hauptgeschmack ist, kann er mitten im Kochvorgang dazugegeben werden. Geriebener Parmesan kommt aber normalerweise erst hinzu, bevor der Reis zur Seite gestellt wird.

Oben: Die meisten Käsesorten können für Risotto verwendet werden. Die wichtigste und beste ist aber Parmesan. Verwenden Sie ihn pur als einfaches Gewürz oder um andere Zutaten aus dem Rezept zu ergänzen. Mit frischen Hobeln können Sie das Risotto garnieren, oder reichen Sie bei Tisch eine Schale mit frisch geriebenem Parmesan dazu.

ZUBEREITUNG VON BRÜHEN

Hühnerbrühe

ERGIBT ETWA 1,5 LITER/6¼ TASSEN

ZUTATEN
- 1 Zwiebel, geviertelt
- 2 Stangen Sellerie, gehackt
- 1 Möhre, grob gehackt
- etwa 675 g frisches Huhn, entweder ½ vom Ganzen oder 2–3 Hühnerviertel
- 1 Zweig Thymian oder Majoran, frisch
- 2 frische Sträußchen Petersilie
- 8 Pfefferkörner
- Salz

1 Geben Sie das vorbereitete Gemüse in einen großen, schweren Topf und das Huhn darauf. Gießen Sie kaltes Wasser dazu, um das Huhn abzudecken (etwa 1,5 Liter/6¼ Tassen).

2 Lassen Sie alles langsam unbedeckt aufkochen. Schöpfen Sie das Fett von der Oberfläche, sobald sie brodelt.

3 Geben Sie Kräuter, Pfeffer und eine Prise Salz dazu. Kochen Sie die Brühe bedeckt für 2–2½ Stunden bei kleiner Hitze, bis das Huhn weich ist.

4 Geben Sie das Huhn bzw. die Stücke mit einem Schaumlöffel auf einen Teller. Entfernen Sie Haut und Knochen; da es noch in anderen Rezepten verarbeitet werden kann. Gießen Sie die Brühe in einen sauberen Topf um, lassen sie abkühlen und dann in den Kühlschrank.

5 Auf der kalten Brühe bildet sich eine Fettschicht. Entfernen Sie die, bevor Sie die Brühe nehmen. Die Brühe kann bis 3 Tage im Kühlschrank aufbewahrt oder bis zu 6 Monate eingefroren werden.

Fischbrühe

ERGIBT ETWA 2,5 LITER/10 TASSEN

ZUTATEN
- 900 g Gräten und Reste von Weißfisch, aber keine Kiemen
- 2,5 Liter/10 Tassen Wasser
- 1 Zwiebel, grob gehackt
- 1 Stange Sellerie, gehackt
- 1 Möhre, gehackt
- 1 Lorbeerblatt
- 3 frische Sträußchen Petersilie
- 6 Pfefferkörner
- 5 cm Zitronenschale
- 75 ml/1/3 Tasse trockenen Weißwein

1 Geben Sie die Gräten und Fischköpfe in einen großen, schweren Topf. Gießen Sie Wasser dazu.

2 Lassen Sie alles aufkochen und schöpfen dabei den aufsteigenden Schaum ab. Geben Sie Zwiebel, Sellerie, Lorbeerblatt, Petersilie, Pfeffer, Zitronenschale und Weißwein dazu.

3 Kochen Sie die Brühe bedeckt 20-30 Minuten bei kleiner Hitze und lassen sie dann abkühlen.

4 Gießen Sie die Brühe durch einen Musselinbeutel in einen sauberen Topf. Stellen Sie die Brühe bis 2 Tage in den Kühlschrank oder frieren sie bis 3 Monate ein.

TIPP
Lassen Sie die Fischbrühe nicht zu lange aufkochen. Die Gräten lösen sich sonst auf, und die Brühe wird unangenehm bitter.

Gemüsebrühe

ERGIBT ETWA 1,2 LITER/5 TASSEN

ZUTATEN
- 3–4 Schalotten, halbiert
- 2 Stangen Sellerie oder 75 g Knollensellerie, gehackt
- 2 Möhren, grob gehackt
- 3 Tomaten, halbiert
- 3 frische Sträußchen Petersilie
- 1 frischer Zweig Estragon
- 1 Zweig Majoran oder Thymian, frisch
- 2,5 cm Orangenschale
- 6 Pfefferkörner
- 2 Pimentbeeren
- 1,5 Liter/6¼ Tassen Wasser

1 Geben Sie alles in einen schweren Topf und dann das Wasser dazu.

2 Kochen Sie die Flüssigkeit einmal auf und köcheln dann die Brühe bei kleiner Hitze 30 Minuten. Lassen Sie die Brühe völlig kalt werden.

3 Gießen Sie die Brühe durch ein Sieb in einen großen Topf. Drücken Sie mit der Rückseite des Löffels die Flüssigkeit aus dem Gemüse. Bewahren Sie die Brühe bis zu 3 Tage im Kühlschrank oder eingefroren bis zu 6 Monate auf.

PAELLA

In Spanien ist Paella nicht einfach nur ein Essen, sondern ein Ereignis. Wenn eine Fiesta oder ein Feiertag naht (und davon gibt es nicht wenige), ist es üblich zu fragen: „Wie wär's mit einer Paella?" Und wenn das Wetter gut und die Menschen guter Dinge sind, werden die Zutaten, die Utensilien und jede Menge Rotwein eingepackt und die Party im Freien, am Strand oder in den Bergen, aufgezogen. Die Zutaten können variieren. Reis – die rundkörnige Variante – ist immer die Grundlage, aber Safran, Knoblauch und Olivenöl dürfen auch nicht fehlen. Alle helfen beim Holz suchen und Feuer machen, und dann bereitet einer der Männer die Paella zu. Die anderen Männer werden zweifellos ihren Teil beisteuern. Sie sagen dem Koch, wann der Reis eingestreut wird, wie viel Brühe hineingehört und ob die Kräuter gleich oder später dazugegeben werden.

Traditionell sollte eine Paella immer draußen von einem Mann über einem Holzfeuer gekocht werden. Die Hausversion, die auf dem Herd von einer Frau zubereitet wird, ist in der spanischen Tradition keine Paella, sondern nur *arroz* – Reis.

Es gibt weitere Regeln zur Paella. Rundkornreis und Safran sind Grundzutaten. Die Puristen sagen, dass in eine authentische Paella nur Aal, Schnecken und Bohnen gehören, also die Originalzutaten der Paella aus Valencia. Die meisten Spanier sehen das aber nicht so eng. Fisch, Schalentiere, Fleisch und Geflügel werden oft genommen, manchmal auch zusammen.

In Spanien ist es viel wichtiger, wie die Paella gegessen wird. Für den Spanier ist Paella der Inbegriff vom geselligen Essen: Sie wird mit Unmengen Wein serviert und ist für eine große Gesellschaft gedacht. Die Paellapfanne – die *paellera* – wird als spektakulärer Tafelaufsatz auf den Tisch gestellt, und jeder bedient sich selbst, während die Unterhaltung, angekurbelt durch den Wein, in wahrer spanischer Manier immer angeregter und lebendiger wird.

Aus all diesen Gründen ist die Paella eins der beliebtesten Reisgerichte der Welt geworden. Es gibt Hunderte von Varianten, und jedes Restaurant im Land bietet seine eigene Spezialität an. Obwohl Paella traditionsgemäß im Freien zubereitet werden soll, können auch in einer herkömmlichen Küche tolle Paellas gezaubert werden, wenn auch im kleineren Maßstab. Eine Paella kann einfach oder aufwändig sein, und Sie können die Zusammenstellung von Fleisch, Geflügel, Fisch und Schalentieren Ihrem Geschmack anpassen und natürlich auch Ihrem Geldbeutel und der Gelegenheit.

Perfekte Paella

1 Schneiden Sie Fleisch klein und Geflügel in Streifen und würzen Sie, wenn im Rezept angegeben. Braten Sie alles in Olivenöl in einer Paella- oder großen Bratpfanne bis es gleichmäßig goldbraun wird. Geben Sie es nun auf einen Teller. Schneiden Sie die Wurst klein.

2 Bereiten Sie Fisch und Schalentiere wie üblich zu: Dämpfen Sie Muscheln (die Geschlossenen werfen Sie weg), bereiten Sie Tintenfisch zu und lösen die Garnelen aus der Schale. Wenn im Rezept verlangt, braten Sie alles kurz an und geben es dann auf einen Teller.

3 Braten Sie Zwiebeln in Olivenöl goldbraun. Geben Sie Knoblauch, Tomaten, festes Gemüse und eventuell gekochte Bohnen dazu. Rühren Sie kurz um, geben Wasser oder Brühe und Gewürze hinzu und kochen alles auf.

4 Streuen Sie den Reis unter Rühren gleichmäßig ein. Geben Sie Fleisch, Geflügel und auch Wurst dazu. Kochen Sie alles unbedeckt bei mittlerer Hitze (leise brodelnd) 15 Minuten.

5 Geben Sie bei kleiner Hitze zarteres Gemüse, Fisch oder Schalentiere hinein sowie Safran für die typische Farbe. Köcheln Sie alles 10 Minuten, bis die Flüssigkeit aufgesogen wurde. Abdecken und 5–10 Minuten ruhen lassen.

Umrühren oder nicht umrühren

In jedem Paella-Kochbuch werden Sie finden, dass Paella nicht umgerührt oder gestört werden sollte. Das ist ein guter Tipp für eine Paella über einem offenen Feuer, wo die Hitze sich gleichmäßig unter der Pfanne verteilt. Aber auf einem Gas- oder E-Herd verteilt sich die Hitze nicht gleichmäßig, so dass die Zutaten in der Pfannenmitte schneller gar werden als die am Rand. Deshalb können Sie gelegentlich umrühren oder die Paella im Ofen machen. So wird sie gleichmäßig gar, obwohl es in Spanien technisch wiederum nur Reis *(arroz)* und keine Paella wäre.

EIN LEITFADEN FÜR DIE MENGEN BEI PAELLA

Die einzelnen Rezepte geben gewöhnlich die Mengen für Reis, Flüssigkeit und die anderen Zutaten an. Die Tabelle soll nur eine grobe Orientierung geben.

Reis	Flüssigkeit	Personen
200 g/1 Tasse	550 ml/2¼ Tassen	2–3
350 g/1¾ Tassen	900 ml/3¾ Tassen	4–6
450 g/2⅓ Tassen	1,2 Liter/5 Tassen	6
500 g/3 Tassen	1,3 Liter/5½ Tassen	8

Nehmen Sie 65–75 g/⅓–½ Tasse Reis pro Person.

TIPPS FÜR PAELLA

Unten: Die Breite und geringe Tiefe der Paellapfanne tragen zur gleichmäßigen Verteilung der Hitze bei, wenn der Reis kocht.

- Verwenden Sie die richtige Sorte Reis. Spanier nehmen gelegentlich einen Mittelkornreis, obwohl es traditionell ein Rundkornreis ist, der gut Flüssigkeit aufnimmt. Der kurze rundkörnige spanische Calasperra-Reis wäre ideal oder auch der italienische Arborio-Risotto-Reis.
- Nehmen Sie unbedingt eine große Pfanne. Der Reis soll in einer flachen Schicht gekocht werden. Er muss also gut verteilt werden. Benutzen Sie möglichst eine Paellapfanne (*paellera*), die eine breite, flache Metallpfanne ist. Wenn Sie keine haben, nehmen Sie eine Bratpfanne – die größte, die Sie haben –, obwohl diese meistens nur eine Paella für 3–4 Personen ergibt.
- Verwenden Sie frische Zutaten, besonders Fisch und Schalentiere. Paella ist kein Reste-Essen.
- Kochen Sie die anderen Zutaten, bevor Sie die Paella ansetzen. Fleisch sollte goldbraun gebraten sein, Zwiebeln auch, da dies dem Gericht Aroma verleiht. Fisch immer nur leicht anbraten und erst zum Schluss zum Reis geben, damit er nicht verkocht.
- Weniger zarte Fleischstücke oder größere Stücke Geflügel brauchen manchmal länger. Achten Sie auf die im Rezept angegebenen Zeiten.
- Nehmen Sie eine gute Brühe – am besten hausgemachte aus Huhn, Fleisch, Fisch, Gemüse.
- Lassen Sie die Brühe oder andere Flüssigkeit in der Pfanne stark aufkochen, bevor Sie den Reis dazugeben (Bei Risotto ist es genau umgekehrt: Die Brühe wird langsam zum Reis gegeben).
- Nehmen Sie Safranfäden, nicht Kurkuma oder andere Farbstoffe.
- Wenn der Reis die ganze Flüssigkeit aufgesogen hat, decken Sie ihn mit einem feuchten Küchentuch ab und lassen ihn vor dem Servieren ein paar Minuten stehen, damit er gar zieht.

SUSHI

Sushi ist ein herrliches Essen. Sushi-Bars oder *sushiya* finden Sie in ganz Tokio und inzwischen auch in den meisten westlichen Städten. Die kleinen Snacks sind ein himmlisches Vergnügen – lecker und mit Überraschungsfüllung. Sie sind einfach zu Hause zuzubereiten und sehr appetitlich als Snack oder Vorspeise.

Für Sushi sollte ein japanischer Rundkornreis verwendet werden. Einige Supermärkte und Delikatessengeschäfte bieten direkt ausgewiesenen Sushi-Reis an, wodurch die Sache für Sie einfacher wird. Japanischer Rundkornreis ist leicht klebrig, wodurch er sich gut mit Stäbchen essen lässt und ideal für Sushi ist, da die Körner aneinander haften. Klebreis ist zu klebrig für Sushi.

Der Reis sollte gespült werden und 30 Minuten abtropfen, bevor Sie ihn nach der Quellreis-Methode zubereiten. Sie können den Reiskocher nehmen, aber auf keinen Fall die Wasserreis-Methode, diese ist nicht geeignet.

Nori Dieser getrocknete Seetang wird in hauchdünnen Blättern verkauft. Er ist dunkelgrün bis schwarz und stellenweise fast durchsichtig. Einige Sorten gibt es fertig geröstet (yaki-nori), oft mit Sojasoße und Sesamöl gewürzt. Rösten Sie ihn sonst vor Gebrauch im heißen Grill.
Gari Hellrosafarbener, eingelegter Ingwer, der sehr gut zu Sushi passt.
Shoyu Diese japanische Sojasoße ist milder als chinesische und unerlässlich.
Wasabi Scharfer grüner Meerrettich, passt gut zu Fisch. Als Paste oder Puder erhältlich, zu dem man Wasser gibt.

Im Uhrzeigersinn: Bambusmatte zum Einrollen der Makis, Gari, Wasabi-Paste, Shoyu und ein Noriblatt.

Perfektes Sushi

1 Lassen Sie den gespülten Reis 30–60 Minuten abtropfen. Geben Sie ihn in eine schwere Pfanne, ein Stück getrockneten Seetang (kombu) und Wasser dazu (siehe unten) und kochen Sie alles auf. Entfernen Sie den Seetang und lassen alles bedeckt bei kleiner Hitze 15 Minuten köcheln. Erhöhen Sie kurz die Hitze und stellen Sie dann den Topf 10 Minuten zur Seite. Im Reis sind jetzt Dampflöcher, und er ist weicher.

2 Bereiten Sie den Sushi-Essig vor. Für je 450 g/2 1/3 Tassen Reis mischen Sie 60 ml/4 EL Reisessig, 15 ml/1 EL Zukker und 2,5 ml/½ TL Salz.

3 Rühren Sie den Sushi-Essig in den Reis, decken alles mit einem feuchten Tuch ab und lassen ihn abkühlen, aber nicht im Kühlschrank: Dort wird er hart.

Mengen

Nehmen Sie zwischen 600 ml/2½ Tassen und 750 ml/ 3 Tassen Wasser für je 450 g/2 1/3 Tassen Sushi-Reis, je nach Sorte. Achten Sie auf die Packungsangaben. Wenn Sie mögen, können Sie 30 ml/2 EL Wasser durch Sake (Reiswein) ersetzen.

Gerolltes Sushi mit geräuchertem Lachs

ERGIBT 24 STÜCK

1 Legen Sie Klarsichtfolie auf eine Bambusmatte. Breiten Sie den geräucherten Lachs so auf der Matte aus, dass keine Lücken entstehen. Verteilen Sie über dem Lachs eine großzügige Schicht vom gewürzten Reis.

2 Rollen Sie die Matte von sich weg, so dass sich der Lachs um den Reis rollt. Rollen Sie die Folie nicht in den Fisch hinein. Machen Sie weitere Rollen.

3 Kühlen Sie die Rollen 10 Minuten, dann stückeln Sie sie mit einem nassen Messer in 6 Teile. Mit einem feuchten Tuch abdecken. Kalt stellen.

Gerolltes Nori-Sushi (Maki)

ERGIBT 24 STÜCK

Für diesen Sushi brauchen Sie Yaki-Nori-Blätter (gerösteter Seetang). Zwei Blätter ergeben vier lange Rollen.

1 Halbieren Sie den Nori längs und legen ihn mit der glänzenden Seite nach unten auf die Bambusmatte.

2 Geben Sie eine Schicht gewürzten Reis auf den Yaki-Nori und lassen dabei oben und unten 1 cm Rand frei.

3 Legen Sie auf die Mitte vom Reis horizontal eine Linie mit Füllung. Das können 1 cm dicke lange Streifen roher Lachs oder roher Thunfisch sein oder rohe Kammmuscheln in Stücken, japanisches Omelette, gerösteter Pfeffer, Frühlingszwiebeln, Gurke oder eine Auswahl von zwei oder drei davon.

4 Rollen Sie mit Hilfe der Matte den Yaki-Nori mit dem Reis zu einer Zigarre (aber nicht die Matte mit einrollen) ein. Rollen Sie die Maki-Rolle einige Male hin und her, damit die Ränder des Nori miteinander verkleben.

5 Wickeln Sie die Rollen in Klarsichtfolie. Nach 10 Minuten im Kühlschrank wickeln Sie die Rollen aus und schneiden sie mit einem nassen Messer in 6 Stücke. Spülen Sie es gelegentlich ab.

Sushi

1 Feuchten Sie die Hände an. Nehmen Sie immer 15–20 g/2–3 EL gewürzten Reis auf einmal in die Hand und formen ihn zu einem Viereck von etwa 2 x 5 cm und 1 cm Höhe.

2 Wiederholen Sie diese Prozedur, bis der Reis verbraucht ist. Geben Sie ein wenig Wasabi-Paste auf die Mitte eines jeden Vierecks und belegen Sie die Sushi nach Wahl.

Sushi-Beläge

Machen Sie einfache Sushi, Sushirollen oder Makis und belegen sie nach Wunsch wie folgt.

Roher Sushi-Lachs, roher Sushi-Thunfisch, Lachs- oder anderer Fischrogen Schneiden Sie den Lachs oder Thunfisch in Stücke, die etwa genauso groß wie die Reisportionen sind.

Geschälte rohe Garnelenschwänze Geben Sie die Garnelen für etwa 1 Minute in einen Topf mit köchelndem Wasser und gießen sie dann ab. Schlitzen Sie jede Garnele am Bauch auf, entfernen den dunklen Darm Ader und öffnen jede einzelne wie ein Buch. Mischen Sie in einem Schälchen 15 ml/1 EL Reisessig und 5 ml/1 TL Zucker. Wälzen Sie die Garnelen darin und lassen sie 10 Minuten an einem kühlen Ort marinieren.

Blanchierter Tintenfisch und gekochte Krake Schneiden Sie den Tintenfisch und die Krake in Streifen, die etwa so groß wie die Reisportionen sind.

Gerollte Omelette-Scheiben Verrühren Sie 1 Ei mit 15 ml/1 EL Sake, 15 ml/1 EL Zucker 15 ml/1 EL Wasser und einer Prise Salz. Erhitzen Sie in einer kleinen Bratpfanne etwas Erdnussöl und gießen die Mischung hinein. Braten Sie bei kleiner Hitze, bis das Ei fest, aber noch nicht braun wird. Rollen Sie das Omelette auf und zerschneiden es.

Garnitur

Fisch-Sushi können Sie mit gerösteten Sesamsamen, frischem Schnittlauch oder Koriander garnieren. Omelette-Sushi können Sie dekorieren, indem Sie Yaki-Nori-Streifen um den geformten Reis wickeln.

TIPP

Sushi-Reis sollte mit der Quellreis-Methode oder in einem elektrischen Reiskocher zubereitet werden. Verwenden Sie nicht die Wasserreis-Methode.

Sushi-Reis ist nach dem Kochen sehr klebrig. Wenn er schwer zu handhaben wird, spülen Sie Ihre Hände in einer Schüssel Wasser mit 5 ml/1 TL Öl. Schütteln Sie Ihre Hände trocken. Sie sind jetzt leicht ölig, und der Reis bleibt nicht mehr an ihnen kleben.

BIRIYANI

Eins der bekanntesten Gerichte Indiens. Biriyani ist perfekt für Parties und andere Festlichkeiten, da er im Grunde ein allumfassendes Gericht ist. Der Reis wird über Fleisch oder Currygemüse aufgehäuft. Darauf gibt es einige Tropfen Safranmilch, die auf dem Reis wie Goldspritzer aussehen.

Die Zubereitung ist etwas zeitaufwändig, aber unkompliziert. Die einzige Regel ist, Basmati-Reis zu nehmen, der 3 Stunden in leicht gesalzenem Wasser einweichen soll. Diese Technik stammt von den Persern, die Biriyani wohl erfunden haben und dachten, dass der Reis so strahlend weiß würde.

Lamm, Huhn und Rind sind übliche Zutaten, Ente und Wild passen auch, und vegetarianische Biriyanis sind ebenfalls beliebt. Biriyanis sollten nie sehr scharf sein, werden aber traditionell mit duftenden Gewürzen bedacht. Sie können mit Kokosmilch gemacht werden, obwohl Naturjogurt gebräuchlicher ist. Die Soße sollte süß, duftend und cremig sein.

Perfekter Hühner-Biriyani

1 Rühren Sie erst die Safranmilch an: Krümeln Sie eine gute Prise (etwa 5 ml/1 TL) Safranfäden in 30 ml/2 EL warme Milch. Rühren Sie um und lassen sie etwa 3 Stunden einweichen.

2 Waschen Sie 275 g/1½ Tassen Basmati-Reis in kaltem Wasser. Lassen Sie ihn völlig abtropfen, geben ihn dann in eine Schüssel und kaltes Wasser dazu. Rühren Sie 10 ml/2 TL Salz ein und weichen ihn 3 Stunden ein.

3 Kochen Sie ein Curryhuhn: Erhitzen Sie 45 ml/3 EL Öl in einer Pfanne und braten 3 Zwiebeln in Scheiben darin, bis sie weich sind. Geben Sie 175 g gewürfelte Hühnerbrust dazu und würzen Sie nach Belieben. Rühren Sie um und fügen dann 2,5ml/½ TL Salz, 2–3 gehackte Knoblauchzehen und etwas Zitronensaft hinzu. Braten Sie weitere 5 Minuten, bis das Huhn braun wird. Gießen Sie den Reis ab und kochen ihn 4–5 Minuten in kochendem Salzwasser, bis er zu drei Vierteln gar ist.

4 Decken Sie mit etwas abgetropften Reis den Boden einer feuerfesten Form ab und geben dann das Curry dazu. Verteilen Sie darüber gleichmäßig 150 ml/2/3 Tasse Naturjogurt. Heizen Sie den Ofen auf 150° C/Stufe 2 vor.

5 Häufen Sie den restlichen Reis darauf zu einem Berg und bohren dann mit dem Griff eines Holzlöffels von der Spitze nach unten ein 2,5 cm breites Loch.

6 Träufeln Sie Safranmilch und 50 ml/2/3 Tasse heiße Hühnerbrühe auf den Reis, pinseln ihn mit Butter oder Ghee ein und streuen Röstzwiebeln, Sultaninen und geröstete Mandeln darüber. Decken Sie die Form mit 2 Lagen Folie ab. 40 Minuten im Ofen backen.

Gewürze für Hühner-Biriyani

Für 175 g Huhn verwenden Sie 10 ganze grüne Kardamomkapseln, 1,5 ml/¼ TL gemahlene Nelken, 2–3 ganze Nelken, 5 cm Zimtstangen; 5 ml/1 TL gemahlenen Kreuzkümmel; 2,5 ml/½ TL gemahlenen schwarzen Pfeffer, 5 ml/1 TL gemahlenen Koriander; 5 ml/1 TL frische fein gehackte Ingwerwurzel, 1,5 ml/¼ TL Chilipulver.

LONTONG (KOMPRIMIERTER REIS)

Eine Spezialität aus Indonesien und Malaysien. Der Reis wird auf begrenzten Raum länger als normal gekocht und formt eine kompakte Masse, die abgekühlt in Blöcke geschnitten werden kann. Lontong wird kalt gegessen, meist mit Salaten und Satay, wobei er die pikanten Dressings und Soßen aufsaugt.

Lontong wird traditionell in Bananenblättern gekocht; ein Musselinbeutel ist aber einfacher handzuhaben.

Dafür können Thai-Duftreis, Basmati- und jeder andere Langkornreis verwendet werden (außer Parboiled Reis, da er keine feste Masse bildet).

Perfekter Lontong

1 Sie brauchen mehrere Musselinbeutel von etwa 15 cm Größe. Lassen Sie jeden oben offen. Füllen Sie jeden Beutel zu einem Drittel (etwa 115 g/gute ½ Tasse) mit Langkornreis und nähen Sie dann die Öffnung zu.

2 Kochen Sie Salzwasser in einem Topf auf, geben die Reisbeutel hinein und lassen sie unbedeckt 75 Minuten leicht köcheln. Achten Sie darauf, dass das Wasser nicht verdampft und gießen Sie gegebenenfalls noch welches nach.

3 Nehmen Sie die Beutel heraus und lassen sie abtropfen. Jeder Beutel sollte ein harter, fester Klumpen sein.

4 Wenn der Lontong völlig abgekühlt ist, öffnen Sie die Beutel, nehmen die Blöcke aus festem Reis heraus und schneiden jeden mit einem scharfen nassen Messer in Stücke oder Blöcke.

TIPPS FÜR BRATREIS

• Der Reis muss vor dem Braten gekocht und völlig erkaltet sein, denn warmer Reis würde matschig und ölig werden. Wenn Sie Reis extra zum Braten kochen, legen Sie ihn sogleich auf einem Backblech aus, damit er schnell abkühlt. Das dauert mindestens 2–3 Stunden.

• Nehmen Sie zum Braten weißen oder braunen Langkornreis.

• Die anderen Zutaten sollten gar sein, bevor der Reis dazukommt.

• Braten Sie den Reis immer bei kleiner Hitze. Achten Sie darauf, dass der Reis durch und durch warm wird, aber nicht verkocht.

BRATREIS

Wo Reis Grundnahrungsmittel ist, hat jede Region oder gar Familie ihr eigenes Bratreis-Rezept. Wenn zu fast jeder Mahlzeit Reis gegessen wird, gibt es natürlich Reste, und es ist einfach, daraus mit verschiedenen Zutaten ein Frühstück, einen Mittagshappen oder eine Abendmahlzeit zu braten.

Es gibt mehrere klassische Bratreis-Gerichte. Eines der bekanntesten, Nasi Goreng, kommt aus Indonesien, wird aber gewöhnlich mit der holländischen *Rijstafel* (Reistafel) assoziiert. Es gibt auch einige sehr bekannte chinesische Gerichte. Gebratener Eierreis und Bratreis-Spezial sind zwei der beliebtesten. Die Rezepte für diese Gerichte sind außerordentlich flexibel. Sie müssen nur ein paar einfache Regeln beachten, um Ihr eigenes Lieblingsbratreis-Gericht zusammenstellen.

Die Wahl der Zutaten hängen vom jeweiligen Koch ab, aber hier sind ein paar Anregungen.

Aroma Frühlingszwiebeln, Schalotten, rote oder gelbe Zwiebeln in Scheiben oder Vierteln, Knoblauch in Scheiben oder zerdrückt. 3–4 Minuten in Öl anschwitzen, dann Fleisch, Fisch, Gemüse und/ oder Eier dazugeben. Bei mehr als zwei Zutaten vor dem Zusammenmischen jede erst kurz anbraten.

Fleisch Sie können jedes zarte Stück Fleisch wie Huhn, Ente, Rind, Lamm oder Schweinefilet nehmen. Schneiden Sie es in dünne Scheiben, damit es schnell gar wird. Fleisch kann vor dem Kochen 30 Minuten mariniert werden (siehe Rezepte für Zutaten). Mit Zwiebeln anbraten, bis es gar ist. Gekochtes Fleisch muss nur erwärmt werden.

Fisch Roher Fisch und Schalentiere passen gut und werden nach dem Fleisch angebraten; gekochter Fisch und Garnelen erst zum Ende.

Gemüse Nehmen Sie bunte Sorten wie Möhren, Paprika, Zucchini und Pilze. In dünne Scheiben schneiden, damit sie schnell und gleichmäßig gar werden. Anbraten, bis sie zart sind.

Eier Unter die Zwiebeln rühren. Oder machen Sie ein Omelette, rollen es auf, schneiden es in Scheiben und garnieren damit den Reis.

Perfekter Bratreis

1 Braten Sie rohes Fleisch und Zwiebeln in Öl in Wok oder Pfanne an. Geben Sie das Fleisch auf einen Teller.

2 Rühren Sie geschlagene Eier unter die Frühlingszwiebeln.

3 Würzen Sie mit Sojasoße, Reiswein, frischen Chilischoten, Tomatenpüree oder anderen Gewürzen.

4 Schütten Sie den kalten Reis in die Pfanne und verrühren ihn mit den Eiern. Geben Sie gekochtes Fleisch, gekochten Fisch, gekochtes Gemüse oder gehackte Kräuter dazu. Braten Sie unter gelegentlichem Rühren bei kleiner Hitze, damit der Reis warm wird.

MILCHREIS

In der einen oder anderen Variante ist Milchreis auf der ganzen Welt beliebt. In England ist er das bekannteste Reisgericht, und die meisten anderen Länder Europas haben mindestens ein bekanntes Milchreis-Gericht.

Vielleicht wurde Milchreis deshalb so beliebt, weil man ihn kaum verkochen kann. Im achtzehnten Jahrhundert war das Essen oft schlecht gekocht, und verkochte, pampige, herzhafte Reisgerichte wurden wahrscheinlich damals genauso verschmäht wie heute. Milchreis war eins der wenigen Gerichte, die darüber standen. Mit seinen zarten, zergehenden Körnern, langsam in cremiger Milch gekocht, gewürzt mit Vanille oder Muskat und mit Zucker gesüßt, wurde Milchreis in England und darüber hinaus zu einer festen Lieblingsspeise.

Europäischer Milchreis wird aus Rundkornreis gemacht, muss aber nicht. Thai-Duftreis und Basmati-Reis können ebenso gut genommen werden. In Asien wird für Süßspeisen Klebreis bevorzugt, der klebriger als unser Rundkornreis ist.

Perfekter Milchreis

Ofen-Methode

1 Heizen Sie den Ofen auf 150° C/Gas Stufe 2 vor. Geben Sie Reis und Zucker nach Ihrem Rezept in eine flache Backform und gießen kalte Milch dazu. Vermischen Sie alles gut und pinseln Sie die Oberfläche mit etwas Butter ein.

2 Backen Sie alles 45 Minuten im vorgeheizten Ofen. Dann hat sich auf dem Milchreis eine dicke Haut gebildet.

3 Rühren Sie die Haut unter den Milchreis und backen weitere 1¼ Stunden. Rühren Sie noch ein- oder zweimal um.

Kochtopf-Methode

1 Füllen Sie den Reis in einen großen Topf. Geben Sie Milch und Zucker laut Rezept hinzu und verrühren Sie alles.

2 Kochen Sie den Reis auf, verrringern die Hitze, decken den Topf zu und lassen alles 1¼ Stunde unter ständigem Rühren leise köcheln.

3 Nehmen Sie den Deckel ab und köcheln weitere 15–20 Minuten, bis der Milchreis dick und cremig ist.

Kombinierte Methode

1 Gehen Sie nach der Quellreis-Methode vor. Geben Sie den Reis mit einem Drittel der abgemessenen Milch in einen Topf. Kochen Sie bei kleiner Hitze.

2 Wenn die Milch aufgesogen ist, rühren Sie die Hälfte der restlichen Milch ein und köcheln weitere 6 Minuten.

3 Rühren Sie Zucker, Gewürze und die übrige Milch ein und geben dann alles in eine eingefettete Backform.

4 Pinseln Sie den Reis mit Butter ein und backen 1–1½ Stunden zwischen 150° C/Gas Stufe 2 und 180° C/ Stufe 4. Bei niedrigerer Temperatur braucht der Reis länger, wird aber cremiger.

Perfekter Milchreis aus Klebreis

1 Geben Sie den Reis in eine Schüssel, bedecken ihn mit kaltem Wasser und lassen ihn 3–4 Stunden einweichen.

2 Gießen Sie den Reis ab und geben ihn mit Kokos- oder Kuhmilch in einen Topf. Kochen Sie ihn auf und köcheln ihn dann bedeckt unter ständigem Rühren bei kleiner Hitze 25–30 Minuten.

3 Geben Sie Zucker, Kokoscreme und Gewürze dazu und kochen den Reis unbedeckt weitere 5–10 Minuten, bis er die gewünschte Konsistenz hat. Servieren Sie den Milchreis, wenn Sie mögen, mit exotischen Früchten wie Mango-, Papaya- und Ananasstückchen.

Perfekter Thailändischer Milchreis

Geht schnell, einfach und ist lecker. Kochen Sie Thai-Duftreis nach der Quellreis-Methode in kochendem Wasser. Lassen Sie ihn ein paar Minuten stehen und rühren Sie dann Milch und Zucker nach Geschmack und, wenn Sie wollen, Kokoscreme ein. Servieren Sie den Milchreis heiß mit frischen Früchten.

Mengen

- Für Milchreis aus Rundkornreis nehmen Sie 600 ml/2½ Tassen Milch je 50 g/gute ¼ Tasse Reis. Geben Sie 45 ml/3 EL Zucker dazu. Das sollte vier Portionen ergeben.
- Für Milchreis aus Klebreis nehmen Sie für vier Portionen 300 ml/1¼ Tassen Flüssigkeit je 75 g/knappe ½ Tasse Reis.
- Für thailändischem Milchreis nehmen Sie für vier Portionen 475 ml/2 Tassen Wasser, 120 ml/½ Tasse Milch und 60 ml/ 4 EL Kokos-Creme je 50 g/gute ¼Tasse Reis.

TIPPS

Probieren Sie eine der folgenden Anregungen aus, um Milchreis einen noch besseren Geschmack zu verleihen.

- Ersetzen Sie die Hälfte der Flüssigkeit mit Kondensmilch und geben Sie braunen Rohrzucker dazu.
- Wenn Sie nach der Wasserreis-Methode kochen, geben Sie vor dem Servieren ein wenig Sahne dazu.
- Geschlagene Eier können in den heißen gekochten Reis gerührt oder dem vorgekochten Reis (siehe Kombinierte Methode) beigegeben werden.

Gewürze

Vanille Verleihen Sie der Milch ein wundervolles Aroma. Erhitzen Sie die Milch mit einer Vanilleschote, kochen Sie dabei aber nicht auf, nehmen sie dann vom Herd und lassen sie 1–2 Stunden ziehen. Gießen Sie die Milch über den Reis.

Muskatnuss Eine andere sehr beliebte Zutat. Entweder Sie raspeln den Muskat über dem Milchreis, der gebacken werden soll, oder geben geriebenen Muskat mit in den Topf. Muskat kann auch mit gemahlenem Zimt ersetzt werden.

Oben: Die aromatische Muskatnuss verleiht dem Milchreis Süße und Wärme.

Rosinen oder Sultaninen In den Reis streuen oder auf den Boden der Form.

Gewürze Geben Sie beim Kochen Zitronengras, Kardamomkapseln oder Orangen-, Zitronen- oder Limonenschale zum Reis.

Nüsse Gehackte Pistazien oder Mandeln können in den Reis gegeben werden, wenn er nach der kombinierten oder Kochtopf-Methode gekocht wird.

Oben: Pistazien, die mit frischer Minze in den Milchreis gerührt werden, verleihen Konsistenz und leichte Süße.

KÜCHENGERÄTE

Links: Elektrischer Reiskocher

Elektrischer Reiskocher

In Japan und anderen Reis essenden Ländern hat der elektrische Reiskocher die herkömmlichen Zubereitungsmethoden bereits ersetzt. Im Westen werden die Geräte auch immer beliebter, und Köche schwören oft darauf. Die Kocher kochen den Reis perfekt und halten ihn außerdem auch noch während der Mahlzeit warm, ohne dass er trocken oder matschig wird. Außerdem braucht er keine Kochplatte.

Kochtöpfe

Selbst wenn Sie sich einen Reiskocher gegönnt haben, werden Sie immer Töpfe brauchen. Für einfachen gekochten Reis und Risotti eignen sich am besten schwere Töpfe. Die Größe hängt von der Menge ab – je größer desto besser. Kleine Mengen Reis können in einem großen Topf zubereitet werden, aber es wird schwierig, wenn Sie große Mengen in einem zu kleinen Topf kochen wollen. Für Risotti bevorzugen einige Köche eine tiefe Bratpfanne.

Unten: Kochtöpfe

Rechts: Durchschlag und Sieb

In einer kleinen Brat- oder Crêpepfanne können Sie Omelettes machen, um damit orientalische Gerichte zu garnieren.

Durchschläge und Siebe

Ein Durchschlag oder Sieb ist wichtig, damit der gekochte Reis abtropft. Achten Sie auf einen langen Stiel, damit Sie zurückweichen können, wenn Sie den dampfenden Reis aus dem Topf gießen.

Messbecher und Waagen

Messen Sie Reis genau ab und geben Sie die richtige Menge Wasser oder Flüssigkeit dazu. Achten Sie auf die Packungsangaben, besonders wenn Sie nach der Quellreis-Methode kochen. Die meisten Rezepte geben Reis nach Gewicht an, obwohl er auch nach Volumen gemessen werden kann. Nehmen Sie für Brühe und andere Flüssigkeiten am besten einen Messbecher.

Feuerfeste Kasserolle

Verschiedene Gerichte bereiten Sie zuerst auf dem Herd und dann im Ofen zu. Eine feuerfeste Kasserolle ist ideal dafür und kann auch für reine Ofengerichte genommen werden. Die Kasserollen sollten einen fest schließenden Deckel haben. Geben Sie Folie dazwischen, sollte er lose sein.

Tonkasserolle

Sie kann nicht auf dem Herd benutzt werden, wohl aber für gebackene Pilaws. Die Kasserolle muss einen fest schließenden Deckel haben.

Parmesanreibe

Frisch geriebener Parmesankäse ist eine wichtige Zutat für Risotti. Obwohl ihn viele Supermärkte frisch gerieben anbieten, ist er so ziemlich teuer. Besser ist es, den Parmesan am Stück zu kaufen und ihn selbst zu reiben. Kleine Parmesanreiben aus Metall sind erhältlich, aber besser sind Parmesanmühlen aus Holz, bei denen Sie an der Kurbel drehen und so die Mengen besser regulieren können.

Eine feuerfeste und eine Tonkasserolle

Links: Bambusdampftopf

Oben: Essstäbchen und Stäbchenhalter

Links: Japanische Bambusrollmatten

Mörser und Stößel

Zum Kochen von Reis brauchen Sie keine Gewürze, aber für ein interessantes Essen, besonders für asiatische Gerichte, sind sie unerlässlich. Gewürze selbst zu mahlen, ist immer von Vorteil, da Sie nur so sicher sein können, dass sie absolut frisch sind. Sie werden den Unterschied zu fertig gemahlenen Gewürzen sofort merken. Mörser und Stößel sind das traditionelle Gerät zum Mahlen und eignen sich auch für sehr kleine Mengen. Sie legen Gewürze, Samen, Knoblauch oder Kräuter in den Mörser und zerreiben sie mit dem Stößel. Mörser und Stößel können aus Stein, Holz oder Marmor sein.

Gewürzmühle

Sie können statt Mörser und Stößel eine Gewürzmühle verwenden. Sie bereitet kaum Mühe und mahlt sehr fein.

Küchenmesser

Brauchen Sie nicht zum Reiskochen, aber hochwertige Küchenmesser in verschiedenen Größen sind notwendig für die Zubereitung anderer Zutaten.

Paellapfanne

Wenn Sie eine stilechte Paella machen oder ein nützliches Souvenir aus Ihrem Spanienurlaub mitbringen wollen, kaufen Sie sich eine Paellapfanne. Große Pfannen ergeben natürlich mehr Paella, aber sehr große Pfannen sind meistens größer als Ihre Kochplatte, so dass das Essen nicht gleichmäßig gar wird.

Wok

Sie brauchen einen Wok für kurzgebratene Reis- und viele Currygerichte und für Kurzgebratenes zu Reis. Kaufen Sie den passenden Wok für Ihren Herd. Woks, die unten rund sind, passen nur auf Gasplatten. Ein flacher Wok sollte auf einer elektrischen Herdplatte verwendet werden.

Dampfkochtopf

Sie können einen Dampfkochtopf zum Reiskochen nehmen, wenn Sie keinen elektrischen Reiskocher haben.

Japanische Bambusrollmatte

Sie ist wichtig zum Rollen von Sushi. Dieser einfache aber nützliche Ausrüstungsgegenstand ist auf der einer Seite beweglich, auf der anderen aber starr.

Musselinbeutel

Nicht wichtig, aber nützlich, um Ihren eigenen Lontong (fester Reis) zu machen. Wenn Sie keinen Bambusdampftopf haben, kann der mit Reis gefüllte Beutel ins kochende Wasser gegeben werden. Sie können Ihre eigenen Musselinbeutel herstellen, indem Sie zwei 25 cm große Quadrate zuschneiden und an drei Seiten zusammennähen, also eine Seite auflassen.

Essstäbchen und Stäbchenhalter

Asiatische Köche arbeiten mit langen Stäbchen. Vielleicht benutzen Sie zu einem chinesischen oder thailändischen Essen Stäbchen, da sie „echt" wirken und zudem Spaß machen. Stäbchenhalter nimmt man zum Ablegen bei Tisch; weniger aufwändig gearbeitete auch in der Küche.

Reisschälchen

Sie sind keine richtigen Küchengeräte, aber sehr hübsche Accessoires. Chinesische oder japanische Reisschälchen geben einer asiatischen Mahlzeit den richtigen Touch. Kaufen Sie für besondere Gelegenheiten ein echtes Service auf einem Asiamarkt oder im Urlaub.

Rechts: Reisschälchen

Reis- und Risotto-Rezepte

Indien

Asien

Griechenland, Türkei und Orient

Spanien und Portugal

Italien

Frankreich

Cajun, Kreol und Lateinamerika

Afrika und die Karibik

Großbritannien

Nordamerika

Indien

Wir verdanken der indischen Küche viele unserer Lieblingsreisgerichte. Ob Beilagen oder Hauptgänge, es gibt zahllose Reisrezepte aus Indien. Einige – wie Hühner-Biriyani – sind auf der ganzen Welt beliebt. Andere – wie Safranreis mit Kardamom, gekocht aus duftendem Basmatireis – sind leckere Beilagen für Currygerichte.

Hühnerfleisch-Biriyani

Einfach anzurichten und sehr lecker ist Biriyani das ideale Gericht für Abends.

VIER PORTIONEN

ZUTATEN

10 ganze grüne Kardamomkapseln
275 g/1½ Tassen Basmati-Reis, eingeweicht und abgetropft
2,5ml/½ TL Salz
2–3 ganze Nelken
5 cm Zimtstange
45 ml/3 EL Pflanzenöl
3 Zwiebeln, geschnitten
4 Hühnerbrüste, je 175 g, gewürfelt
1,5 ml/¼ TL Nelken, gemahlen
1,5 ml/¼ TL Chilipulver, scharf
5 ml/1 TL Kreuzkümmel, gemahlen
5 ml/1 TL Koriander, gemahlen
2,5 ml/½ TL schwarzer Pfeffer
3 Knoblauchzehen, gehackt
5 ml/1 TL frische Ingwerwurzel, fein gehackt
Saft einer Zitrone
4 Tomaten, geschnitten
30 ml/2 EL frischer Koriander, gehackt
150 ml/⅔ Tasse Naturjogurt
4–5 Safranfäden, eingeweicht in 10 ml/2 TL heiße Milch
150 ml/⅔ Tasse Wasser
Garnitur: geröstete Mandelsplitter und frische Korianderzweige
Beilage: Naturjogurt

1 Heizen Sie den Ofen auf 190° C/Gas Stufe 5 vor. Entfernen Sie die Samen aus der Hälfte der Kardamomkapseln, mahlen sie mit Mörser und Stößel fein und stellen sie beiseite. Geben Sie Reis, Salz, ganze Kardamomkapseln, Zimt und Nelken in kochendes Wasser, kochen alles 2 Minuten auf und gießen ab. Lassen Sie die Gewürze im Reis.

2 Erhitzen Sie Öl in einer Pfanne und braten die Zwiebeln 8 Minuten, bis sie weich und braun sind. Dazu geben Sie Huhn, gemahlene Gewürze, auch den Kardamom. Rühren Sie gut um und geben Knoblauch, Ingwer und Zitronensaft dazu. Kurz 5 Minuten braten.

3 Geben Sie das Hühnergemisch in eine Kasserolle und darauf Tomaten. Streuen Sie frischen Koriander darüber, verteilen den Jogurt darauf gleichmäßig und obenauf den abgetropften Reis.

4 Beträufeln Sie den Reis mit Safranmilch und gießen dann Wasser darüber. Decken Sie alles fest zu und backen es 1 Stunde. Entfernen Sie alle ganzen Gewürze aus dem Reis und richten ihn auf einer warmen Servierplatte an. Garnieren Sie mit gerösteten Mandelblättchen und frischen Korianderzweigen und servieren mit Naturjogurt.

Basmati-Reis und Nuss-Pilaw

Vegetarier lieben diesen einfachen Pilaw. Sie können nach Wunsch auch Pilze dazugeben.

VIER PORTIONEN

ZUTATEN
- 15–30 ml/1–2 EL Sonnenblumenöl
- 1 Zwiebel, gehackt
- 1 Knoblauchzehe, zerdrückt
- 1 große Möhre, grob gerieben
- 225 g/1 gute Tasse Basmati-Reis, eingeweicht
- 5 ml/1 TL Kreuzkümmel
- 10 ml/2 Tl Koriander, gemahlen
- 10 ml/2 TL schwarze Senfsamen (nach Wunsch)
- 4 grüne Kardamomkapseln
- 450 ml/knappe 2 Tassen Gemüsebrühe oder Wasser
- 1 Lorbeerblatt
- 75 g/¾ Tasse ungesalzene Walnüsse und Cashewkerne
- Salt und schwarzer Pfeffer
- Garnitur: frische Petersilie oder Korianderzweige

1 Erhitzen Sie Öl in einer großen, flachen Pfanne und braten Sie Zwiebel, Knoblauch und Möhre 3–4 Minuten leicht an. Geben Sie den abgegossenen Reis und die Gewürze dazu. Kochen Sie weitere 1–2 Minuten und wälzen dabei die Reiskörner im Öl.

2 Geben Sie Brühe oder Wasser, dann das Lorbeerblatt dazu und würzen Sie gut. Kochen Sie auf und köcheln Sie alles bedeckt bei geringer Hitze ca. 10–12 Minuten.

3 Nehmen Sie die geschlossene Pfanne vom Herd und lassen sie 5 Minuten stehen. Sehen Sie dann nach dem Reis. Wenn er gar ist, finden Sie kleine Dampflöcher an der Oberfläche. Entfernen Sie Lorbeerblatt und Kardamom.

4 Rühren Sie die Nüsse ein und probieren. Geben Sie dann alles löffelweise auf ein Serviertablett, garnieren Sie mit Petersilie oder Korianderzweigen und servieren Sie.

TIPP
Verwenden Sie Ihre Lieblingsnüsse für dieses Gericht. Selbst ungesalzene Erdnüsse schmecken gut, obwohl Mandeln, Cashewkerne und Pistazien exotischer sind.

Pikanter Reis mit Madras-Curry

Mundgerechte Würfel aus Rindfleisch schmoren mit Gewürzen, bis sie so zart sind, dass sie im Mund fast zerschmelzen. Sie werden mit lockerem, duftendem Basmati-Reis serviert.

VIER PORTIONEN

ZUTATEN

- 225 g/1 gute Tasse Basmati-Reis
- 15 ml/1 EL Sonnenblumenöl
- 30 ml/2 EL Ghee oder Butter
- 1 Zwiebel, fein gehackt
- 1 Knoblauchzehe, zerdrückt
- 5 ml/1 TL Kreuzkümmel, gemahlen
- 2,5 ml/½ TL Koriander, gemahlen
- 4 grüne Kardamomkapseln
- 1 Zimtstange
- je 1 kleine rote und grüne Paprika, entkernt und gewürfelt
- 300 ml/1¼ Tassen Hühnerbrühe
- Salz und frisch gemahlener schwarzer Pfeffer

Für das Curry:

- 30 ml/2 EL Pflanzenöl
- 30 ml/2 EL Ghee oder Butter
- 675 g Rinderschmorbraten, mundgerecht gewürfelt
- 1 Zwiebel, gehackt
- 3 grüne Kardamomkapseln
- 2 frische grüne Chilischoten, entkernt und fein gehackt
- 2,5cm Stück frische Ingwerwurzel, gerieben
- 2 Knoblauchzehen, zerdrückt
- 15 ml/1 EL Madras-Currypaste
- 5 ml/1 TL Kreuzkümmel, gemahlen
- 5 ml/1 TL Koriander, gemahlen
- 150 ml/2/3 Tasse Rinderbrühe

1 Erhitzen Sie für das Curry die Hälfte von Öl und Ghee oder Butter in einer Pfanne und braten Sie das Fleisch, wenn nötig in mehreren Schüben, bis es rundum braun ist. Geben Sie es auf einen Teller und stellen es beiseite.

2 Erhitzen Sie das restliche Öl und Ghee oder Butter und braten die Zwiebeln in 3–4 Minuten weich. Geben Sie Kardamomkapseln dazu, braten Sie 1 Minute, geben Chili, Ingwer und Knoblauch dazu und braten 2 Minuten.

3 Rühren Sie die Currypaste, den gemahlenen Kreuzkümmel und Koriander ein und geben dann das Fleisch und die Brühe dazu. Schmecken Sie mit Salz ab, kochen Sie alles auf und köcheln dann leicht bei geringer Hitze 1–1¼ Stunden, bis das Fleisch weich ist.

4 Bereiten Sie den Reis erst zu, wenn das Curry fast fertig ist. Geben Sie den Reis in eine Schüssel und übergießen ihn mit kochendem Wasser. Stellen Sie ihn 10 Minuten beiseite, gießen ihn ab, spülen ihn unter kaltem Wasser und gießen ihn wieder ab. Der Reis wird dadurch zwar nicht gar, ist aber weniger spröde.

5 Erhitzen Sie Öl und Ghee oder Butter in einer feuerfesten Kasserolle und braten Sie Zwiebel und Knoblauch in 3–4 Minuten weich und ein wenig braun an.

6 Rühren Sie Kümmel, gemahlenen Koriander, Kardamomkapseln und Zimt ein, braten sie 1 Minute und geben dann die Paprikawürfel dazu.

7 Geben Sie den Reis unter Rühren in die Gewürzmischung und dann die Brühe dazu. Kochen Sie alles auf und köcheln fest bedeckt bei geringer Hitze etwa 8–10 Minuten, oder bis der Reis weich und die Brühe aufgesogen ist. Füllen Sie den Reis in eine Schüssel und servieren ihn mit dem Curry. Sie könnten dazu Mangochutney anbieten.

TIPP

Das Curry sollte ziemlich trocken sein. Achten Sie darauf, dass es nicht ansetzt. Wenn Sie sich nicht darum sorgen möchten, kochen Sie es in einer schweren Pfanne oder feuerfesten Kasserolle, auf dem Herd oder im auf 180° C/Stufe 4 vorgeheizten Ofen.

Lamm-Parsi

Parsi ist dem Biriyani zwar ähnlich, aber hier wird das Lamm in Jogurt mariniert. Servieren das Parsi mit Dhal oder würzigen Pilzen.

SECHS PERSONEN

ZUTATEN
- 900 g Lammfilet, geschnitten in 2,5cm große Würfel
- 60 ml/4 EL Ghee oder Butter
- 2 Zwiebeln, geschnitten
- 450 g Kartoffeln, in langen Stücken
- Hühnerbrühe oder Wasser
- 450 g/2 1/3 Tassen Basmati-Reis, eingeweicht
- eine gute Prise Safranfäden, in 30 ml/2 EL warmer Milch aufgelöst
- zum Garnieren: frische Korianderzweige

Für die Marinade
- 475 ml/2 Tassen Naturjogurt
- 3–4 Knoblauchzehen, zerdrückt
- 10 ml/2 TL Cayennepfeffer
- 20 ml/4 TL Garam masala
- 10 ml/2 TL Kreuzkümmel, gemahlen
- 5 ml/1 TL Koriander, gemahlen

1 Verrühren Sie für die Marinade alle Zutaten in einer Schüssel. Rühren Sie das Fleisch ein und stellen es abgedeckt zum Marinieren 3–4 Stunden kalt oder über Nacht in den Kühlschrank.

2 Schmelzen Sie 30 ml/2 EL Ghee oder Butter in einem großen Topf, braten die Zwiebeln in 6–8 Minuten leicht golden und geben sie auf einen Teller.

3 Schmelzen Sie 25 ml/1 ¼ EL Ghee oder Butter im Topf. Braten Sie die marinierten Lammwürfel portionsweise gleichmäßig braun und geben sie dann auf einen Teller. Wenn alle Lammwürfel fertig sind, füllen Sie alle wieder in den Topf und die restliche Marinade dazu.

4 Mischen Sie die Kartoffeln und etwa drei Viertel der gebratenen Zwiebeln dazu. Bedecken Sie alles mit genügend Hühnerbrühe oder Wasser. Kochen Sie alles auf und köcheln es dann bedeckt bei sehr kleiner Hitze 40–50 Minuten, bis das Lamm weich und die Kartoffeln gar sind. Heizen Sie den Backofen auf 160° C/Gas Stufe 3 vor.

5 Gießen Sie den Reis ab und kochen ihn 5 Minuten in Brühe oder Wasser. Löffeln Sie derweil das Lammgemisch in eine Kasserolle. Häufen Sie den abgegossenen Reis auf dem Lamm. Bohren Sie mit dem Stiel eines Holzlöffels in der Mitte ein Loch. Geben Sie die restlichen Zwiebeln und die Safranmilch auf den Reis und pinseln ihn mit dem übrigen Ghee oder mit Butter ein.

6 Decken Sie den Topf mit einer doppelten Schicht Folie und einem Deckel ab. Backen Sie alles 30–35 Minuten im Ofen, bis der Reis weich ist. Garnieren Sie mit frischen Korianderzweigen.

TIPP

Verkochen Sie den Reis nicht, wenn Sie ihn vorkochen. Die Körner sollten noch recht hart sein, aber eine leicht bröckelige Konsistenz haben.

Garnelen-Curry aus Goa mit Reis nach südlicher Art

Traditionell mögen die Goaner ihre Meeresfrüchte lieber scharf, aber ein milderes, mit Kräutern und Gewürzen abgeschmecktes Curry ist ebenso köstlich.

VIER PORTIONEN

ZUTATEN

- 15 g/1 EL Ghee oder Butter
- 2 Knoblauchzehen, zerdrückt
- 450 g kleine rohe Garnelen, geschält und ohne Darm
- 4 Kardamomkapseln
- 4 Nelken
- 1 Zimtstange
- 15 ml/1 EL Senfkörner
- etwa 15 ml/1 EL Erdnussöl
- 1 große Zwiebel, gehackt
- ½–1 frische rote Chilischote, entkernt und fein geschnitten
- 4 Tomaten, geschält, entkernt und gehackt
- 175 ml/¾ Tasse Fischbrühe oder Wasser
- 350 ml/1½ Tassen Kokosmilch
- 45 ml/3 EL duftende Gewürzmischung (siehe Tipp)
- 10–20 ml/2–4 TL Cayennepfeffer
- Salz

Für den Reis

- 350 g/1¾ Tasse Basmati-Reis, eingeweicht und abgetropft
- 5 ml/1 TL Koriandersamen
- 5 ml/1 TLKreuzkümmel
- 30 ml/2 EL Urad dhal, gespült (nach Wunsch)
- 2,5 ml/½ TL Kurkuma, gemahlen
- 5 ml/1 TL braune Senfkörner
- 115 g/1 Tasse ungeröstete Cashewkerne
- 15 ml/1 EL Erdnussöl
- 15 ml/1 EL Ghee oder Butter

TIPP

Für die aromatische Gewürzmischung rösten Sie 25 ml/1½ EL Koriandersamen, 15 ml/1 EL gemischte Pfefferkörner, 5 ml/1 TL Kreuzkümmel und 1,5 ml/¼ TL Fenchelsamen, bis sie duften und mahlen sie dann in einer Gewürzmühle fein. Alternativ nehmen Sie gemahlene Gewürze und in diesem Fall nur 15 ml/1 EL gemahlenen Koriander.

1 Schmelzen Sie Ghee oder Butter in einer feuerfesten Kasserolle, geben Knoblauch dazu und rühren bei kleiner Hitze einige Sekunden. Geben Sie Garnelen hinzu, braten sie unter Rühren kurz an und geben sie auf einen Teller.

2 Rösten Sie Kardamom, Nelken und Zimt 2 Minuten, geben Senfkörner dazu und rösten 1 Minute. Braten Sie Zwiebeln und Chili 3–4 Minuten in Öl und geben die restlichen Curryzutaten dazu.

3 Heizen Sie den Ofen auf 180° C/Gas Stufe 4 vor. Kochen Sie den Reis 5 Minuten und tropfen ihn gut ab. Derweil rösten Sie Koriander und Kümmel ein paar Minuten mit dem Urad dhal. Geben Sie Kurkuma dazu und mahlen Sie die Mischung in einer Gewürzmühle.

4 Braten Sie Senfkörner und Cashews einige Minuten in Öl und rühren sie in den Reis mit der Gewürzmischung.

5 Geben Sie den Reis in eine große Kasserolle und betupfen ihn mit Ghee oder Butter. Legen Sie unter den Deckel Folie oder Musselintuch, damit er fest schließt. Backen Sie alles 20 Minuten.

6 Erwärmen Sie etwa 10 Minuten, bevor der Reis fertig ist, die Currysoße, geben die Garnelen dazu und kochen sie 5–8 Minuten leicht, bis die Garnelen gar sind. Geben Sie die Soße in eine Schüssel und servieren sie zum Reis.

Hühner-Korma mit Safranreis

Dieses Gericht ist seit jeher beliebt, denn es ist mild und duftet wundervoll.

VIER PORTIONEN

ZUTATEN

- 75 g/¾ Tasse Mandelsplitter
- 15 ml/1 EL Ghee oder Butter
- etwa 15 ml/1 EL Sonnenblumenöl
- 675 g entbeinte Hühnerbrust ohne Haut, in mundgerechten Stücken
- 1 Zwiebel, gehackt
- 4 grüne Kardamomkapseln
- 2 Knoblauchzehen, zerdrückt
- 10 ml/2 TL Kreuzkümmel, gemahlen
- 5 ml/1 TL Koriander, gemahlen
- 1 Zimtstange
- 1 gute Prise Chilipulver
- 300 ml/1¼ Tassen Dosenkokosmilch
- 175 ml/¾ Tasse Hühnerbrühe
- 5 ml/1 TL Tomatenpüree (nach Wahl)
- 75 ml/5 EL magere Sahne
- 15–30 ml/1–2 EL frischer Limonen- oder Zitronensaft
- 10 ml/2 TL geriebene Limonen- oder Zitronenschale
- 5 ml/1 TL Garam-Masala
- Salz und frisch gemahlener schwarzer Pfeffer
- Garnitur: frische Korianderzweige (nach Wunsch)
- Beilage: Papadam (nach Wunsch)

Für den Safranreis

- 275 g/1½ Tassen Basmati-Reis, eingeweicht
- 750 ml/3 Tassen Hühnerbrühe
- 1 gute Prise Safranfäden, zerdrückt, dann in heißem Wasser eingeweicht (siehe Tipp)

1 Rösten Sei die Mandelsplitter in einer kleinen Pfanne goldgelb. Geben Sie etwa zwei Drittel davon auf einen Teller und rösten Sie die restlichen weiter, bis sie etwas dunkler werden. Füllen Sie die dunkleren Mandeln auf einen Extrateller und stellen sie für die Garnitur beiseite. Lassen Sie die helleren Mandeln abkühlen und mahlen sie dann in einer Gewürz- oder Kaffeemühle.

2 Erhitzen Sie Ghee oder Butter und Öl in einer Pfanne oder im Wok und braten die Hühnerbrüste, wenn nötig stückweise, bis sie gleichmäßig braun sind und geben sie dann auf einen Teller.

3 Braten Sie die Zwiebel 2 Minuten im Öl, rühren dann Kardamomkapseln und Knoblauch ein und braten weitere 3–4 Minuten, bis die Zwiebeln bräunlich werden.

4 Geben Sie unter Rühren gemahlene Mandeln, Kümmel, Koriander, Zimt und Chilipulver dazu und braten alles 1 Minute. Rühren Sie Kokosmilch, Hühnerbrühe und Tomatenpüree ein.

5 Wenn es aufkocht, geben Sie Huhn und Gewürze dazu. Kochen Sie bedeckt bei kleiner Hitze 10 Minuten, bis das Huhn weich ist. Stellen Sie den Topf bedeckt beiseite und kochen den Reis.

6 Gießen Sie den Reis ab, geben ihn in einen Topf und dann die gewürzte Brühe und den Safran dazu. Kochen Sie alles bei mittlerer Hitze auf und köcheln dann bedeckt bei geringer Hitze 10 Minuten oder laut Packungsangabe weiter.

7 Kurz bevor der Reis fertig ist, erhitzen Sie das Korma, bis er leicht kocht. Rühren Sie die Sahne, den Saft und die Schale der Zitrusfrüchte und das Garam-Masala ein. Schmecken Sie ab und würzen, wenn nötig. Füllen Sie den Reis auf eine erwärmte Servierplatte und löffeln Sie das Korma in eine zweite Schüssel. Garnieren Sie mit den restlichen gerösteten Mandeln und frischen Korianderzweigen und servieren Sie, wenn Sie wollen, mit Papadam.

TIPP

Safran sollte immer vor Gebrauch eingeweicht werden. Weichen Sie die Fäden je nach Rezept für etwa eine Stunde in warmem Wasser oder Milch ein.

Rindfleisch-Biriyani

Dieses trockene, pikante Reisgericht ist eine komplette Mahlzeit.

VIER PORTIONEN

ZUTATEN
- 2 große Zwiebeln
- 2 Knoblauchzehen, gehackt
- 2,5 cm Sück frische Ingwerwurzel, geschält und grob gehackt
- ½–1 frische grüne Chilischote, entkernt und grob gehackt
- 1 Sträußchen frischer Koriander
- 60 ml/4 EL Mandelsplitter
- 30–45 ml/2–3 EL Wasser
- 15 ml/1 EL Ghee oder Butter und 25 g/2 EL Butter für den Reis
- 45 ml/3 EL Sonnenblumenöl
- 30 ml/2 EL Sultaninen
- 500 g Schmorfleisch, gewürfelt
- 5 ml/1 TL Koriander, gemahlen
- 15 ml/1 EL Kreuzkümmel, gemahlen
- 2,5 ml/½ TL Kurkuma, gemahlen
- 2,5 ml/½ TL Bockshornklee, gemahlen
- 1 gute Prise gemahlener Zimt
- 175 ml/¾ Tasse Naturjogurt
- 275 g/1½ Tassen Basmati-Reis
- etwa 1,2 Liter/5 Tassen heiße Hühnerbrühe oder Wasser
- Salz und frisch gemahlener schwarzer Pfeffer
- Garnitur: 2 hartgekochte Eier, geviertelt

1 Geben Sie 1 grob gehackte Zwiebel in eine Küchenmaschine oder einen Mixer und dazu Knoblauch, Ingwer, Chilischote, frischen Koriander und die Hälfte der Mandelsplitter. Gießen Sie Wasser hinein und verarbeiten Sie alles zu einer weichen Paste.

2 Scheiden Sie die andere Zwiebel in Ringe. Erhitzen Sie die Hälfte Ghee oder Butter mit der Hälfte Öl in einer schweren, feuerfesten Kasserolle, braten die Zwiebelringe bei mittlerer Hitze 10–15 Minuten, bis sie tief goldbraun sind und geben sie dann mit einem Schaumlöffel auf einen Teller. Braten Sie erst die restlichen Mandelsplitter golden an und dann kurz die Sultanien, bis sie aufquellen. Stellen Sie alles mit den Zwiebelringen beiseite.

3 Erhitzen Sie das übrige Ghee oder die Butter mit weiteren 15 ml/1 EL Öl in der Kasserolle, braten das Fleisch darin gleichmäßig braun und geben es auf einen Teller, den Sie beiseite stellen.

4 Wischen Sie die Kasserolle mit Küchenpapier sauber, erhitzen das übrige Öl und geben die Zwiebel und Ingwerpaste hinein. Kochen Sie alles unter ständigem Rühren bei mittlerer Hitze 2–3 Minuten, bis die Mischung langsam braun wird. Rühren Sie alle Gewürze ein, schmecken mit Salz und Pfeffer ab und kochen eine weitere Minute.

5 Stellen Sie die Hitze kleiner und rühren dann den Jogurt ein. Wenn er vollständig in die Gewürzmischung verrührt ist, können Sie das Fleisch unter Rühren dazumischen. Decken Sie die Kasserolle fest ab und köcheln bei geringer Hitze 40–45 Minuten, bis das Fleisch weich ist. Weichen Sie den Reis 15–20 Minuten in einer Schüssel mit kaltem Wasser ein.

6 Heizen Sie den Ofen auf 160° C/Gas Stufe 3 vor. Gießen Sie den Reis ab und geben ihn mit Hühnerbrühe oder Wasser und ein wenig Salz in einen Topf. Bringen Sie ihn zum Kochen, decken ihn ab und köcheln 5–6 Minuten lang.

7 Gießen Sie den Reis ab und häufen ihn auf dem Fleisch in der Kasserolle zu einem Berg auf. Bohren Sie mit einem Löffelstiel ein Loch durch den Reis und die Fleischmischung bis auf den Boden. Streuen Sie die gebratenen Zwiebeln, Mandeln und Sultaninen darüber und pinseln alles mit Butter ein. Decken Sie die Kasserolle mit einer doppelten Schicht Folie fest ab und sichern sie mit einem Deckel.

8 Backen Sie den Biriyani 30–40 Minuten im Ofen. Geben Sie die Mischung zum Servieren auf eine warme Servierplatte und garnieren Sie mit geviertelten harten Eiern. Servieren Sie mit Parathas, Naan-Brot oder Chapatis, wenn Sie mögen.

Aprikosen-Lamm mit Erbsenreis

Der Geschmack vom Erbsenreis bildet einen guten Kontrast zum süssen Lamm.

VIER PORTIONEN

ZUTATEN
- 675 g Lammbeinfilet
- 15 ml/1 EL Ghee oder Butter
- 1 Zwiebel, fein gehackt
- 5 ml/1 TL Koriander, gemahlen
- 10 ml/2 TL Kreuzkümmel, gemahlen
- 5 ml/1 TL Bockshornkleesamen
- 2,5 ml/½ TL Kurkuma
- 1 Prise Cayennepfeffer
- 1 Zimtstange
- 120 ml/½ Tasse Hühnerbrühe
- 175 g essfertige Aprikosen, halbiert oder geviertelt
- Salz und schwarzer Pfeffer
- Garnitur: frischer Koriander

Für die Marinade
- 120 ml/½ Tasse Naturjogurt
- 15 ml/1 EL Sonnenblumenöl
- Saft einer halben Zitrone
- 2,5 cm Stück frische Ingwerwurzel, gerieben

Für den Reis
- 175 g/½ Tasse Chana Dhal od. gelbe Erbsen, 1–2 Stunden eingeweicht
- 225 g/1 gute Tasse Basmati-Reis, eingeweicht und abgetropft
- 15 ml/1 EL Sonnenblumenöl
- 1 große Zwiebel, fein geschnitten
- 1 Knoblauchzehe, zerdrückt
- 10 ml/2 TL frische Ingwerwurzel, fein gerieben
- 60 ml/4 EL Naturjogurt
- 15 ml/1 EL Koriandergrün, gehackt
- 15 ml/1 EL Ghee oder Butter
- Salz

1 Schneiden Sie das Fleisch in mundgerechte Stücke. Mixen Sie mit Jogurt, Öl, Zitronensaft und Ingwer die Marinade. Geben Sie unter Rühren das Fleisch hinein, dann eine Klarsichtfolie darüber und lassen alles zum Marinieren 2–4 Stunden an einem kühlen Ort stehen.

2 Geben Sie Dhal oder gelbe Erbsen in einen großen Topf, kochendes Wasser darüber, kochen sie in 20–30 Minuten weich und gießen sie ab. Kochen Sie den Reis in Salzwasser zu drei Vierteln fertig und fast weich und gießen ihn ab.

3 Braten Sie die Zwiebelringe in heißem Öl goldbraun und geben sie dann auf einen Teller. Braten Sie Knoblauch und Ingwer unter Rühren ein paar Sekunden an, geben den Jogurt dazu und kochen alles unter Rühren einige Minuten. Geben Sie Dhal, Koriander und Salz dazu. Rühren Sie gut um und stellen die Pfanne beiseite. Heizen Sie den Ofen auf 180° C/Gas Stufe 4. vor.

4 Gießen Sie das Fleisch ab und heben die Marinade auf. Schmelzen Sie Ghee oder Butter in einer Kasserolle und braten die Zwiebeln in 3–4 Minuten weich. Geben Sie alle Gewürze dazu und braten bei mittlerer Hitze, bis die Gewürze zu brutzeln beginnen.

5 Braten Sie das Fleisch braun, geben die Marinade darüber und die Hühnerbrühe und Aprikosen dazu. Kochen Sie alles langsam auf, decken es ab und backen die Mischung 45–55 Minuten im Ofen, bis das Fleisch weich ist.

6 Kochen Sie den Reis fertig. Geben Sie die Dhalmischung in eine Kasserolle und rühren den Reis ein. Bestreichen Sie ihn mit Ghee oder Butter und geben Zwiebelringe darüber. Bedecken Sie alles doppelt mit Folie und einem Deckel. Geben Sie die Mischung 30 Minuten, bevor das Lamm gar ist, in den Ofen. Reis und Dhal sollten weich, die Körner aber locker sein. Servieren Sie alles zusammen und garnieren mit Koriander.

Indischer Reis mit Tomaten und Spinat

Dieses Reisgemüse passt gut zu einem Fleischcurry oder zu einer vegetarischen Mahlzeit.

VIER PORTIONEN

ZUTATEN
- 30 ml/2 EL Sonnenblumenöl
- 15 ml/1 EL Ghee oder Butter
- 1 Zwiebel, gehackt
- 2 Knoblauchzehen, zerdrückt
- 3 Tomaten, geschält, entkernt und gehackt
- 225 g/1 gute Tasse brauner Basmati-Reis, eingeweicht
- 10 ml/2 TL Dhana-Jeera-Pulver oder 5 ml/1 TL Koriander, gemahlen, vermischt mit 5 ml/1 TL Kreuzkümmel, gemahlen
- 2 Möhren, grob gerieben
- 900 ml/3¾ Tassen Gemüsebrühe
- 275 g junge Spinatblätter, gewaschen
- 50 g/½ Tasse ungesalzene Cashewkerne, geröstet
- Salz und frisch gemahlener schwarzen Pfeffer

1 Erhitzen Sie Öl und Ghee oder Butter in einer feuerfesten Kasserolle, braten Zwiebel und Knoblauch in 4–5 Minuten weich, geben die gehackten Tomaten dazu und braten unter Rühren weitere 3–4 Minuten, bis die Mischung andickt.

2 Geben Sie den abgegossenen Reis in die Kasserolle und braten ihn unter Rühren 1–2 Minuten, bis er mit der Mischung bedeckt ist.

TIPP
Wenn Sie keinen jungen Babyspinat finden, nehmen Sie längere frische Spinatblätter. Entfernen Sie alle harten Stiele und hacken die Blätter grob.

3 Rühren Sie das Dhana-Jeera-Puder oder Koriander und Kümmel dazu, dann die Möhren und schmecken mit Salz und Pfeffer ab. Gießen Sie die Brühe dazu und verrühren alles gut.

4 Kochen Sie alles auf, decken es fest ab und kochen den Reis bei sehr niedriger Hitze in 20–25 Minuten weich. Legen Sie den Spinat auf den Reis, decken ihn wieder ab und kochen weitere 2–3 Minuten, bis der Spinat weich ist. Geben Sie den Reis auf den Spinat und schmecken ab. Streuen Sie Cashewkerne darüber und servieren Sie.

Süsser Reis mit pikanten Kichererbsen

Die Inder mögen Gerichte, die einen süssen Geschmack mit scharfem oder saurem kombinieren, besonders gern. Hier ist der Reis eindeutig süss, passt aber gut zum scharf-sauren Geschmack der Kichererbsen.

SECHS PORTIONEN

ZUTATEN

- 350 g/1 2/3 Tassen getrocknete Kichererbsen, über Nacht eingeweicht
- 60 ml/4 EL Pflanzenöl
- 1 große Zwiebel, sehr fein gehackt
- 225 g Tomaten, geschält und fein gehackt
- 15 ml/1 EL Korianader, gemahlen
- 15 ml/1 EL Kreuzkümmel, gemahlen
- 5 ml/1 TL Bockshornklee, gemahlen
- 5 ml/1 TL Zimt, gemahlen
- 1–2 frische, scharfe, grüne Chilischoten, entkernt und fein geschnitten
- 2,5 cm frische Ingwerwurzel, gerieben
- 60 ml/4 EL Zitronensaft
- 15 ml/1 EL Koriandergrün, gehackt
- Salz und schwarzer Pfeffer

Für den Reis

- 40 g/3 EL Ghee oder Butter
- 4 grüne Kardamomkapseln
- 4 Nelken
- 650 ml/2¾ Tassen Wasser, kochend
- 350 g/1¾ Tassen Basmati-Reis, eingeweicht und abgetropft
- 5–10 ml/1–2 TL Zucker
- 5–6 Safranfäden, in warmem Wasser eingeweicht

1 Geben Sie die gut abgetropften Kichererbsen in einen großen Topf, bedecken sie mit Wasser, bringen es zum Kochen und köcheln die Kichererbsen bedeckt in 1–1¼ Stunden weich, wobei Sie ab und zu Wasser auffüllen. Gießen Sie die Kichererbsen ab, heben aber die Flüssigkeit auf.

2 Erhitzen Sie Öl in einem Topf. Stellen Sie etwa 30 ml/2 EL der gehackten Zwiebeln beiseite, geben die restlichen in den Topf und braten sie unter Rühren bei mittlerer Hitze 4–5 Minuten.

3 Geben Sie nun die Tomaten hinzu, kochen sie unter ständigem Rühren und Zerdrücken bei mäßiger Hitze 5–6 Minuten, bis sie sehr weich sind.

4 Rühren Sie Koriander, Kümmel, Zimt und Bockshornklee ein, kochen sie 30 Sekunden und geben die Kichererbsen und 350 ml/1¼ Tassen der aufgehobenen Flüssigkeit dazu. Würzen Sie mit Salz und köcheln die Mischung bedeckt sehr leicht unter gelegentlichem Rühren 15–20 Minuten. Geben Sie Flüssigkeit dazu, wenn sie zu trocken wird.

5 Während die Kichererbsen kochen, schmelzen Sie Ghee oder Butter in einem Topf, rösten Kardamomkapseln und Nelken einige Minuten und nehmen den Topf vom Herd. Wenn das Fett etwas abgekühlt ist, gießen Sie das kochende Wasser hinein und rühren den Basmati-Reis ein. Decken Sie ihn ab und kochen ihn 10 Minuten nach der Quellreis-Methode.

6 Geben Sie Zucker und die Safranflüssigkeit in den fertigen Reis, rühren gut um und decken ihn wieder zu. So bleibt der Reis warm, bis Sie fertig sind.

7 Mischen Sie die restlichen Zwiebeln mit Chili, Ingwer und Zitronensaft, rühren alles in die Kichererbsen, geben gehackten Koriander dazu, schmecken ab und servieren mit dem Reis.

Safranreis mit Kardamom

Aromatische grüne Kardamomkapseln, Gewürznelken, Milch und Safran geben diesem Reisgericht einen feinen Geschmack und eine ansprechende Farbe.

SECHS PORTIONEN

ZUTATEN
- 450 g/2 1/3 Tassen Basmati-Reis, eingeweicht
- 750 ml/3 Tassen Wasser
- 3 grüne Kardamomkapseln
- 2 Nelken
- 5 ml/1 TL Salz
- 45 ml/3 EL teilentrahmte Milch
- 2,5 ml/½ TL Safranfäden, zerdrückt

1 Füllen Sie den abgetropften Reis in einen Topf und dann Wasser dazu.

2 Geben Sie Kardamom, Nelken und Salz hinzu. Rühren Sie um und kochen alles auf. Köcheln Sie den Reis bei geringer Hitze abgedeckt etwa 5 Minuten.

3 Gießen Sie derweil die Milch in einen kleinen Topf. Geben Sie die Safranfäden dazu und erhitzen alles behutsam.

4 Füllen Sie die Safranmilch unter Rühren zum Reis. Decken Sie den Reis wieder ab und köcheln ihn weitere 5–6 Minuten bei kleiner Hitze. Nehmen Sie den Topf vom Herd, ohne den Deckel zu lüften. Lassen Sie den Reis so 5 Minuten stehen, bevor Sie ihn servieren.

TIPP
Die Safranmilch kann auch in der Mikrowelle erhitzt werden. Geben Sie Milch und Safranfäden in ein geeignetes Gefäß und erwärmen sie eine Minute auf der kleinsten Stufe.

Pilawreis mit ganzen Gewürzen

Dieses duftende Reisgericht ist eine perfekte Beilage zu jeder indischen Mahlzeit.

VIER PORTIONEN

ZUTATEN

- 1 gute Prise Safranfäden
- 600 ml/2½ Tassen heiße Hühnerbrühe
- 50 g/¼ Tasse Butter
- 1 Zwiebel, gehackt
- 1 Knoblauchzehe, zerdrückt
- ½ Zimtstange
- 6 grüne Kardamomkapseln
- 1 Lorbeerblatt
- 250 g/1 1/3 Tassen Basmati-Reis
- 50 g/1/3 Tassen Sultaninen
- 15 ml/1 EL Sonnenblumenöl
- 50 g/½ Tasse Cashewkerne
- Beilage: Naan-Brot und Salat aus Tomaten und Zwiebeln (nach Wunsch)

1 Rühren Sie die Safranfäden in die heiße Brühe und stellen sie beiseite.

2 Erhitzen Sie die Butter in einem Topf und braten Zwiebel und Knoblauch 5 Minuten. Rühren Sie Zimt, Kardamom und Lorbeer ein und kochen 2 Minuten.

3 Geben Sie Reis dazu und kochen unter Rühren 2 weitere Minuten. Geben Sie die Brühe dazu und dann die Sultaninen. Kochen Sie alles auf, rühren um, decken ab und köcheln dann leise etwa 10 Minuten, oder bis der Reis weich ist und die Flüssigkeit aufgesogen hat.

4 Erhitzen Sie inzwischen das Öl in einer Pfanne, rösten die Cashewkerne, bis sie braun sind, und tropfen sie auf Küchenpapier ab. Streuen Sie die Cashewkerne über den Reis. Servieren Sie mit Naan-Brot und einem frischen Salat aus Tomaten und Zwiebeln, wenn Sie mögen.

TIPP

Nehmen Sie auf keinen Fall schwarzen Kardamom für dieses Gericht. Er ist grober und kräftiger im Geschmack als grüner Kardamom und wird nur bei sehr würzigen Gerichten verwendet, die lange gekocht werden.

Champignonpilaw

Dieses einfache, leckere Gericht passt besonders gut zu Lammbraten oder Huhn.

VIER PORTIONEN

ZUTATEN
- 30 ml/2 EL Pflanzenöl
- 2 Schalotten, fein gehackt
- 1 Knoblauchzehe, zerdrückt
- 3 grüne Kardamomkapseln
- 25 g/2 EL Ghee oder Butter
- 175 g/2½ Tassen junge Champignons, geschnitten
- 225 g/1 gute Tasse Basmati-Reis, eingeweicht
- 5 ml/1 TL Ingwerwurzel, gerieben
- 1 gute Prise Garam-Masala
- 450 ml/2 knappe Tassen Wasser
- 15 ml/1 EL Koriandergrün, gehackt
- Salz

1 Erhitzen Sie das Öl in einer feuerfesten Kasserolle und braten Schalotten, Knoblauch und Kardamom bei mittlerer Hitze 3–4 Minuten, bis die Schalotten weich sind und braun werden.

2 Schmelzen Sie Ghee oder Butter in der Mischung, geben Sie Champignons dazu und braten weitere 2–3 Minuten.

3 Geben Sie Reis, Ingwer und Garam-Masala dazu, braten sie bei kleiner Hitze 2–3 Minuten an und rühren Wasser und etwas Salz dazu. Kochen Sie alles auf, decken es fest ab und lassen es 10 Minuten bei niedriger Hitze köcheln.

4 Nehmen Sie die Kasserolle vom Herd und lassen sie 5 Minuten bedeckt stehen. Mischen Sie den gehackten Koriander mit einer Gabel unter den Reis. Geben Sie das Pilaw in eine Schüssel und servieren sofort.

ASIEN

Reis ist das bei weitem wichtigste Getreide Südostasiens. Jedes Land bietet typische Gerichte, die vorwiegend auf Reis basieren. Gebratener Reis aus China, Nasi Goreng aus Indonesien oder die leckeren Sushi aus Japan sind nur einige der klassischen asiatischen Reisgerichte, an denen sich mittlerweile die ganze Welt erfreut.

SUSHI

Nicht umsonst schiessen in vielen grösseren Städten Sushibars wie Pilze aus dem Boden: Die leckeren Röllchen und Pakete aus gesäuertem Reis, hauchdünnem Seetang, scharfem Wasabi und frischem Fisch machen regelrecht süchtig.

VIER BIS SECHS PORTIONEN

ZUTATEN

Für Tunfisch-Sushi
- 2–3 junge Möhren, blanchiert
- 3 Blätter Nori (hauchdünner Seetang), halbiert
- 115 g frisches Tunfischfilet, in Streifen geschnitten
- 5 ml/1 TL dünne Wasabi-Paste (grüne Meerrettichpaste)

Für Lachs-Sushi
- 2 Eier
- 10 ml/2 TL Zucker
- 2,5 ml/½ TL Salz
- 10 ml/2 TL Butter
- 3 Blätter Nori
- 150 g frisches Lachsfilet, in Streifen geschnitten
- ½ Salatgurke, in Streifen geschnitten
- 5 ml/1 TL Wasabi-Paste

Für den Sushi-Reis
- 450 g/4 Tassen Sushi-Reis, gespült
- etwa 650 ml/2¾ Tassen Wasser

Für das Sushi-Dressing
- 60 ml/4 EL Reisessig
- 15 ml/1 EL Zucker
- 2,5 ml/½ TL Salz

Zum Servieren
- eingelegter Ingwer, in Streifen oder Scheiben geschnitten
- Wasabi-Paste
- japanische Sushi-Sojasoße

1 Geben Sie den Reis mit 650 ml/2¼ Tassen Wasser oder laut Packungsanweisung in einen schweren Topf. Bringen Sie ihn zum Kochen, decken ihn fest ab und kochen ihn bei sehr kleiner Hitze 15 Minuten. Erhöhen Sie die Hitze für 10 Sekunden, nehmen dann den Topf vom Herd und lassen ihn 10 Minuten stehen. Inzwischen mischen Sie den Reisessig mit Zucker und Salz.

2 Rühren Sie das Sushi-Dressing in den Reis, decken ihn dann mit einem feuchten Tuch zu und kühlen ihn ab. Stellen Sie ihn nicht in den Kühlschrank, da der Reis dort hart wird.

3 Für das Tunfischsushi schneiden Sie die Möhren in dünne Streifen und halbieren ein Noriblatt. Legen Sie eine Hälfte mit der glänzenden Seite nach unten auf die Bambus-Rollmatte. Legen Sie die Tunfischstreifen längs auf das Noriblatt, streichen etwas Wasabi darüber, legen einen Möhrenstreifen daneben und rollen alles mit der Matte fest zusammen. Wiederholen Sie dies mit der zweiten Nori-Hälfte.

4 Legen Sie Backpapier auf die Bambusmatte und verteilen etwas kalten Sushi-Reis darauf. Lassen Sie oben und unten 1 cm Rand frei.

5 Legen Sie die gefüllte Norirolle etwa 2,5 cm vom oberen Rand entfernt auf den Reis, rollen sie mit dem Papier auf (ohne es mit einzurollen). Kühlen Sie die Rolle im Backpapier etwa 10 Minuten im Kühlschrank. Wickeln Sie die zweite Rolle ebenso.

6 Für das Lachssushi verschlagen Sie die Eier mit 30 ml/2 EL Wasser, Zucker und Salz. Schmelzen Sie je etwa ein Drittel der Butter in einer kleinen Pfanne und geben je ein Drittel der Eimasse hinein. Backen Sie drei dünne Omelettes.

7 Legen Sie ein Noriblatt mit der glänzenden Seite nach unten auf die Rollmatte, darauf ein Omelette und verteilen den Sushi-Reis darüber, lassen dabei oben und unten 1 cm Rand frei. Legen Sie Lachsstreifen längs darauf, daneben die Gurken und geben etwas Wasabi auf den Lachs. Rollen Sie das Noriblatt darum, wickeln alles in Klarsichtfolie und kühlen die Rolle 10 Minuten. Machen Sie noch zwei Rollen.

8 Wenn die Rollen kalt sind, entfernen Sie Backpapier und Folie. Schneiden Sie die Rollen mit einem nassen Messer in sechs Scheiben. Servieren Sie mit Ingwer, Wasabi und Sushi-Sojasoße.

REIS-OMELETTE

GEFÜLLTE REIS-OMELETTES SIND EIN GROSSARTIGES ABENDMAHL. IN JAPAN MÖGEN DIE KINDER DIESES GERICHT BESONDERS GERN, DAS SIE MEISTENS GROSSZÜGIG MIT TOMATENKETCHUP VERFEINERN.

VIER PORTIONEN

ZUTATEN

- 1 entbeinten Hühnerschenkel ohne Haut, etwa 115 g, gewürfelt
- 40 ml/8 TL Butter
- 1 kleine Zwiebel, gehackt
- ½ Möhre, gewürfelt
- 2 Shiitake-Pilze ohne Stiele, gehackt
- 15 ml/1 EL frische Petersilie, fein gehackt
- 225 g/2 Tassen weißer Langkornreis, gekocht
- 30 ml/2 EL Tomatenketchup
- 6 Eier, leicht geschlagen
- 60 ml/4 EL Milch
- 5 ml/1 TL Salz und etwas mehr zum Abschmecken
- frisch gemahlener schwarzer Pfeffer
- Beilage: Tomatenketchup

1 Salzen und pfeffern Sie das Huhn. Schmelzen Sie 10 ml/2 TL Butter in einer Pfanne. Braten Sie die Zwiebel 1 Minute, geben das Huhn dazu und braten es gar. Geben Sie Möhren und Pilze dazu, braten sie kurz bei mittlerer Hitze weich, streuen Petersilie dazu. Stellen Sie die Mischung beiseite. Wischen Sie die Pfanne mit Küchenpapier aus.

2 Schmelzen Sie 10 ml/2 TL Butter in der Pfanne, geben den Reis hinein und rühren gut um. Geben Sie unter Rühren die gebratenen Zutaten, Ketchup und Pfeffer dazu und salzen bei Bedarf. Halten Sie alles warm. Schlagen Sie die Eier mit Milch in einer Schüssel. Geben Sie 1 TL Salz und evtl. Pfeffer dazu.

3 Schmelzen Sie 5 ml/1 TL Butter in einer Omelette-Pfanne. Geben Sie ein Viertel der Eiermischung hinein, rühren kurz mit einer Gabel um und lassen das Ei 1 Minute stocken. Verteilen Sie ein Viertel der Reismischung darauf.

4 Klappen Sie das Omelette über den Reis und schieben es an den Pfannenrand, damit es rund wird. Schieben Sie es auf einen gewärmten Teller weiter, decken es mit Küchenpapier ab und drücken es ordentlich in eine viereckige Form. Halten Sie es warm, während Sie aus den restlichen Zutaten die anderen drei Omelettes backen. Servieren Sie sofort und mit Tomatenketchup in einem Schälchen als Beilage.

Donburi mit Huhn und Pilzen

Donburi ist ein Eintopf, der aus einer Schüssel gegessen wird. Der Name bezieht sich auf eine japanische Essschale aus Porzellan. Wie bei den meisten japanischen Gerichten ist der Reis sehr schlicht, aber dennoch ein wesentlicher Bestandteil des Gerichts.

VIER PORTIONEN

ZUTATEN

- 10 ml/2 TL Erdnussöl
- 50 g/4 EL Butter
- 2 Knoblauchzehen, zerdrückt
- 2,5 cm frische Ingwerwurzel, gerieben
- 5 Frühlingszwiebeln, schräg geschnitten
- 1 grüne frische Chilischote, entkernt und fein geschnitten
- 3 entbeinte Hühnerbrüste ohne Haut, in dünne Streifen geschnitten
- 150 g Tofu, klein gewürfelt
- 115 g/1¾ Shiitake-Pilze ohne Stiele, Hüte geschnitten
- 15 ml/1 EL japanischer Reiswein
- 30 ml/2 EL helle Sojasoße
- 10 ml/2 TL Zucker
- 400 ml/1 2/3 Tassen Hühnerbrühe

Für den Reis

- 225–275 g/1–1½ gute Tassen japanischer Reis oder Thai-Duftreis

1 Kochen Sie den Reis nach der Quellreis-Methode oder nach den Packungsangaben.

2 Während der Reis kocht, erhitzen Sie Öl und die Hälfte der Butter in einer großen Pfanne und braten Knoblauch, Ingwer, Zwiebeln und Chili 1–2 Minuten an, bis sie etwas weich sind. Geben Sie die Hühnerstreifen dazu und braten sie (evtl. portionsweise), bis sie gleichmäßig braun sind.

3 Geben Sie die Hühnermischung auf einen Teller und Tofu in die Pfanne. Braten Sie ihn einige Minuten an und fügen dann die Pilze dazu. Braten Sie bei mittlerer Hitze 2–3 Minuten, bis die Pilze weich sind.

4 Rühren Sie Reiswein, Sojasoße und Zucker ein und kochen unter ständigem Rühren 1–2 Minuten. Geben Sie das Huhn wieder in die Pfanne, wenden es durch Rütteln etwa 2 Minuten und gießen die Brühe dazu. Rühren Sie gut um und köcheln bei kleiner Hitze 5–6 Minuten, bis die Mischung brodelt.

5 Füllen Sie den Reis in mehrere Essschalen und häufen das Huhn darüber. Jede Portion sollte viel von der Hühnermischung erhalten.

TIPP

Wenn der Reis gar ist, lassen Sie ihn bedeckt bis zum Servieren stehen. Er bleibt so etwa 30 Minuten warm. Lockern Sie ihn kurz vor dem Servieren leicht mit einer Gabel auf.

Chinesischer Bratreis

Dieses Gericht ist eine Variante des bekannten „Bratreis Spezial“. Es ist etwas aufwändiger als gebratener Eierreis und eigentlich eine ganze Mahlzeit.

VIER PORTIONEN

ZUTATEN
- 50 g gekochter Schinken
- 50 g gekochte Garnelen, geschält
- 3 Eier
- 5 ml/1 TL Salz
- 2 Frühlingszwiebeln, fein gehackt
- 60 ml/4 EL Pflanzenöl
- 115 g/1 Tasse grüne Erbsen, aufgetaut, wenn Tiefkühlerbsen
- 15 ml/1 EL helle Sojasoße
- 15 ml/1 EL chinesischer Reiswein oder trockener Sherry
- 450 g/4 Tassen gekochter weißer Langkornreis

1 Würfeln Sie den Schinken fein und trocknen die Garnelen mit Küchenpapier.

2 Verschlagen Sie die Eier in einer Schüssel leicht mit Salz und Frühlingszwiebelstückchen.

VARIATION
Verwenden Sie statt des Schinkens Huhn oder Pute. Verdoppeln Sie die Mengen, wenn Sie die Garnelen weglassen.

3 Erhitzen Sie etwa die Hälfte des Öls in einem Wok, braten Erbsen, Garnelen und Schinken 1 Minute an, geben dann die Sojasoße und Reiswein oder Sherry dazu. Füllen Sie alles in eine Schüssel und halten es warm.

4 Erhitzen Sie das übrige Öl im Wok und rühren die Eier hinein. Geben Sie den Reis dazu und rühren um, damit er locker bleibt. Geben Sie das restliche Salz, die verbleibenden Zwiebeln und die Garnelenmischung dazu. Rütteln Sie die Pfanne zum Mischen über dem Herd. Servieren Sie heiß oder kalt.

Rührgebratener Reis mit Gemüse

Ingwer verleiht diesem Gericht einen wundervollen Geschmack. Servieren Sie es als vegetarisches Hauptgericht oder als ungewöhnliche Gemüsebeilage.

VIER PORTIONEN ALS BEILAGE

ZUTATEN
- 115 g/gute ½ Tasse brauner Basmati-Reis, gespült und abgetropft
- 350 ml/1½ Tassen Gemüsebrühe
- 2,5 cm frische Ingwerwurzel, fein geschnitten
- 1 Knoblauchzehe, halbiert
- 5-cm-Stück Zitronenschale
- 115 g/1½ Tassen Shiitake-Pilze
- 15 ml/1 EL Erdnussöl
- 15 ml/1 EL Ghee oder Butter
- 175 g junge Möhren, geschnitten
- 225 g junge Zucchini, halbiert
- 175–225 g/etwa 1½ Tassen Brokkoli, in Röschen gebrochen
- 6 Frühlingszwiebeln, schräg geschnitten
- 15 ml/1 EL helle Sojasoße
- 10 ml/2 TL geröstetes Sesamöl

1 Geben Sie den Reis in einen Topf und gießen die Brühe dazu. Mischen Sie Ingwer, Knoblauch und Zitronenschale bei. Bringen Sie alles langsam zum Kochen, decken es ab und köcheln ganz leicht 20–25 Minuten, bis der Reis weich ist. Werfen Sie die Gewürze weg und lassen den Topf bedeckt stehen, damit der Reis warm bleibt.

2 Schneiden Sie die Pilzkappen und werfen die Stiele weg. Erhitzen Sie Öl und Ghee oder Butter in einem Wok und braten die Möhren 4–5 Minuten an, bis sie fast weich sind. Geben Sie die Pilze und die Zucchini dazu, braten 2–3 Minuten, fügen dann den Brokkoli und die Zwiebeln dazu und kochen weitere 3 Minuten. Dann sollte das Gemüse gar, aber noch bissfest sein.

3 Mischen Sie den gekochten Reis zum Gemüse, rütteln die Pfanne kurz, damit sich alles gleichmäßig verteilt, und erhitzen die Mischung. Würzen Sie den Reis und das Gemüse mit Sojasoße und Sesamöl. Geben Sie das Gericht in eine große Schüssel und servieren sofort.

Knusprige Fischrollen in Reispapier

Hier ist der Reis in dem Reispapier enthalten, das beim Frittieren seine Form behält. Die Röllchen werden für gewöhnlich wie Frühlingsrollen aus der Hand gegessen.

ZWÖLF PORTIONEN

ZUTATEN
- 12 Blätter vietnamesisches Reispapier (bahn trang), je ca. 20 x 10 cm
- 45 ml/3 EL Mehl, mit 45 ml/3 EL Wasser zu einer Paste vermengt
- Pflanzenöl zum Frittieren
- Garnitur: frische Kräuter

Für die Füllung
- 24 Stangen junger Spargel, geschnitten
- 225 g rohe Garnelen, geschält und ohne Darm
- 25 ml/1½ EL Olivenöl
- 6 Frühlingszwiebeln, fein gehackt
- 1 Knoblauchzehe, zerdrückt
- 2 cm frische Ingwerwurzel, gerieben
- 30 ml/2 EL frischer Koriander, gehackt
- 5 ml/1 TL Fünf-Gewürze-Mischung
- 5 ml/1 TL Limonen- oder Zitronenschale, fein geraspelt
- Salz und schwarzer Pfeffer

1 Bereiten Sie die Füllung zu. Bringen Sie einen Topf mit leicht gesalzenem Wasser zum Kochen und kochen den Spargel in 3–4 Minuten weich. Gießen Sie ihn ab, spülen mit kaltem Wasser und lassen ihn abtropfen. Schneiden Sie die Garnelen in 2 cm große Stücke.

2 Erhitzen Sie die Hälfte des Öls in einer Pfanne oder im Wok und braten Zwiebeln und Knoblauch bei niedriger Hitze in 2–3 Minuten weich. Füllen Sie die Mischung mit einem Schaumlöffel in eine Schale und stellen sie zunächst beiseite.

3 Erhitzen Sie das restliche Öl in der Pfanne und braten die Garnelen einige Sekunden bei hoher Hitze, bis sie rosa werden. Geben Sie die Zwiebel-Knoblauchmischung, die restlichen Gewürze und etwas Pfeffer dazu. Vermischen Sie die Zutaten gut miteinander.

4 Bepinseln Sie ein Blatt Reispapier großzügig mit Wasser. Geben Sie zwei Stangen Spargel und einen Löffel der Garnelenmischung an den Rand. Schlagen Sie die Seiten um und rollen eine dicke Zigarre. Versiegeln Sie die Enden mit etwas Mehlpaste.

5 Erhitzen Sie Öl im Wok oder einer Fritteuse, frittieren die Rollen einzeln golden und tropfen sie gut ab. Garnieren Sie mit Kräutern und servieren Sie.

Bratreis aus Melaka

In Asien gibt es viele Versionen dieses bekannten Gerichts. Die Zutaten können beliebig variiert werden, wobei Garnelen besonders beliebt sind.

VIER BIS SECHS PORTIONEN

ZUTATEN
- 2 Eier
- 45 ml/3 EL Pflanzenöl
- 4 Schalotten oder 1 Zwiebel, fein gehackt
- 5 ml/1 TL frischer Ingwer, gehackt
- 1 Knoblauchzehen, zerdrückt
- 225 g rohe Garnelen, geschält und ohne Darm
- 5 ml/1 TL Chilisoße (nach Wahl)
- 3 Frühlingszwiebeln, nur das Grün, grob gehackt
- 225 g/2 Tassen gefrorene Erbsen
- 225 g Schweinebraten, gewürfelt
- 45 ml/3 EL helle Sojasoße
- 350 g/3 Tassen weißer Langkornreis, gekocht und gekühlt
- Salz und schwarzer Pfeffer

1 Schlagen Sie die Eier in einer Schüssel mit Salz und Pfeffer auf. Erhitzen Sie 15 ml/1 EL Öl in einer großen beschichteten Pfanne, gießen die Eier hinein und lassen sie stocken, ohne zu rühren. Das dauert weniger als eine Minute. Rollen Sie das Omelette auf, schieben es auf einen Teller, schneiden es in dünne Streifen und stellen es beiseite.

2 Erhitzen Sie das restliche Pflanzenöl in einem vorgewärmten Wok, geben Sie Schalotten oder Zwiebeln, Knoblauch, Ingwer und Garnelen hinein, braten alles 1–2 Minuten und achten darauf, dass der Knoblauch nicht anbrennt.

3 Geben Sie evtl. Chilisoße dazu sowie Lauch, Erbsen, Schweinebraten und Sojasoße. Rühren Sie gut um und mischen Sie den Reis unter. Braten Sie alles bei mittlerer Hitze 6–8 Minuten. Füllen Sie die Mischung in eine Schüssel und dekorieren mit Omelettestreifen.

TIPP

Wenn Sie keinen Schweinebraten vom Sonntagsessen übrig haben, können Sie auch fertigen verwenden.

Chinesischer Juwelenreis

Ein weiteres Bratreis-Gericht. Juwelenreis wird mit Krabbenfleisch und Wasserkastanien angerichtet, die einen guten Kontrast zueinander bilden.

VIER PORTIONEN

ZUTATEN

- 350 g/1¾ Tassen weißer Langkornreis
- 45 ml/3 EL Pflanzenöl
- 1 Zwiebel, grob gehackt
- 4 schwarze chinesische Trockenpilze, 10 Minuten in warmem Wasser eingeweicht
- 115 g gekochter Schinken, gewürfelt
- 175 g abgetropftes weißes Krabbenfleisch aus der Dose
- 75 g/½ Tasse abgetropfte Wasserkastanien aus der Dose
- 115 g/1 Tasse Erbsen, bei Tiefkühlware aufgetaut
- 30 ml/2 EL Austernsoße
- 5 ml/1 TL Zucker
- Salz

1 Spülen Sie den Reis, kochen ihn 10–12 Minuten in leicht gesalzenem Wasser, gießen ihn ab, spülen mit kaltem Wasser, lassen ihn abtropfen und abkühlen. Erhitzen Sie die Hälfte des Öls im Wok. Braten Sie den Reis 3 Minuten an, geben ihn in eine Schüssel und stellen ihn beiseite.

2 Erhitzen Sie das restliche Öl im Wok und braten Sie die Zwiebel weich. Gießen Sie die Pilze ab, schneiden Sie die Stiele ab und werfen sie weg und hacken dann die Kappen.

3 Geben Sie die gehackten Pilze mit den restlichen Zutaten außer dem Reis in den Wok. Braten Sie 2 Minuten, mischen dann den Reis unter und braten weitere 3 Minuten. Servieren Sie sofort.

TIPP

Wenn Sie das Öl in den heißen Wok geben, gießen Sie es langsam im Kreis ein Stück unter der Kante entlang ein. Wenn es heiß wird und die Wand des Woks herunterläuft, fettet es den ganzen Wok.

THAI-REIS

Dieses Gericht ist weich und locker und duftet nach frischem Zitronengras und Limonen.

VIER PORTIONEN

ZUTATEN
- 2 Limonen
- 1 Stängel Zitronengras
- 225 g/1 gute Tasse brauner Langkornreis
- 15 ml/1 EL Olivenöl
- 1 Zwiebel, gehackt
- 2,5 cm frische Ingwerwurzel, geschält und fein gehackt
- 7,5 ml/1½ TL Koriandersamen
- 7,5 ml/1½ TL Kreuzkümmel
- 750 ml/3 Tassen Gemüsebrühe
- 60 ml/4 EL Koriandergrün, gehackt
- Beilage: Zwiebellauch, geröstete Kokosnussstreifen und Limonenecken

1 Schälen Sie die Limone. Achten Sie darauf, nicht die bittere Haut zu schneiden und stellen Sie die Schale beiseite. Hacken Sie den unteren Teil vom Zitronengras fein und stellen es beiseite.

2 Spülen Sie den Reis in reichlich kaltem Wasser, bis es klar bleibt. Schütten Sie ihn in ein Sieb und lassen ihn völlig abtropfen.

3 Erhitzen Sie das Öl in einem Topf. Geben Sie Zwiebel, Ingwer, Gewürze, Zitronengras und Limonenschale hinein und braten alles bei niedriger Hitze 2–3 Minuten an.

4 Füllen Sie den Reis dazu, kochen 1 Minute, geben dann die Brühe hinein und kochen alles auf. Stellen Sie die Hitze auf ganz klein und schließen den Topf mit einem Deckel. Köcheln Sie 30 Minuten und prüfen dann den Reis. Wenn er noch knirscht, decken Sie den Topf wieder zu, kochen ihn weitere 3–5 Minuten und nehmen ihn vom Herd.

5 Rühren Sie den Koriander ein, lockern Sie die Körner auf, decken den Topf wieder ab und lassen den Reis etwa 10 Minuten stehen. Garnieren Sie mit Lauch sowie gerösteten Kokosnussstreifen und servieren Sie den Thai-Reis mit Limonenecken.

THAILÄNDISCHER BRATREIS

DIESES KRÄFTIGE GERICHT BASIERT AUF THAI-DUFTREIS, DER AUCH ALS JASMINREIS BEKANNT IST. HÜHNCHEN, PAPRIKA UND MAIS GEBEN FARBE UND ZUSÄTZLICHEN GESCHMACK.

VIER PORTIONEN

ZUTATEN
- 475 ml/2 Tassen Wasser
- 50 g/½ Tasse Kokosmilchpulver
- 350 g/1¾ Tassen Thai-Duftreis, gespült
- 30 ml/2 EL Erdnussöl
- 2 Knoblauchzehen, gehackt
- 1 kleine Zwiebel, fein gehackt
- 2,5 cm Ingwerwurzel, gerieben
- 225 g entbeinte Hühnerbrust ohen Haut, in 1 cm großen Würfeln
- 1 rote Paprika, entkernt und geschnitten
- 115 g/1 Tasse Maiskörner aus der Dose, abgetropft
- 5ml/1 TL Chiliöl
- 5ml/1 TL scharfes Currypulver
- 2 Eier, geschlagen
- Salz
- Garnitur: Frühlingszwiebelstückchen

1 Gießen Sie das Wasser in einen Topf und quirlen das Kokosmilchpulver ein. Geben Sie den Reis dazu und kochen ihn auf. Köcheln Sie bedeckt bei geringer Hitze 12 Minuten, oder bis der Reis weich ist und die Flüssigkeit aufgesogen hat. Verteilen Sie den Reis zum Abkühlen auf einem Backblech.

2 Erhitzen Sie das Öl im Wok, geben Knoblauch, Zwiebel und Ingwer dazu, braten bei mittlerer Hitze 2 Minuten.

TIPP
Der Reis muss vor dem Braten völlig abgekühlt und das Öl sehr heiß sein, sonst saugt der Reis zu viel Öl auf.

3 Schieben Sie das Gemüse an den Rand des Wok, geben Sie das Huhn in die Mitte und braten es 2 Minuten an. Mischen Sie den Reis dazu und braten bei hoher Hitze noch etwa 3 Minuten.

4 Rühren Sie Paprika, Mais, Chiliöl und Currypulver ein und salzen. Rütteln Sie die Pfanne auf dem Herd 1 Minute. Rühren Sie die Eier ein und kochen 1 weitere Minute. Garnieren Sie mit Frühlingszwiebelstückchen.

Exotischer Obst-Gemüse-Salat

Eine Variation des berühmten indonesischen Salats, der als Gado Gado bekannt ist. Wählen Sie einige oder alle der aufgeführten Früchte- und Gemüsesorten, um einen attraktiven Tafelaufsatz zu einem indonesischen oder thailändischen Gericht zu zaubern.

SECHS BIS ACHT PORTIONEN

ZUTATEN

115 g grüne Bohnen, geschnitten
2 Möhren, in Stäbe geschnitten
115 g/2 Tassen Bohnensprossen
¼ Kopf Chinakohl, zerpflückt
½ kleine Gurke, in dünnen Streifen
8 Lauchzwiebeln, längs geschnitten
6 Kirschtomaten oder kleine Tomaten, halbiert
12–16 gekochte Scampi
1 kleine Mango
1 kleine Papaya
1 Stück Lontong (komprimierter Reis)
4 hartgekochte Eier, geviertelt
frischer Koriander

Für das Erdnuss-Dressing

120 ml/8 EL Erdnussbutter, möglichst ungesalzen
1 Knoblauchzehe, zerdrückt
300 ml/1¼ Tasse Kokosmilch
15 ml/1 EL Tamarindenwasser (siehe Tipp) oder Saft von ½ Zitrone
15–30 ml/1–2 EL helle Sojasoße
scharfe Chilisoße nach Belieben

1 Machen Sie zuerst das Erdnuss-Dressing. Geben Sie alle Zutaten außer der Chilisoße in einen Topf und erhitzen alles unter ständigem Rühren, bis es sehr heiß und glatt ist. Rühren Sie die Chilisoße nach Belieben dazu. Halten Sie das Dressing warm oder wärmen es vor dem Servieren wieder auf.

2 Kochen Sie die Bohnen und Möhren 3-4 Minuten in kochendem Wasser, bis sie weich, aber bissfest sind. Gießen Sie alles ab, spülen mit kaltem Wasser und lassen das Gemüse abtropfen. Kochen Sie die Bohnensprossen 2 Minuten in kochendem Wasser, gießen sie ab und spülen sie gut ab.

3 Richten Sie Möhren, Bohnen und Bohnensprossen mit dem zerpflückten Chinakohl, Gurkenstreifen, Lauchzwiebeln, Tomaten und Garnelen auf einer großen hübschen Servierplatte an.

4 Schälen und würfeln Sie die Mango. Vierteln Sie die Papaya, entfernen Haut und Samen und schneiden dann das Fleisch. Geben Sie beides mit dem Lontong auf die Salatplatte. Garnieren Sie mit den Eiervierteln und Koriander.

5 Erhitzen Sie wenn nötig das Erdnuss-Dressing. Sobald es warm ist, füllen Sie es in ein Schälchen, stellen es in die Mitte des Salats und servieren. Die Gäste bedienen sich am Salat und nehmen sich so viel Dressing, wie sie mögen.

TIPP

Für Tamarindenwasser brechen Sie einen 2,5-cm-Tamarindenwürfel auf und geben ihn in eine Schüssel. Gießen Sie 150 ml warmes Wasser dazu. Quetschen Sie die Tamarinde mit der Hand aus. Der Saft löst sich im Wasser. Werfen Sie feste Bestandteile weg und verwenden das Wasser wie im Rezept beschrieben. Übriges Tamarindenwasser können Sie bis zu 1 Woche im Kühlschrank aufbewahren.

FESTTAGSREIS

DIESES HÜBSCHE THAILÄNDISCHE GERICHT WIRD TRADITIONELL ZU EINEM KEGEL GEFORMT UND VON VERSCHIEDENEN BEILAGEN EINGERAHMT.

ACHT PORTIONEN

ZUTATEN
- 450 g/2 1/3 Tassen Thai-Duftreis
- 60 ml/4 EL Öl
- 2 Knoblauchzehen, zerdrückt
- 2 Zwiebeln, fein geschnitten
- 2,5 ml/½ TL Kurkuma, gemahlen
- 750 ml/3 Tassen Wasser
- 400 ml Kokosmilch aus der Dose
- 1–2 Stängel Zitronengras, zerstoßen

Für die Beilagen
- Omelettstreifen
- 2 rote Chilischoten, in Stücken
- Gurkensstücken
- Tomatenspalten
- Röstzwiebeln
- Garnelen-Cracker

1 Füllen Sie den Reis in ein Sieb, spülen ihn ab und lassen ihn gut abtropfen.

2 Erhitzen Sie Öl in einer Pfanne mit Deckel. Braten Sie Knoblauch, Zwiebeln und Kurkuma ein paar Minuten bei kleiner Hitze, bis die Zwiebeln weich, aber nicht braun sind. Rühren Sie den Reis so dazu, dass er gut im Öl gewälzt wird.

3 Geben Sie Wasser, Kokosmilch und Zitronengras dazu. Kochen Sie alles unter Rühren auf. Decken Sie die Pfanne ab und köcheln 12 Minuten, oder bis die ganze Flüssigkeit aufgesogen wurde.

TIPP
Frischen Kurkuma finden Sie auf asiatischen Märkten oder in Asialäden.

4 Nehmen Sie die Pfanne vom Herd und lüften den Deckel. Legen Sie ein sauberes Küchentuch unter den Deckel, decken die Pfanne wieder zu und lassen sie 15 Minuten an einem warmen Platz stehen. Entfernen Sie das Zitronengras, häufen den Reis auf einer Servierplatte zu einem Kegel und arrangieren die Beilagen darum.

Knusprige Thai-Nudeln mit Rindfleisch

Fadennudeln aus Reis sind sehr fein, trocken und werden in grossen Schleifen gebündelt und in Päckchen verkauft. Sie werden frittiert, bevor sie dem Gericht beigegeben werden, und erreichen dadurch das Vierfache ihrer Originalgrösse.

VIER PORTIONEN

ZUTATEN

- etwa 450 g Rump- oder Lendensteak
- Teriyaki-Soße zum Marinieren
- 175 g Fadennudeln aus Reis
- Erdnussöl zum Frittieren und Braten
- 8 Frühlingszwiebeln, schräg geschnitten
- 2 Knoblauchzehen, zerdrückt
- 4–5 Möhren, in Streifen geschnitten
- 1–2 frische rote Chilischoten, entkernt und fein geschnitten
- 2 kleine Zucchini, schräg geschnitten
- 5 ml/1 TL frische Ingwerwurzel, gerieben
- 60 ml/4 EL weißer oder roter Reisessig
- 90 ml/6 EL helle Sojasoße
- etwa 475 ml/2 Tassen pikante Brühe

1 Klopfen Sie das Steak bei Bedarf zu etwa 2,5 cm Dicke. Legen Sie es auf einen Teller, pinseln es großzügig mit Teriyaki-Soße ein und stellen es 2–4 Stunden zum Marinieren beiseite.

2 Trennen Sie die Fadennudeln in handlichere Schleifen und legen auf einem sehr großen Teller mehrere Schichten Küchenpapier aus. Geben Sie etwa 5 cm Öl in einen großen Wok und erhitzen es so stark, dass die Nudeln im Öl gar werden, sobald Sie sie eintauchen.

3 Geben Sie vorsichtig eine Schleife Nudeln in das Öl. Sie sollte sofort größer und undurchsichtig werden. Wenden Sie die Nudeln, damit der Strang auf beiden Seiten gar wird und geben die gekochten Nudeln dann auf den vorbereiteten Teller. Wiederholen Sie das so oft, bis alle Nudeln gar sind. Füllen Sie die frittierten Nudeln in einen anderen Wok oder eine tiefe Schüssel und halten sie warm, bis Steak und Gemüse dazukommen.

4 Gießen Sie das Öl aus dem Wok in eine hitzebeständige Schüssel und stellen es beiseite. Erhitzen Sie 15 ml/1 EL Erdnussöl in dem sauberen Wok. Wenn es brutzelt, braten Sie das Steak etwa 30 Sekunden pro Seite, bis es braun wird. Schneiden Sie es dann auf einem Brett in dicke Stücke. Das Fleisch sollte außen braun und drinnen noch rosa sein. Stellen Sie es beiseite.

5 Geben Sie mehr Öl in den Wok und braten Zwiebeln, Knoblauch und Möhren 5-6 Minuten bei mittlerer Hitze, bis die Möhren etwas weich und glasig werden. Geben Sie das restliche Gemüse dazu und braten noch 1–2 Minuten.

6 Gießen Sie Reisessig, Sojasoße und Brühe hinein. Kochen Sie etwa 4 Minuten, bis die Soße leicht eindickt. Geben Sie das Steak dazu und kochen weitere 1–2 Minuten (oder länger, wenn Sie das Fleisch gut durch mögen).

7 Geben Sie Steak, Gemüse und Soßenmischung über die Nudeln und mischen alles vorsichtig durch.

TIPP

Sobald die Fleischmischung mit den Nudeln in Berührung kommt, werden sie weich. Wenn Sie ein paar knusprige Nudeln möchten, rühren Sie so um, dass diese obenauf liegen.

Reisnudeln mit Schweinefleisch

Reisnudeln haben keinen richtigen Eigengeschmack, aber sie nehmen wunderbar das Aroma der anderen Zutaten an.

VIER BIS SECHS PORTIONEN

ZUTATEN
- 450 g Schweinefilet
- 225 g getrocknete Reisnudeln
- 115 g/1 Tasse Brokkoliröschen
- 1 rote Paprika, geviertelt, entkernt
- etwa 45 ml/3 EL Erdnussöl
- 2 Knoblauchzehen, zerdrückt
- 10 Frühlingszwiebeln, in 5 cm breite schräge Streifen geschnitten
- 1 Stängel Zitronengras, fein gehackt
- 1–2 frische rote Chilischoten, entkernt und fein gehackt
- 300 ml/1¼ Tassen Kokosmilch
- 15 ml/1 EL Tomatenpüree
- 3 Kaffir-Limonenblätter (nach Wahl)

Für die Marinade
- 45 ml/3 EL helle Sojasoße
- 15 ml/1 EL Reiswein
- 30 ml/2 EL Erdnussöl
- 2,5 cm frische Ingwerwurzel

1 Schneiden Sie das Filet in dünne Streifen, etwa 2,5 x 1 cm. Mischen Sie alle Zutaten für die Marinade in einer Schüssel, geben das Fleisch hinein und lassen es etwa 1 Stunde marinieren.

2 Verteilen Sie die Nudeln in einem flachen Gefäß, bedecken sie mit heißem Wasser, lassen sie 20 Minuten einweichen und gießen sie ab. Blanchieren Sie den Brokkoli 2 Minuten in einem kleinen Topf mit kochendem Wasser, gießen ihn ab und spülen ihn mit kaltem Wasser. Stellen Sie ihn beiseite.

3 Legen Sie die Paprika einige Minuten unter den heißen Grill, bis die Haut schwarz wird und Blasen bekommt, dann geben Sie sie 10 Minuten in eine Plastiktüte. Wenn sie kalt genug zum Anfassen ist, häuten Sie sie und zerschneiden das Fruchtfleisch dünn.

4 Gießen Sie das Fleisch ab und heben die Marinade auf. Erhitzen Sie 30 ml/2 EL Öl in einer großen Pfanne. Braten Sie das Fleisch 3–4 Minuten, bis es weich ist. Geben Sie es auf einen Teller und halten es warm.

5 Braten Sie Knoblauch, Zwiebeln, Zitronengras und Chili bei kleiner bis mittlerer Hitze 2–3 Minuten, notfalls mit mehr Öl, geben Brokkoli und Paprika dazu und braten noch einige Minuten.

6 Rühren Sie die aufgehobene Marinade, Kokosmilch, Tomatenpüree und eventuell Limonenblättern ein. Köcheln Sie leicht, bis der Brokkoli fast weich ist, und geben Sie dann das Fleisch und die Nudeln dazu. Erhitzen Sie alles unter Rühren 3–4 Minuten.

Kokosreis mit Huhn und Basilikum

Bei diesem Gericht wird der Reis zunächst angekocht, bevor er mit der Kokoscreme köchelt. So nimmt er das Aroma von Chili, Basilikum und Gewürzen am besten auf.

VIER PORTIONEN

ZUTATEN
- 350 g/1¾ Tassen Thai-Duftreis, gespült
- 30–45 ml/2–3 EL Erdnussöl
- 1 große Zwiebel, in feinen Ringen
- 1 Knoblauchzehe, zerdrückt
- 1 frische rote Chilischote, entkernt und fein geschnitten
- 1 frische grüne Chilischote, entkernt und fein geschnitten
- 1 gute Hand voll Basilikumblätter
- 3 entbeinte Hühnerbrüste ohne Haut, etwa 350 g, fein geschnitten
- ½ cm Zitronengras, zerstoßen oder fein gehackt
- 50 g Kokoscreme, in 600 ml/2½ Tassen kochendem Wasser aufgelöst
- Salz und frisch gemahlener schwarzer Pfeffer

1 Bringen Sie leicht gesalzenes Wasser in einem Topf zum Kochen. Geben Sie den Reis hinein, kochen ihn etwa 6 Minuten und gießen ihn ab.

2 Erhitzen Sie Öl in einer Bratpfanne, braten die Zwiebelringe 5–10 Minuten, bis sie golden und knusprig sind, legen sie zum Abtropfen auf Küchenpapier und stellen sie dann beiseite.

3 Braten Sie Knoblauch und Chili im verbleibenden Öl 2–3 Minuten, geben die Basilikumblätter dazu und braten sie kurz an, bis sie schrumpeln. Nehmen Sie ein paar Blätter heraus und stellen sie für die Garnitur beiseite, geben dann die Hühnerstückchen und das Zitronengras dazu und braten sie 2–3 Minuten, bis sie golden sind.

4 Mischen Sie den Reis dazu. Braten Sie ihn unter Rühren ein paar Minuten und gießen dann die Kokosflüssigkeit dazu. Kochen Sie 4–5 Minuten, oder bis der Reis gar ist, und geben bei Bedarf mehr Wasser dazu. Schmecken Sie mit Salz und Pfeffer ab. Richten Sie den Reis auf einer angewärmten Servierplatte an, streuen die gebratenen Zwiebelringe und die Basilikumblätter darüber und servieren sofort.

Indonesischer Ananasreis

Dieses Reisgericht sieht nicht nur spektakulär aus, es schmeckt auch so gut, dass der Ananasreis mühelos als ganze Mahlzeit serviert werden kann.

VIER PORTIONEN

ZUTATEN
- 75 g/¾ Tassen Erdnüsse
- 1 große Ananas
- 45 ml/3 EL Erdnuss- oder Sonnenblumenöl
- 1 Zwiebel, gehackt
- 1 Knoblauchzehe, zerdrückt
- 2 Hühnerbrüste, etwa 225g, in Streifen geschnitten
- 225 g/1 gute Tasse Thai-Duftreis, gespült
- 600 ml/2½ Tassen Hühnerbrühe
- 1 Stängel Zitronengras, zerstoßen
- 2 dicke Scheiben Schinken, in dünne Streifen geschnitten
- 1 frische rote Chilischote, entkernt und sehr fein geschnitten
- Salz

1 Rösten Sie die Erdnüsse trocken in einer Pfanne an. Mahlen Sie ein Sechstel der abgekühlten Nüsse z. B. in einer Kaffeemühle und hacken die restlichen.

2 Halbieren Sie die Ananas samt Blättern längs und schneiden Sie das Fleisch heraus, um eine hübsche Hülle zu erhalten. Hacken Sie 115 g Ananas in Würfel und verwahren den Rest.

3 Braten Zwiebel und Knoblauch 3–4 Minuten in einem Topf mit heißem Öl, bis sie weich sind. Geben Sie die Hühnerstreifen hinein und braten ein paar Minuten unter Rühren bei mittlerer Hitze, bis sie gleichmäßig braun sind.

4 Geben Sie den Reis zur Hühnermischung, vermengen alles einige Minuten miteinander und geben dann die Brühe, das Zitronengras und etwas Salz dazu. Bringen Sie es fast zum Kochen, verringern dann die Hitze und köcheln bedeckt 10–12 Minuten, bis Reis und Huhn weich sind.

5 Rühren Sie die gehackten Erdnüsse, die Ananaswürfel und den Schinken in den Reis ein und löffeln dann die Mischung in die Ananashülle. Streuen Sie gemahlene Erdnüsse und Chilistücke darüber und servieren Sie.

NASI GORENG

EINES DER BELIEBTESTEN UND BEKANNTESTEN INDONESISCHEN GERICHTE UND ZUDEM EINE FANTASTISCHE METHODE, RESTE VON REIS, HUHN ODER SCHWEINEFLEISCH ZU VERARBEITEN.

VIER BIS SECHS PORTIONEN

ZUTATEN

- 350 g/1¾ Tassen Basmati-Reis (Trockengewicht), gekocht, abgekühlt
- 2 Eier
- 30 ml/2 EL Wasser
- 105 ml/7 EL Sonnenblumenöl
- 225 g Schweine- oder Rinderfilet
- 2–3 frische rote Chilischoten
- 10 ml/2 TL Thai-Fischpaste (Terasi)
- 2 Knoblauchzehen, zerdrückt
- 1 Zwiebel, geschnitten
- 115 g gekochte Garnelen, geschält
- 225 g gekochtes Huhn, gehackt
- 30 ml/2 EL dunkle Sojasoße
- Salz und frisch gemahlener schwarzer Pfeffer
- Garnitur: Röstzwiebeln

1 Lockern Sie die Reiskörner mit einer Gabel auf. Decken Sie den Topf ab und stellen ihn zunächst beiseite.

VARIATION
Sie können Thai-Fischpaste durch Blachan (erhältlich in Asialäden) ersetzen.

2 Verquirlen Sie die Eier mit Wasser, Salz und Pfeffer. Geben Sie etwa die Hälfte der Mischung in 15 ml/1 EL heißes Öl und lassen es stocken, ohne umzurühren. Rollen Sie das Omelette auf einem Teller auf, schneiden es in Streifen. Backen Sie ein zweites Omelette.

3 Schneiden Sie das Filet in feine Streifen. Zerpflücken Sie eine Chilischote fein und stellen sie beiseite. Verarbeiten Sie das Terasi mit dem übrigen Gemüse in einem Mixer zu einer Paste.

4 Erhitzen Sie das übrige Öl in einem Wok. Braten Sie die Paste, ohne dass sie braun wird, bis sie würzig riecht. Geben Sie das Filet hinein und wenden Sie es mehrfach. Garen Sie das Fleisch im Wok unter ständigem Rühren etwa 2 Minuten.

5 Geben Sie Garnelen dazu, kochen sie 2 Minuten, geben dann unter ständigem Rühren Huhn, Reis, Sojasoße, Salz und Pfeffer dazu. Servieren Sie in Schälchen, garniert mit Omelette, Chilistücken und Röstzwiebeln.

Indonesischer Kokosreis

Diese Art des Reiskochens ist in ganz Südostasien sehr beliebt. Kokosreis kann besonders gut mit Fisch, Huhn und Schweinefleisch kombiniert werden.

VIER BIS SECHS PORTIONEN

ZUTATEN
- 350 g/1¾ Tassen Thai-Duftreis
- 400 ml Kokosmilch aus der Dose
- 300 ml/1¼ Tassen Wasser
- 2,5 ml/½ TL Koriander, gemahlen
- 5 cm Zimtstange
- 1 Stängel Zitronengras, zerstoßen
- 1 Lorbeerblatt
- Salz
- Garnitur: Röstzwiebeln

1 Füllen Sie den Reis in ein Sieb und spülen ihn mit kaltem Wasser. Lassen Sie ihn gut abtropfen, geben ihn in einen Topf und gießen Kokosmilch und Wasser hinein. Fügen Sie die Gewürze dazu und salzen Sie. Kochen Sie alles auf und köcheln dann bedeckt bei niedrigerer Hitze 8–10 Minuten.

2 Lüften Sie den Topfdeckel und prüfen Sie, ob die Flüssigkeit bereits aufgesogen wurde. Lockern Sie den Reis vorsichtig mit einer Gabel und entfernen Sie die Zimtstange, das Zitronengras und das Lorbeerblatt.

3 Geben Sie wieder den fest schließenden Deckel auf den Topf und kochen Sie den Reis bei kleinster Hitze weitere 3–5 Minuten.

4 Häufen Sie den Reis auf eine warme Servierplatte und garnieren Sie mit den knusprigen Röstzwiebeln.

TIPP

Wenn Sie den Reis zum Kochen bringen, müssen Sie ihn ständig umrühren, damit er nicht ansetzt. Wenn der Reis fast weich ist, kochen Sie ihn bei sehr kleiner Hitze weiter oder lassen ihn einfach 5 Minuten stehen. Wichtig ist, dass Sie den Topf fest verschließen.

Zitronengras- und Kokosreis mit grünem Hühnercurry

Würzen Sie dieses Gericht mit ein oder zwei frischen Chilischoten – je nachdem wie scharf Sie Ihr Curry mögen. Der milde Geschmack vom Reis gleicht die Schärfe etwas aus.

DREI BIS VIER PORTIONEN

ZUTATEN

4 Frühlingszwiebeln, geputzt und grob gehackt
1–2 frische grüne Chilischoten, entkernt und grob gehackt
2 cm frische Ingwerwurzel, geschält
2 Knoblauchzehen
5 ml/1 TL Thai-Fischsoße
1 großer Strauß frischer Koriander
1 kleine Hand voll frische Petersilie
30–45 ml/2–3 EL Wasser
30 ml/2 EL Sonnenblumenöl
4 entbeinte Hühnerbrüste ohne Haut, gewürfelt
1 grüne Paprikaschote, entkernt und fein geschnitten
75 g Kokoscreme, in 400 ml/1 ⅔ Tassen kochendem Wasser aufgelöst
Salz und frisch gemahlener schwarzer Pfeffer

Für den Reis
225 g/1 gute Tasse Thai-Duftreis, gespült
75 g Kokoscreme, in 400 ml/1 ⅔ Tassen kochendem Wasser aufgelöst
1 Stängel Zitronengras, geviertelt und zerstoßen

1 Geben Sie Frühlingszwiebeln, Chilischoten, Ingwer, Knoblauch, Fischsoße und frische Kräuter in einen Mixer. Gießen Sie das Wasser dazu und verarbeiten alles zu einer glatten Paste.

2 Braten Sie das Huhn in der Hälfte des Öls, bis es gleichmäßig braun ist, und geben es dann auf einen Teller.

3 Erhitzen Sie das übrige Öl in der Pfanne. Braten Sie Paprika 3–4 Minuten, geben die Chili-Ingwer-Paste dazu und braten unter Rühren 3–4 Minuten, bis die Mischung eindickt.

4 Geben Sie Huhn und Kokosflüssigkeit dazu. Würzen Sie, kochen alles auf und köcheln dann bei geringerer Hitze und halb abgedeckter Pfanne 8–10 Minuten.

5 Wenn das Hühnerfleisch gar ist, geben Sie es mit der Paprikaschote auf einen Teller und kochen die Flüssigkeit 10–12 Minuten, bis sie reduziert und eindickt.

6 Füllen Sie inzwischen den Reis mit der Kokosflüssigkeit und dem zerstoßenen Zitronengras in einen großen Topf. Rühren Sie etwas Salz ein, kochen alles auf und köcheln dann sehr leicht bei geringerer Hitze und abgedeckt 10 Minuten oder laut Packungsangaben. Wenn der Reis gar ist, entfernen Sie das Zitronengras und richten den Reis auf eine vorgewärmte Servierplatte an.

7 Geben Sie Huhn und Paprika in die grüne Currysoße zurück, rühren gut um und köcheln leicht ein paar Minuten zum Aufwärmen. Löffeln Sie das Curry über den Reis und servieren Sie.

TIPP
Zitronengras wird in vielen asiatischen Gerichten eingesetzt und passt besonders gut zu Kokosnuss und Hühnerfleisch. Zerdrücken Sie das obere Ende des Stängels in einem Mörser, bevor Sie es dazugeben.

Kokoscreme-Dessert

Verwenden Sie Thai-Duftreis für dieses Gericht. Diese Art von Desserts werden in allen Ländern Asiens gegessen, oft auch mit Mangos, Ananas oder Guaven. Obwohl Sie auch fertigen Reisschrot verwenden können, schmeckt das Dessert einfach besser, wenn Sie den Reis selber mahlen – z. B. in einer Küchenmaschine.

VIER BIS SECHS PORTIONEN

ZUTATEN
- 75 g/knappe ½ Tasse Thai-Duftreis, über Nacht in 175 ml/¾ Tassen Wasser eingeweicht
- 350 ml/1½ Tassen Kokosmilch
- 150 ml/2/3 Tassen Sahne
- 50 g/¼ Tasse Streuzucker
- Dekor: frische Himbeeren und Minzeblätter

Für das Püree
- 75 g/¾ Tassen schwarze Johannisbeeren ohne Stiele
- 30 ml/2 EL Streuzucker
- 75 g/½ Tasse frische oder gefrorene Himbeeren

1 Geben Sie den Reis samt Wasser in einen Mixer und mixen ihn ein paar Minuten, bis er suppig wird.

2 Erhitzen Sie die Kokosmilch und die Sahne in einem beschichteten Topf. Wenn sie aufkochen, rühren Sie die Reismischung ein.

3 Köcheln Sie unter ständigem Rühren bei sehr kleiner Hitze 10 Minuten, rühren den Zucker ein und kochen weitere 10–15 Minuten, oder bis die Mischung dick und cremig ist.

4 Gießen Sie die Mischung auf ein mit Backpapier ausgelegtes Blech. Wenn das Dessert abgekühlt ist, stellen Sie es in den Kühlschrank, bis es fest ist

5 Für das Püree geben Sie Johannisbeeren in eine Schüssel, bestreuen sie mit Zucker und stellen sie etwa 30 Minuten beiseite. Füllen Sie die Himbeeren in ein Sieb und drücken Sie den Saft aus, den Sie in einer Schüssel darunter auffangen. Probieren Sie und geben bei Bedarf mehr Zucker dazu.

6 Schneiden Sie das Kokoscreme-Dessert vorsichtig in diamantförmige Stücke. Geben Sie auf jeden Dessertteller etwas Fruchtpüree, legen die Stücke darauf und dekorieren mit frischen Himbeeren und Minzeblättern.

Thailändische Reistorte

Eine üppige Festtagstorte aus Thai-Duftreis, mit Sahne und vielen frischen Früchten dekoriert.

ACHT BIS ZEHN PORTIONEN

ZUTATEN
- 225 g/1 gute Tasse Thai-Duftreis, gespült
- 1 Liter/4 Tassen Milch
- 115 g/knappe ½ Tasse Streuzucker
- 6 grüne Kardamomkapseln, zerdrückt
- 2 Lorbeerblätter
- 300 ml/1¼ Tasse Schlagsahne
- 6 Eier, getrennt
- Dekoration: rote und weiße Johannisbeeren, Karambole in Scheiben und Kiwi

Für den Belag
- 250 ml/1 Tasse Schlagsahne
- 150 g/2/3 Tasse Quark oder fettarmer Frischkäse
- 5 ml/1 TL Vanille-Essenz
- geriebene Schale von 1 Zitrone
- 40 g/3 EL Streuzucker

1 Fetten Sie eine 25 cm große, runde Kuchenform ein. Kochen Sie den Reis 3 Minuten in einem Topf mit ungesalzenem Wasser, gießen dann das Wasser ab und die Milch hinein. Rühren Sie Zucker, Kardamom und Lorbeer ein und kochen sie alles auf. Köcheln Sie dann unter gelegentlichem Rühren bei geringerer Hitze 20 Minuten. Lassen Sie alles abkühlen und entfernen die Lorbeerblätter und den Kardamom.

2 Heizen Sie den Ofen auf 180° C/ Gas Stufe 4 vor. Geben Sie den Reis eine Schüssel. Heben Sie die Sahne darunter und dann das Eigelb. Schlagen Sie das Eiweiß, bis es steif wird und heben es dann ebenfalls unter den Reis.

3 Backen Sie die Mischung 45–50 Minuten in der Form, bis sie aufgeht und goldbraun wird, kühlen den Boden über Nacht und geben sie auf einen Teller.

4 Schlagen Sie die Sahne steif und heben Quark oder Käse, Vanille-Essenz, Zitronenschale und Zucker darunter.

5 Geben Sie die Creme schön dekorativ auf die Torte. Dekorieren Sie mit roten und weißen Johannisbeeren, Karambolesternen und Kiwischeiben.

TIPP

Es macht nichts, wenn die Torte in der Mitte noch schwabbelig ist, wenn sie aus dem Herd genommen wird. Sie wird fest, sobald sie abkühlt.

Griechenland, Türkei und Orient

Die Menschen des Orients lernten Reis durch ihre östlichen Nachbarn kennen und lieben ihn seitdem: Reis wurde hier, genau wie in Asien, zu einem wichtigen Grundnahrungsmittel. Arabische Gewürze und mediterrane Zutaten ermöglichen die große Vielfalt an Reisgerichten in dieser Region – von denen viele auf der ganzen Welt bekannt sind.

AVGOLEMONO

EINES DER BELIEBTESTEN REISGERICHTE IN GRIECHENLAND UND EIN GUTES BEISPIEL DAFÜR, WIE MAN AUS WENIGEN, ABER SORGFÄLTIG AUSGEWÄHLTEN ZUTATEN EIN FABELHAFTES ESSEN ZAUBERN KANN. WICHTIG IST HIERBEI EINE GUT GEWÜRZTE BRÜHE.

VIER PORTIONEN

ZUTATEN

- 900 ml/3¾ Tassen Hühnerbrühe, am besten hausgemacht
- 50 g/gute 1/3 Tasse Langkornreis
- 3 Eigelb
- 30–60 ml/2–4 EL Zitronensaft
- 30 ml/2 EL frische Petersilie, fein gehackt
- Salz und frisch gemahlener schwarzer Pfeffer
- Garnitur: Zitronenscheiben und Petersilienröschen

1 Gießen Sie die Brühe in einen Topf, und wenn sie aufkocht, den Reis dazu. Decken Sie den Topf halb ab und kochen 12 Minuten, bis der Reis gerade weich ist. Salzen und pfeffern Sie.

2 Quirlen Sie das Eigelb in einer Schüssel und geben unter ständigem Rühren etwa 30 ml/2 EL Zitronensaft dazu, bis die Mischung glatt und locker ist. Geben Sie unter Rühren 1 EL Suppe dazu.

3 Nehmen Sie die Suppe vom Herd und geben langsam unter ständigem Rühren das Eigelb hinein. Die Suppe wird zitronengelb und dickt etwas ein.

4 Probieren Sie und geben bei Bedarf mehr Zitronensaft dazu. Rühren Sie die Petersilie ein. Servieren Sie die Suppe sofort, ohne sie erneut aufzuwärmen. Garnieren Sie mit Zitronenscheiben und Petersilienröschen.

TIPP

Der Trick bei dieser Suppe ist, das Ei nicht gerinnen zu lassen. Geben Sie deshalb die Eiermischung nicht in kochende Flüssigkeit. Am sichersten ist es, die Suppe ganz vom Herd zu nehmen und dann das Ei unter langsamen Eingießen einzurühren. Wärmen Sie die Suppe nicht wieder auf, da das Ei dann gerinnt.

DOLMADES

DIE GEFÜLLTEN WEINBLÄTTER AUS GRIECHENLAND SIND AUF DER GANZEN WELT BELIEBT. SIE KÖNNEN STATT FRISCHER WEINBLÄTTER AUCH ABGEPACKTE ODER EINGELEGTE VERWENDEN. WEICHEN SIE DIE BLÄTTER 20 MINUTEN IN HEISSEM WASSER EIN, GIESSEN SIE AB UND TROCKNEN SIE GUT.

20 BIS 24 PÄCKCHEN

ZUTATEN

- 24–28 Weinblätter, eingeweicht
- 30 ml/2 EL Olivenöl
- 1 große Zwiebel, fein gehackt
- 1 Knoblauchzehe, zerdrückt
- 225 g/2 Tassen gekochter Langkornreis oder eine Mischung aus weißem und Wildreis
- etwa 45 ml/3 EL Pinienkerne
- 15 ml/1 EL Mandelsplitter
- 40 g/¼ Tasse Sultaninen
- 15 ml/1 EL frischer Schnittlauch, geschnitten
- 15 ml/1 EL frische Minze, gehackt
- Saft von ½ Zitrone
- 150 ml/2/3 Tasse Weisswein
- heiße Gemüsebrühe
- Salz und schwarzer Pfeffer
- Garnitur: frische Minzezweige
- Beilage: Knoblauchjogurt und Pittabrot (nach Wahl)

1 Kochen Sie die Weinblätter in einem großen Topf mit Wasser 2–3 Minuten. Nach etwa 1 Minute werden sie dunkler und weicher, nach einer weiteren auch formbar. Wenn Sie abgepackte oder eingelegte Blätter nehmen, gießen Sie kochendes Wasser darüber und lassen sie einige Minuten stehen, bis sich die Blätter leicht trennen lassen. Spülen Sie die Blätter unter kaltem Wasser ab und lassen sie auf Küchenpapier abtropfen.

2 Erhitzen Sie Öl in einer kleinen Pfanne und braten Zwiebel und Knoblauch bei kleiner Hitze in 3–4 Minuten weich. Geben Sie die Mischung in eine große Schüssel und den gekochten Reis dazu.

3 Rühren Sie 30 ml/2 EL Pinienkerne, Mandeln, Sultaninen, Schnittlauch, Minze und Zitronensaft ein. Salzen und pfeffern Sie und mischen gut durch.

4 Stellen Sie vier große Weinblätter beiseite. Legen Sie ein Weinblatt mit der Unterseite nach oben auf eine saubere Arbeitsfläche. Geben Sie einen Löffel Füllung in die Nähe des Stiels, falten den unteren Teil des Weinblatts darüber, rollen es auf und klappen dabei die Seiten um. Füllen Sie die anderen Blätter ebenso.

5 Legen Sie eine Pfanne mit den aufgehobenen Blättern aus. Geben Sie die Dolmades dicht aneinander in einer Schicht mit der Naht nach unten in die Pfanne und bedecken sie mit Wein und Brühe. Beschweren Sie die Dolmades mit einem Teller, decken die Pfanne ab und köcheln sie 30 Minuten leicht.

6 Geben Sie die Dolmades auf einen Teller. Wenn sie kalt sind, garnieren Sie mit den übrigen Pinienkernen und Minze und servieren mit Jogurt und Brot.

TIPP

Sehen Sie besser öfter nach, ob die Flüssigkeit beim Kochen nicht schon verdampft ist, füllen Sie ggf. nach.

Griechischer Picknick-Kuchen

Auberginen, Spinat, Fetakäse und Reis sind eine wunderbare Füllung für einen pikanten Kuchen. Er kann warm oder kalt serviert werden und eignet sich auch vorzüglich als vegetarisches Gericht für ein Büfett.

SECHS PERSONEN

ZUTATEN
- 375 g Mürbeteig, aufgetaut, wenn TK-Ware
- 45–60 ml/3–4 TL Olivenöl
- 1 große Aubergine, in Scheiben
- 1 Zwiebel, gehackt
- 1 Knoblauchzehe, zerdrückt
- 175 g Spinat, gewaschen
- 4 Eier
- 75 g/½ Tasse Fetakäse, zerkrümelt
- 40 g/½ Tasse Parmesankäse, frisch gerieben
- 60 ml/4 EL Naturjogurt
- 90 ml/6 EL Vollmilch
- 225 g/2 Tassen weißer oder brauner Langkornreis, gekocht
- Salz und schwarzer Pfeffer

1 Heizen Sie den Ofen auf 180° C/Gas Stufe 4 vor. Rollen Sie den Teig dünn aus und drücken ihn in eine runde Backform von ca. 25 cm Durchmesser. Stechen Sie Löcher in den Boden und backen ihn 10–12 Minuten im Ofen, bis er blassgold ist (oder blindbacken Sie den Kuchen: Legen Sie Backpapier über den Teig und beschweren ihn mit einer Hand voll Backbohnen).

TIPP
Wenn Sie den Teig selbst machen, streuen Sie 5 ml/1 TL getrocknetes Basilikum in das Mehl, bevor Sie Butter, Margarine oder Schmalz dazugeben.

2 Erhitzen Sie 30–45 ml/2–3 EL Öl in einer Pfanne und braten die Aubergine pro Seite 6–8 Minuten an. Evtl. brauchen Sie etwas mehr Öl, aber das gibt sich, sobald das Fruchtfleisch weich wird. Nehmen Sie die Aubergine heraus und tropfen sie auf Küchenpapier ab.

3 Geben Sie Zwiebel und Knoblauch in die Pfanne und braten Sie 4–5 Minuten bei geringer Hitze weich. Geben Sie bei Bedarf mehr Öl dazu.

4 Hacken Sie den Spinat fein – per Hand oder in einer Küchenmaschine. Verschlagen Sie die Eier in einer Rührschüssel, geben dann Spinat, Feta, Parmesan, Jogurt, Milch und die Zwiebelmischung dazu. Schmecken Sie mit Salz und Pfeffer ab und verrühren die Mischung gut.

5 Verteilen Sie den Reis gleichmäßig auf dem vorgebackenen Kuchen. Legen Sie einige Auberginenscheiben zurück und verteilen den Rest in einer gleichmäßigen Schicht auf dem Reis.

6 Geben Sie die Mischung aus Spinat und Feta über die Auberginen und verteilen die übrigen Auberginen obenauf. Backen Sie den Kuchen 30–40 Minuten, bis er leicht braun ist. Servieren Sie den Kuchen noch warm oder lassen Sie ihn völlig auskühlen, bevor Sie ihn auf auf einer Servierplatte anrichten oder für ein Picknick einpacken.

VARIATION
Sie können statt der Auberginen auch Zucchini verwenden. Braten Sie die Scheiben in wenig Öl 3–4 Minuten, bis sie golden sind. Sie brauchen drei bis vier mittlere Zucchini, oder Sie nehmen Baby-Zucchini und schneiden sie längs durch: Das sieht auf dem Kuchen besonders hübsch aus.

Türkisches Lamm auf einem Reisbett

In der Türkei wird Fleisch traditionell auf Holzkohle oder in einem mit Holz beheizten Ofen knusprig und sehr dunkel gegart. Das Innere bleibt dabei wunderbar saftig und zart. Hier würzt der Fleischsaft gleichzeitig die Reisunterlage.

SECHS PORTIONEN

ZUTATEN

½ Lammkeule, etwa 1,5 kg, entbeint
1 Bund frische Petersilie
1 kleiner Bund frischer Koriander
50 g/½ Tasse Cashewkerne
2 Knoblauchzehen
15 ml/1 EL Sonnenblumenöl
1 kleine Zwiebel, fein gehackt
200 g/ 1¾ Tassen weißer Langkornreis, gekocht
75 g/knappe ½ Tasse essfertige getrocknete Aprikosen, fein gehackt
Salz und frisch gemahlener schwarzer Pfeffer
Garnitur: frische Petersilie oder Korianderzweige
Beilage (nach Wahl): Tzatziki, schwarze Oliven und Pittabrot

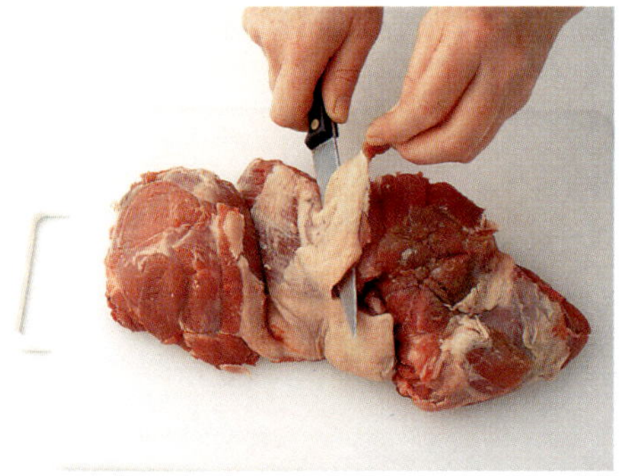

1 Heizen Sie den Ofen auf 200° C/ Gas Stufe 6 vor. Entfernen Sie überflüssiges Fett vom Lammfleisch und beschneiden wenn nötig den Knochen so, dass er flach aufliegt. Eventuell müssen Sie hierzu auch das Fleisch selbst aufschneiden, die Keule muss in jedem Fall flach aufliegen.

2 Verarbeiten Sie Petersilie und Koriander in einer Küchenmaschine oder einem Mixer, bis sie fein gehackt sind. Geben Sie die Cashewkerne dazu und hacken sie grob.

3 Zerdrücken Sie 1 Knoblauchzehe. Braten Sie diese und die Zwiebel 3–4 Minuten in heißem Öl, bis sie weich, aber noch nicht braun sind.

4 Geben Sie den Reis in eine Schüssel. Heben Sie mit einem Spachtel die Petersilien- und Cashewkernmischung unter den Reis. Geben Sie die Zwiebelmischung und die gehackten Aprikosen dazu. Schmecken Sie mit Salz und Pfeffer ab, rühren gut um und geben die Reismischung auf ein Backblech, das genau groß genug für die Lammkeule ist.

TIPP
In der Türkei ist das Fleisch immer gut durch, aber Sie können es auch medium servieren. Für einen Döner Kebab öffnen Sie gewärmtes Pittabrot (am besten hausgemacht) und füllen es mit Fleisch, Jogurt und einer pikanten Tomatensoße. Oder Sie servieren Kebab mit Reis und Bohnensalat.

5 Halbieren Sie die zweite Knoblauchzehe und reiben das Fleisch mit den Schnittflächen ein. Würzen Sie mit Pfeffer und legen dann das Fleisch so auf den Reis, dass er völlig abgedeckt und nicht mehr sichtbar ist.

6 Braten Sie das Lamm 30 Minuten im Ofen und reduzieren dann die Temperatur auf 180° C/Stufe 4. Lassen Sie es noch 35–45 Minuten im Ofen, oder bis das Fleisch Ihrem Wunsch entspricht.

7 Decken Sie das Lamm und den Reis mit Alufolie ab und lassen alles 5 Minuten stehen, legen dann die Keule auf ein Brett und schneiden sie in dicke Scheiben. Verteilen Sie die Reismischung auf einer Servierplatte, legen das Lamm darauf und garnieren mit frischer Petersilie oder Koriander. Servieren Sie sofort, nach Wunsch mit einer Schale Tzatziki, schwarzen Oliven und Pittabrot.

Reiskuchen mit Jogurt-Huhn

Diese orientalische Spezialität wird traditionell mit kleinen getrockneten Zereschk-Beeren gewürzt, aber mit frischen Preiselbeeren schmeckt sie ebenso lecker.

SECHS PORTIONEN

ZUTATEN

40 g/3 EL Butter
1 Huhn, etwa 1,5 kg, in Stücke geschnitten
1 große Zwiebel, gehackt
250 ml/1 Tasse Hühnerbrühe
2 Eier, geschlagen
475 ml/2 Tassen Naturjogurt
2–3 Safranfäden, in 15 ml/1 EL warmem Wasser aufgelöst
5 ml/1 TL Zimt, gemahlen
450 g/2 1/3 Tassen Basmati-Reis, eingeweicht
1,2 Liter/5 Tassen kochendes Wasser
75 g/¾ Tasse Preiselbeeren oder Zereschk (siehe Tipp)
50 g/½ Tasse Mandelsplitter
Salz und schwarzer Pfeffer
Beilage: Kräuter-Radicchiosalat

1 Schmelzen Sie zwei Drittel der Butter in einer feuerfesten Kasserolle. Braten Sie die Hühnerstücke mit der Zwiebel 4–5 Minuten, bis die Zwiebel weich und das Huhn braun ist. Geben Sie Brühe, Salz und Pfeffer dazu. Kochen Sie alles auf und köcheln bei geringer Hitze 45 Minuten, oder bis das Huhn gar und die Hälfte der Brühe verdampft ist.

2 Gießen Sie das Huhn ab, fangen aber die Brühe auf. Schneiden Sie das Fleisch in große Stücke, entfernen dabei Haut und Knochen und geben es in eine große Schüssel. In einer anderen Schüssel mischen Sie Eier und Jogurt, geben Safranwasser und Zimt dazu und würzen etwas. Gießen Sie alles über das Huhn, verrühren es, decken es ab und lassen es bis zu 2 Stunden marinieren.

3 Heizen Sie den Ofen auf 160° C/Gas Stufe 3 vor. Fetten Sie eine ca. 10 cm tiefe Backform ein. Gießen Sie den Reis ab und geben ihn in einen Topf, dazu das kochende Wasser und etwas Salz, kochen alles auf und köcheln den Reis bei kleiner Hitze 10 Minuten. Gießen Sie ihn ab, spülen ihn mit warmem Wasser und lassen ihn abtropfen.

4 Heben Sie das Huhn mit einem Schaumlöffel aus der Marinade auf einen Teller. Mischen Sie die Hälfte vom Reis unter die Marinade und verteilen dies auf dem Backblech. Legen Sie die Hühnerteile in einer Schicht darüber und bedecken alles gleichmäßig mit weißem Reis. Streuen Sie Preiselbeeren oder Zereschk darüber und verteilen den restlichen Reis darauf.

TIPP
Wenn Sie das Glück haben, Zereschk zu finden, waschen Sie die Beeren gut. Erhitzen Sie die Beeren kurz, bevor Sie den Reis darüber schichten.

5 Gießen Sie die Brühe über den Reis. Streuen Sie Mandelsplitter darüber und pinseln alles mit der übrigen Butter ein. Decken Sie alles fest mit Alufolie zu und backen es 35–45 Minuten im Ofen.

6 Lassen Sie das Blech etwas abkühlen und stellen es dann auf ein kaltes, feuchtes Küchentuch (so löst sich der Reis besser vom Boden). Fahren Sie mit einem Messer am Rand des Blechs entlang. Legen Sie einen großen, flachen Teller über das Blech und drehen es um. Schneiden Sie den „Kuchen“ in sechs Stücke und servieren heiß, evtl. mit einem Kräuter-Radicchiosalat.

GEFÜLLTES GEMÜSE

DIESES GERICHT IST FARBENFROH, EINFACH ANZURICHTEN UND SEHR LECKER. ES IST EIN SEHR BELIEBTES ABENDMAHL, UND DURCH DIE GROSSE AUSWAHL AN GEMÜSESORTEN FINDET SICH FÜR JEDES FAMILIENMITGLIED MIT SICHERHEIT DAS RICHTIGE DABEI.

VIER PORTIONEN

ZUTATEN
- 1 Aubergine
- 1 grüne Paprikaschote
- 2 Fleischtomaten
- 45 ml/3 EL Olivenöl
- 1 Zwiebel, gehackt
- 2 Knoblauchzehen, zerdrückt
- 115 g/1–1½ Tassen junge Champignons, gehackt
- 1 Möhre, gerieben
- 225 g/2 Tassen weißer Langkornreis, gekocht
- 15 ml/1 EL frischer Dill, gehackt
- 90 g/knapp ½ Tasse Fetakäse, zerkrümelt
- 75 g/¾ Tasse Pinienkerne, angeröstet
- 30 ml/2 EL Korinthen
- Salz und frisch gemahlener schwarzer Pfeffer

1 Heizen Sie den Ofen auf 190° C/ Gas Stufe 5 vor. Fetten Sie eine flache Backform leicht ein. Schneiden Sie die Aubergine längs durch den Stiel durch und höhlen sie zu zwei „Booten" aus. Würfeln Sie das Auberginenfleisch. Schneiden Sie die Paprika längs durch und entfernen Sie die Kerne.

2 Höhlen Sie die geköpften Tomaten mit einem Löffel aus. Hacken Sie das Fleisch und geben es zu den Auberginenwürfeln. Legen Sie die Tomaten zum Abtropfen verkehrt herum auf Küchenpapier.

3 Bringen Sie einen Topf Wasser zum Kochen, geben die Auberginenboote hinein und blanchieren sie insgesamt 6 Minuten. Blanchieren Sie die Paprikahälften 3 Minuten. Gießen Sie das Gemüse ab und verteilen es in der Backform

4 Braten Sie Zwiebel und Knoblauch 5 Minuten in 30 ml/2 EL heißem Öl an. Rühren Sie Fruchtfleisch, Champignons und Möhren ein. Kochen Sie bedeckt 5 Minuten, bis sie weich sind, geben die restlichen Zutaten dazu und würzen.

5 Verteilen Sie die Mischung in die Gemüsehüllen, gießen das restliche Öl darüber und backen alles 20 Minuten im Ofen goldbraun. Servieren Sie heiß oder kalt.

PERSISCHER REIS MIT TAHDEEG

DIE PERSISCHE BZW. IRANISCHE KÜCHE IST EXOTISCH UND KÖSTLICH SOWIE SEHR GESCHMACKSINTENSIV. ALS TAHDEEG WIRD DIE SCHÖNE GOLDENE REISKRUSTE BEZEICHNET, DIE SICH BEIM REISKOCHEN AM TOPFBODEN BILDET.

SECHS BIS ACHT PORTIONEN

ZUTATEN
- 450 g/2 1/3 Tassen Basmati-Reis, eingeweicht
- 150 ml/2/3 Tasse Sonnenblumenöl
- 2 Knoblauchzehen, zerdrückt
- 2 Zwiebeln, 1 gehackt, 1 geschnitten
- 150 g/2/3 Tasse grüne Linsen, eingeweicht
- 600 ml/2½ Tassen Brühe
- 50 g/1/3 Tasse Rosinen
- 10 ml/2 TL Koriander, gemahlen
- 45 ml/3 EL Tomatenpüree
- einige Safranfäden
- 1 Eigelb, geschlagen
- 10 ml/2 TL Naturjogurt
- 75 g/6 EL geschmolzenes Ghee oder geklärte Butter

1 Gießen Sie den Reis ab und kochen ihn dann 3 Minuten in ausreichend Salzwasser. Gießen Sie ihn wieder ab.

2 Erhitzen Sie 30 ml/2 EL Öl in einem großen Topf und braten den Knoblauch sowie die gehackte Zwiebel 5 Minuten an. Rühren Sie Linsen, Brühe, Rosinen, Koriander und Tomatenpüree ein und würzen mit Salz und Pfeffer. Kochen Sie alles auf und köcheln die Mischung etwa 20 Minuten bei geringer Hitze.

3 Weichen Sie den Safran in heißem Wasser ein. Mischen Sie Eigelb und Jogurt in einer Schüssel, geben etwa 120ml/½ Tasse Reis dazu und mischen alles gründlich durch. Würzen Sie gut.

4 Erhitzen Sie etwa zwei Drittel des restlichen Öls in einem großen Topf. Verteilen Sie den Reis mit Ei und Jogurt gleichmäßig auf dem Topfboden.

TIPP
Im Iran wird traditionell der aromatische weiße Basmati-Reis für dieses Gericht genommen, aber Sie können jeden Langkornreis verwenden, auch braunen.

5 Schichten Sie den restlichen Reis im Wechsel mit der Linsenmischung pyramidenförmig (also nicht entlang der Topfwände) in den Topf. Die letzte Schicht besteht aus einfachem Reis. Bohren Sie mit dem Stiel eines langen Holzlöffels drei Löcher bis zum Topfboden in die Pyramide und gießen das geschmolzene Ghee oder die Butter hinein. Erhitzen Sie alles gut, wickeln dann den Deckel in ein sauberes nasses Küchentuch und setzen ihn fest auf. Sobald Dampf herausquillt, reduzieren Sie die Hitze und köcheln noch etwa 30 Minuten bei kleiner Hitze.

6 Braten Sie inzwischen die Zwiebelscheiben im restlichen Öl, bis sie braun und knusprig sind und tropfen sie gut ab. Nehmen Sie den Reistopf vom Herd, lassen ihn zu und tauchen den Topfboden kurz in kaltes Wasser, damit sich der Reis vom Boden löst. Gießen Sie das Safranwasser in eine Schüssel und rühren einige Löffel weißen Reis ein.

7 Vermischen Sie Reis und Linsen im Topf und löffeln sie auf einer Servierplatte zu einem Berg. Streuen Sie den Safranreis darüber. Brechen Sie die Reiskruste vom Topfboden auf und legen Stücke davon rund um den Berg. Streuen Sie die knusprig gebratenen Zwiebeln darüber und servieren Sie.

GEBACKENER KÜRBIS

KÜRBIS HAT EINEN SÜSSEN, FEINEN GESCHMACK, DER SICH IN DIESEM REZEPT GUT VON DEN OLIVEN UND DEN SONNENGETROCKNETEN TOMATEN ABHEBT. DER REIS VERLEIHT DEM GERICHT SUBSTANZ.

VIER PORTIONEN FÜR EINE VORSPEISE

ZUTATEN

- 4 ganze Edelkürbisse
- 225 g/2 Tassen weißer Langkornreis, gekocht
- 75 g/1½ Tassen sonnengetrocknete Tomaten, gehackt
- 50 g/½ Tasse entsteinte schwarze Oliven, gehackt
- 60 ml/4 EL weicher Ziegenkäse
- 30 ml/2 EL Olivenöl
- 15 ml/1 EL frische Basilikumblätter, gehackt und Basilikumzweige zum Garnieren
- Beilage (nach Wahl) ein Jogurt-Minze-Dressing oder grüner Salat

1 Heizen Sie den Ofen auf 180° C/Gas Stufe 4 vor. Beschneiden Sie jeden Kürbis unten, damit er gerade steht, köpfen Sie ihn dann, höhlen ihn aus und werfen die Kerne weg.

2 Mischen Sie Reis, Tomaten, Oliven, Käse, die Hälfte vom Öl und Basilikum.

3 Fetten Sie ein flaches Backblech mit dem restlichen Öl. Es sollte gerade groß genug für die Kürbisse sein. Verteilen Sie die Reismischung in die Kürbisse und geben sie auf das Backblech.

4 Bedecken Sie das Blech mit Folie und backen die Kürbisse 45–50 Minuten, bis sie weich sind, wenn Sie sie mit einem Spieß anpieksen. Garnieren Sie mit Basilikum und servieren Sie mit den Beilagen.

AUBERGINENRÖLLCHEN

Die Röllchen bestehen aus einer Käse-Reis-Füllung, die in Auberginenscheiben eingewickelt wird. Sie sind eine originelle Vorspeise und passen auch gut auf ein Büffet.

VIER PORTIONEN

ZUTATEN
- 2 Auberginen
- Olivenöl zum Braten
- 75 g/knappe ½ Tasse Ricottakäse
- 75 g/knappe ½ Tasse Ziegenkäse
- 225 g/2 Tassen weißer Langkornreis, gekocht
- 15 ml/1 EL Basilikum, gehackt
- 5 ml/1 TL frische Minze, gehackt und Minzzweige zum Garnieren
- Salz und schwarzer Pfeffer

Für die Tomatensoße
- 15 ml/1 EL Olivenöl
- 1 rote Zwiebel, fein gehackt
- 1 Knoblauchzehe, zerdrückt
- 400 g Dosentomaten, gehackt
- 120 ml/½ Tasse Hühnerbrühe oder Weißwein oder eine Mischung
- 15 ml/1 EL frische Petersilie, gehackt

1 Heizen Sie den Ofen auf 190° C/Gas Stufe 5 vor. Für die Tomatensoße braten Sie Zwiebel und Knoblauch 3–4 Minuten in heißem Öl, bis sie weich sind. Geben Sie Tomaten, Hühnerbrühe, evtl. Wein dazu, streuen Petersilie darüber und schmecken mit Salz und Pfeffer ab. Kochen Sie alles auf und köcheln dann unter Rühren 10–12 Minuten bei kleiner Hitze, bis die Soße etwas eindickt.

TIPP
Entfernen Sie die Haut von den beiden äußeren Scheiben der Aubergine. Wenn Sie weniger Öl nehmen möchten, pinseln Sie jede Seite mit etwas Öl ein und grillen sie, bis sie gleichmäßig braun sind.

2 Schneiden Sie derweil die Auberginen längs in vier oder fünf Scheiben. Erhitzen Sie Öl in einer großen Pfanne und braten die Scheiben portionsweise, bis sie auf beiden Seiten goldbraun sind, und tropfen sie auf Küchenpapier ab. Mischen Sie die restlichen Zutaten in einer Schüssel und würzen sie.

3 Geben Sie einen guten Löffel der Käse-Reis-Mischung auf das Ende einer Auberginenscheibe und rollen sie auf. Legen Sie die Röllchen Seite an Seite auf ein Backblech. Gießen Sie die Tomatensoße darüber und backen sie 10–15 Minuten, bis sie heiß sind. Garnieren Sie mit Minze und servieren Sie.

Reis mit Dill und Saubohnen

Ein sehr beliebtes Reisgericht aus dem Iran, wo es Baghali Polo heisst. Die Saubohnen, der Dill und die anderen Gewürze passen hervorragend zueinander, und der Safranreis wirkt wie ein heller Farbspritzer.

VIER PORTIONEN

ZUTATEN
- 275 g/1½ Tassen Basmati-Reis, eingeweicht
- 750 ml/3 Tassen Wasser
- 40 g/3 EL geschmolzene Butter
- 175 g/1½ Tassen gefrorene junge Saubohnen, aufgetaut und geschält
- 90 ml/6 EL frischer Dill, fein gehackt und 1 frischer Dillzweig zum Garnieren
- 5 ml/1 TL Zimt, gemahlen
- 5 ml/1 TL Kreuzkümmel, gemahlen
- 2–3 Safranfäden, in 15 ml/1 EL kochendem Wasser aufgelöst
- Salz

1 Gießen Sie den Reis ab und geben ihn in einen Topf mit Wasser und etwas Salz. Kochen Sie es auf und köcheln dann leicht 5 Minuten bei geringer Hitze. Gießen Sie ab, spülen den Reis gut in warmem Wasser und tropfen ihn ab.

2 Schmelzen Sie die Butter in einem Topf. Geben Sie 2/3 dieser Butter in ein Kännchen und stellen sie beiseite. Bedecken Sie den Topfboden mit Reis. Geben Sie ¼ der Bohnen und etwas Dill dazu. Legen Sie eine weitere Schicht Reis, dann noch eine mit Bohnen und Dill usw., bis Bohnen und Dill aufgebraucht sind und die letzte Schicht aus Reis ist. Köcheln Sie alles 8 Minuten bei geringer Hitze, bis es fast weich ist.

3 Gießen Sie die aufgehobene Butter über den Reis. Streuen Sie Zimt und Kümmel darüber. Schlagen Sie die Enden eines sauberen Küchentuchs um einen fest schließenden Deckel und legen ihn auf den Topf. Köcheln Sie 25–30 Minuten bei sehr kleiner Hitze.

4 Geben Sie etwa 45 ml/3 EL gekochten Reis in das Safranwasser und mischen gut. Häufen Sie die restliche Reismischung auf einem großen Servierteller zu einem Berg und legen den Safranreis dekorativ daneben. Servieren Sie sofort, garniert mit dem Dillzweig.

SÜSS-SAURER REIS

DIESES BELIEBTE ORIENTALISCHE GERICHT MIT FRÜCHTEN UND VIELEN GEWÜRZEN WIRD OFTMALS ZU LAMM- ODER HÜHNERFLEISCH SERVIERT.

VIER PORTIONEN

ZUTATEN
- 50 g/½ Tasse Zereschk (siehe Tipp)
- 45 g/3 EL Butter
- 50 g/1/3 Tasse Rosinen
- 50 g/¼ Tasse Zucker
- 5 ml/1 TL Zimt, gemahlen
- 5 ml/1 TL Kreuzkümmel, gemahlen
- 350 g/1¾ Tassen Basmati-Reis, eingeweicht
- 2–3 Safranfäden, in 15 ml/1 EL kochendem Wasser eingeweicht
- 1 Prise Salz

1 Waschen Sie die Zereschk 4–5 Mal unter kaltem Wasser, um den Sand wegzuspülen und tropfen sie gut ab.

2 Schmelzen Sie 15g/1 EL Butter in einer Bratpfanne und braten Sie die Rosinen etwa 1–2 Minuten an.

3 Geben Sie die Zereschk dazu, braten sehr kurz, geben Zucker und die Hälfte von Zimt und Kümmel dazu, kochen alles kurz auf und stellen es beiseite.

4 Füllen Sie den abgegossenen Reis in einen Topf mit kochendem, leicht gesalzenen Wasser. Kochen Sie es wieder auf, köcheln 4 Minuten bei kleiner Hitze, gießen den Reis ab und spülen ihn.

TIPP
Zereschk sind kleine getrocknete Beeren. Sie finden Sie auf orientalischen Märkten oder in Asialäden. Sie können aber auch frische Preiselbeeren verwenden.

5 Schmelzen Sie die Hälfte der restlichen Butter im Topf, geben 15 ml/1 EL Wasser dazu und rühren die Hälfte vom gekochten Reis ein. Geben Sie erst die Hälfte der Beerenmischung darüber, dann den ganzen Reis bis auf 45 ml/3 EL und darüber die restlichen Beeren.

6 Mischen Sie den verbleibenden Zimt und Kümmel mit dem aufgehobenen Reis und verteilen die Mischung gleichmäßig über die anderen Schichten. Schmelzen Sie die restliche Butter und verteilen sie darüber. Schlagen Sie die Enden eines sauberen Küchentuchs um einen fest schließenden Deckel und legen ihn auf den Topf. Dämpfen Sie den Reis etwa 20–30 Minuten bei sehr kleiner Hitze.

7 Vor dem Servieren mischen Sie 45 ml/3 EL Reis mit dem Safranwasser. Richten Sie den süß-sauren Reis auf einer großen Servierplatte an und streuen den Safranreis als Garnitur darüber.

Süsser Reis

Im Iran ist süsser Reis das traditionelle Gericht für Hochzeitsbanketts und andere besondere Anlässe. Er wird allein oder als Beilage zu einem Fleischgericht serviert.

3 Schmelzen Sie 15 g/1 EL Butter in einem Topf und braten die Möhren 2–3 Minuten. Geben Sie den restlichen Zucker und 60ml/4 EL Wasser dazu. Rütteln Sie den Topf ständig, bis die meiste Flüssigkeit verdampft ist.

4 Rühren Sie die Möhren und die Hälfte der Nüsse zu der Orangenschale und stellen sie beiseite. Gießen Sie den Reis ab und kochen ihn etwa 5 Minuten in Salzwasser. Gießen Sie ihn ab und spülen ihn gut in kaltem Wasser.

VIER BIS SECHS PORTIONEN

ZUTATEN

- 2 Orangen
- 45 ml/3 EL Zucker
- 40 g/3 EL Butter
- 3 Möhren, in Streifen geschnitten
- 50 g/½ Tasse gemischte Pistazien, Mandeln und Pinienkerne, gehackt
- 350 g/1¾ Tasse Basmati-Reis, eingeweicht
- 2–3 Safranfäden, in 15 ml/1 EL warmem Wasser eingeweicht
- Salz

1 Schälen Sie die Orangen mit einem Kartoffelschäler in breite Streifen, aber ohne die weiße Haut. Schneiden Sie die Schale in kleine Stücke, geben sie in einen Topf mit Wasser und kochen sie auf. Köcheln Sie einige Minuten und gießen dann ab. Machen Sie das so oft, bis die Schale nicht mehr bitter ist.

2 Geben Sie die Schale mit der Hälfte des Zuckers in den Topf und gießen 60 ml/4 EL Wasser dazu. Kochen Sie auf und köcheln dann, bis der Sirup halb verdampft ist. Stellen Sie ihn beiseite.

5 Schmelzen Sie die Hälfte der restlichen Butter in einem Topf und gießen 45 ml/ 3 EL Wasser dazu. Geben Sie etwas Reis in den Topf und die Möhrenmischung darüber. Schichten Sie weiter, bis alles aufgebraucht ist und köcheln alles 10 Minuten. Schmelzen Sie die restliche Butter, gießen sie über den Reis und decken den Topf mit einem Küchentuch und einem fest schließenden Deckel ab. Dämpfen Sie 30–45 Minuten. Häufen Sie den Reis auf Teller, garnieren mit Nüssen, sprenkeln Safranwasser darüber und servieren.

ALMA-ATA

DIESES GERICHT STAMMT AUS ZENTRALASIEN UND IST EINE SPEKTAKULÄRE KOMBINATION VON FRÜCHTEN UND NÜSSEN AUS DIESER REGION.

VIER PORTIONEN

ZUTATEN
- 75 g/¾ Tasse Mandeln, blanchiert
- 60 ml/4 EL Sonnenblumenöl
- 225 g Möhren, in dünne Streifen geschnitten
- 2 Zwiebeln, gehackt
- 115 g/½ Tasse essfertige getrocknete Aprikosen, gehackt
- 50 g/1/3 Tasse Rosinen
- 350 g/1¾ Tassen Basmati-Reis, eingeweicht
- 600 ml/2½ Tassen Gemüsebrühe
- 150 ml/2/3 Tasse Orangensaft
- geriebene Schale von 1 Orange
- 25 g/1/3 Tasse Pinienkerne
- 1 roter Essapfel, gehackt
- Salz und schwarzer Pfeffer

1 Heizen Sie den Ofen auf 160° C/Gas Stufe 3 vor. Rösten Sie die Mandeln in 4–5 Minuten trocken in einer Pfanne.

2 Erhitzen Sie Öl in einer schweren, hitzefesten Kasserolle und braten Möhren und Zwiebeln 6–8 Minuten bei mäßiger Hitze, bis sie etwas glasig werden. Geben Sie Aprikosen, Rosinen und Reis dazu und kochen unter ständigem Rühren einige Minuten bei mittlerer Hitze, bis der Reis vom Öl ummantelt ist.

VARIATION
Für eine ganze Mahlzeit geben Sie 450 g gewürfeltes Lamm dazu. Bräunen Sie es in der Kasserolle in wenig Öl und stellen es beiseite, während Sie das Gemüse kochen. Geben Sie das Fleisch dann mit der Brühe und dem Saft in den Topf.

3 Gießen Sie Gemüsebrühe und Orangensaft unter ständigem Rühren dazu und rühren die Orangenschale ein. Heben Sie einige Mandeln zum Garnieren auf und rühren die übrigen mit den Pinienkernen ein. Legen Sie zwei Schichten Folie auf die Kasserolle und den Deckel fest darauf. Backen Sie alles 30–35 Minuten, bis der Reis weich und die Flüssigkeit aufgesogen ist.

4 Nehmen Sie die Kasserolle aus dem Ofen, würzen nach Belieben und rühren den gehackten Apfel ein. Servieren Sie in der Kasserolle oder auf einer warmen Servierplatte, garniert mit den Mandeln.

SÜSSES BASMATI-REIS-DESSERT

SIE FINDEN IN DER TÜRKEI, IN ÄGYPTEN, IM LIBANON UND IN SYRIEN VERSCHIEDENE VERSIONEN DIESES SÜSSEN SAHNIGEN DESSERTS. DAS AROMA VOM BASMATI-REIS IST EINZIGARTIG.

SECHS BIS ACHT PORTIONEN

ZUTATEN

- 275 g/1½ Tassen Basmati-Reis, eingeweicht
- 1,2 Liter/5 Tassen Milch
- 1 Prise Safranfäden, in warmer Milch oder Wasser aufgelöst
- etwa 2,5 ml/½ TL Kardamomsamen, gemahlen
- 75–115 g/½ Tasse Zucker
- 400 ml Kondensmilch

Zum Servieren

- 1 Papaya
- 25 g/¼ Tasse Mandelsplitter (nach Wunsch)

1 Kochen Sie den abgegossenen Reis in viel Wasser in einem Teflontopf.

2 Gießen Sie das Wasser ab und geben Milch dazu. Erhitzen Sie bis kurz vorm Aufkochen und köcheln unter gelegentlichem Rühren 30–45 Minuten.

3 Rühren Sie die Safranflüssigkeit, gemahlenen Kardamom und Zucker ein. Kochen Sie weitere 3–4 Minuten und rühren dann die Kondensmilch ein.

4 Schneiden Sie die Papaya in zwei Hälften, häuten sie und kratzen die Kerne aus. Schneiden Sie das Fleisch in Spalten und arrangieren es auf einer Platte. Füllen Sie den süßen Basmati-Reis in Schälchen, streuen die Mandelsplitter darüber und legen auf jede Portion nach Wunsch zwei kleine Spalten Papaya. Servieren Sie sofort.

TIPP

Verwenden Sie unbedingt einen beschichteten Topf, wenn Sie das Dessert auf dem Herd kochen. Wenn Sie keinen haben, backen Sie es besser. Füllen Sie den gekochten Reis in eine Backform. Kochen Sie die Milch auf, gießen sie über den Reis, rühren um und decken die Form fest ab. Backen Sie 45 Minuten bei 150° C/Gas Stufe 2, rühren die restlichen Zutaten ein und backen noch 15 Minuten. Lassen Sie das Dessert vor dem Servieren etwas auskühlen.

Reisring mit Früchten

Dieser ungewöhnliche Reispudding sieht als Kranz besonders hübsch aus. Sie können die Früchte aber auch direkt in den Reis rühren und ihn in Dessertschälchen servieren.

VIER PORTIONEN

ZUTATEN
- 65 g/1/3 Tasse Milchreis
- 900 ml/3¾ Tassen Halbfettmilch
- 5 cm Zimtstange
- 175 g/1½ Tassen gemischte getrocknete Früchte
- 175 ml/¾ Tasse Orangensaft
- 45 ml/3 EL Streuzucker
- fein geriebene Schale von einer kleinen Orange
- Sonnenblumenöl zum Einfetten

1 Mischen Sie Reis und Milch in einem Topf. Geben Sie Zimt dazu und kochen alles auf. Köcheln Sie dann bedeckt bei kleiner Hitze unter gelegentlichem Rühren etwa 1½ Stunden, bis die ganze Flüssigkeit aufgesogen ist.

2 Geben Sie derweil die Trockenfrüchte in einen weiteren Topf, gießen den Orangensaft darüber und kochen alles auf. Köcheln Sie dann abgedeckt ganz leicht bei kleiner Hitze etwa 1 Stunde, bis die Früchte weich sind und keine Flüssigkeit mehr übrig bleibt.

3 Entfernen Sie die Zimtstange aus dem Reis und rühren Streuzucker und geriebene Orangenschale ein.

TIPP
Wenn Sie die Früchte in die Form geben, denken Sie daran, dass sie später oben sein werden. Verteilen Sie die verschiedenen Farben und Früchte dekorativ.

4 Ölen Sie eine Ringbackform ein. Bedecken Sie Boden gleichmäßig mit den Früchten. Löffeln Sie den Reis darüber, drücken ihn fest an und kühlen den Pudding, bis er fest ist.

5 Fahren Sie mit einem Messer um den Reis. Legen Sie einen Teller darauf, drehen die Form um und heben sie hoch. Portionieren Sie den Pudding.

SPANIEN UND PORTUGAL

In Spanien wird Reis seit weit über 1.000 Jahren erfolgreich angebaut. So überrascht es nicht weiter, in Spanien und dem angrenzenden Portugal viele wunderbare Reisrezepte zu finden – besonders natürlich die edle Paella. Ein weiteres traditionelles Reisgericht, „Mauren und Christen", ist über 1.200 Jahre alt.

FLAMENCO-EIER

DIESE VARIANTE DES KLASSISCHEN SPANISCHEN GERICHTS MACHT SICH SEHR GUT MIT ROTEM CAMARGUE-REIS, OBWOHL SIE JEDEN LANGKORNREIS – OB BRAUN ODER WEISS – VERWENDEN KÖNNEN.

VIER PORTIONEN

ZUTATEN

175 g/ 1 knappe Tasse roter Camargue-Reis
Hühner- bzw. Gemüsebrühe oder Wasser
45 ml/3 EL Olivenöl
1 Gemüsezwiebel, gehackt
1 Knoblauchzehe, zerdrückt
350 g mageres Rinderhackfleisch
75 g Chorizo (spanische Wurst), in kleine Würfel geschnitten
5 ml/1 TL Paprikapulver und etwas zum Bestäuben
10 ml/2 TL Tomatenpüree
15–30 ml/1–2 EL Petersilie, gehackt
2 rote Paprikaschoten, entkernt und geschnitten
3 Tomaten, enthäutet, entkernt und gehackt
120 ml/½ Tasse Tomatensaft
4 Eier
40 ml/8 TL fettarme Sahne
Salz und schwarzer Pfeffer

1 Heizen Sie den Ofen auf 180° C/Gas Stufe 4 vor. Kochen Sie den Reis laut Packungsangaben in Brühe oder Wasser. Braten Sie Zwiebel und Knoblauch unter Rühren 5 Minuten in 30 ml/2 EL heißem Öl, bis die Zwiebel braun wird.

2 Geben Sie das Rinderhack dazu und braten es unter gelegentlichem Rühren braun. Rühren Sie Chorizo und Paprika ein und köcheln 4–5 Minuten bei kleiner Hitze. Rühren Sie Tomatenpüree und Petersilie ein und schmecken ab.

3 Erhitzen Sie das übrige Öl in einem Topf und braten die Paprikaschoten, bis sie brutzeln. Köcheln Sie bedeckt bei mäßiger Hitze 4–5 Minuten, bis die Paprika an einigen Stellen ansengen. Rütteln Sie den Topf gelegentlich. Geben Sie Tomaten dazu und köcheln weitere 3–4 Minuten, bis sie sehr weich sind. Nehmen Sie den Topf vom Herd, rühren den Tomatensaft ein und salzen.

4 Gießen Sie den Reis ab und verteilen ihn auf vier feuerfeste Schalen. Füllen Sie die Fleischmischung auf den Reis und darüber Paprika und Tomaten. Machen Sie in die Mitte jeder Portion ein Loch und schlagen ein Ei hinein. Gießen Sie 10 ml/2 TL Sahne auf jedes Eigelb, würzen mit Paprika und backen es etwa 12–15 Minuten, bis das Eiweiß geronnen ist. Servieren Sie sofort.

ORANGEN-HÜHNER-SALAT

ORANGENSPALTEN PASSEN PERFEKT ZUM ZARTEN HUHN IN DIESEM LECKEREN REISSALAT. DAMIT SICH DER GESCHMACK VOLL ENTFALTEN KANN, SERVIEREN SIE DEN SALAT AM BESTEN UNGEKÜHLT.

VIER PORTIONEN

ZUTATEN

- 3 große kernlose Orangen
- 175 g/1 knappe Tasse weißer Langkornreis
- 475 ml/2 Tassen Wasser
- 10 ml/2 TL Dijon-Senf
- 2,5 ml/½ TL Streuzucker
- 175 ml/¾ Tasse Vinaigrette-Dressing (siehe Tipp)
- 450 g gekochtes Huhn, gewürfelt
- 45 ml/3 EL Schnittlauch, geschnitten
- 75 g/¾ Tasse Cashewkerne, geröstet
- Salz und schwarzer Pfeffer
- Beilage: gemischter Salat

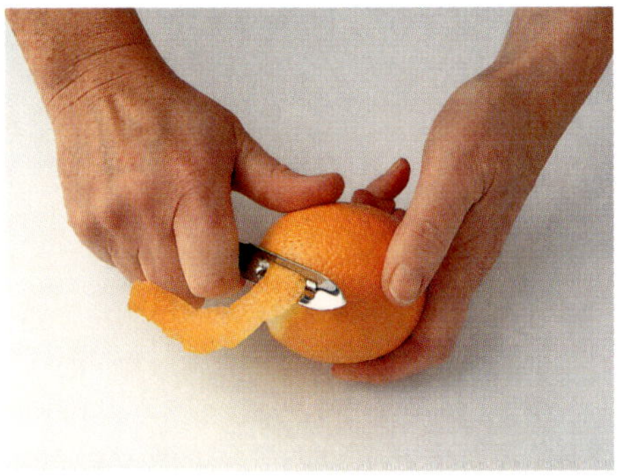

1 Schälen Sie eine Orange so dünn, dass Sie nur die Schale, nicht aber die bittere weiße Haut entfernen.

2 Geben Sie die Schale in Stücken in einen Topf und den Reis, Wasser und eine Prise Salz dazu. Bringen Sie alles zum Kochen. Dämpfen Sie den Reis bedeckt bei sehr geringer Hitze etwa 15 Minuten, oder bis er weich ist und das ganze Wasser aufgesogen hat.

3 Schälen Sie derweil alle Orangen. Schneiden Sie ihre Segmente über einem Teller aus, um den Saft aufzufangen. Geben Sie Orangensaft, Senf und Zucker zum Dressing und verquirlen alles gut. Probieren Sie und würzen wenn nötig mit Salz und Pfeffer nach.

4 Nehmen Sie den Reis vom Herd und entfernen die Orangenschale. Lassen Sie den Reis in einer Schüssel etwas abkühlen, gießen die Hälfte des Dressings dazu, verrühren alles gut und lassen den Reis erkalten.

5 Geben Sie die übrigen Zutaten und das restliche Dressing zum Reis und mischen vorsichtig. Richten Sie alles auf einem Bett aus Salatblättern an.

TIPP

Für das Dressing verquirlen Sie 45 ml/3 EL Rotweinessig mit Salz und Pfeffer. Geben Sie nach und nach 90 ml/6 EL Maisöl und 60 ml/4 EL Olivenöl dazu.

Mauren und Christen

Dieses Gericht wird traditionell beim Moyos-e-Cristianos-Fest gereicht, das in Spanien jedes Jahr im Andenken an den Sieg der Christen über die Mauren abgehalten wird. Die schwarzen Bohnen stehen für die Mauren, der weisse Reis repräsentiert die Christen.

SECHS PORTIONEN

ZUTATEN
- 400 g/2 Tassen schwarze Bohnen, über Nacht eingeweicht
- 1 Zwiebel, geviertelt
- 1 Möhre, geschnitten
- 1 Stangensellerie, geschnitten
- 1 Knoblauchzehe, zerdrückt
- 1 Lorbeerblatt
- 5 ml/1 TL Paprikapulver
- 45 ml/3 EL Olivenöl
- Saft von 1 Orange
- 300 g/1¾ Tassen Langkornreis
- Salz und Cayennepfeffer

Für die Garnitur
- frische Petersilie, gehackt
- Orange, geschnitten
- rote Zwiebel, geschnitten
- 2 hartgekochte Eier, in Spalten geschnitten

1 Geben Sie Bohnen, Zwiebel, Möhre, Sellerie, Knoblauch, Lorbeer und 1,75 Liter/7½ Tassen Wasser in einen Topf. Bringen Sie alles zum Kochen, kochen Sie 10 Minuten und köcheln es dann bei geringer Hitze 1 Stunde, wobei Sie bei Bedarf Wasser nachgießen. Gießen Sie die fast weichen Bohnen ab, entfernen das Gemüse und geben die Bohnen in einen sauberen Topf.

2 Mischen Sie Paprikapulver, Cayennepfeffer und Öl und rühren sie mit Orangensaft in die Bohnen. Geben Sie wenn nötig noch etwas Wasser dazu. Erhitzen Sie bis kurz vor den Siedepunkt und kochen dann bedeckt 10–15 Minuten, bis die Bohnen weich sind. Nehmen Sie sie vom Herd und lassen sie 15 Minuten in der Flüssigkeit. Salzen Sie.

3 Kochen Sie inzwischen den Reis entweder durch Kochen oder mit der Quellreis-Methode, bis er weich ist. Gießen Sie ihn ab, geben ihn in eine mit Butter bestrichene Schüssel und lassen ihn 10 Minuten ruhen.

4 Stürzen Sie den Reis auf einen Servierteller und arrangieren die schwarzen Bohnen darum. Garnieren Sie mit gehackter Petersilie, Orange, roten Zwiebeln und Eierspalten.

Omelette-Reis aus Alicante

Ein wirklich ungewöhnliches Gericht, gewürzt mit spanischer Knoblauchwurst und mit Ei bedeckt, so dass der Eindruck entsteht, ein Omelette oder gar ein Souffle vor sich zu haben. Statt Butifarra können Sie Chorizo oder eine andere spanische Wurst verwenden.

SECHS PORTIONEN

ZUTATEN
- 45 ml/3 EL Sonnenblumenöl
- 200 g Butifarra oder andere spanische Wurst, geschnitten
- 2 Tomaten, enthäutet, entkernt und gehackt
- 175 g mageres Schweinefleisch, in mundgerechte Stücke geschnitten
- 175 g entbeinte Hühnerbrust oder Kaninchen, ohne Haut, in dicke Stücke geschnitten
- 350 g/1¾ Tassen spanischer Reis oder Risotto-Reis
- 1Liter/4 Tassen heiße Hühnerbrühe
- 1 Prise Safranfäden, zerdrückt
- 115 g/2/3 Tasse Kichererbsen, gekocht
- 6 Eier

1 Heizen Sie den Ofen auf 190° C/Gas Stufe 5 vor. Erhitzen Sie das Öl in einer feuerfesten Kasserolle, braten die Wurst einige Minuten und stellen sie beiseite.

2 Fügen Sie die Tomaten zum Bratsaft hinzu und braten einige Minuten, bis sie eindicken. Rühren Sie Schwein und Huhn oder Kaninchen ein und kochen unter Rühren 2–3 Minuten, bis das Fleisch leicht braun ist. Geben Sie Reis dazu, rühren etwa 1 Minute, gießen die heiße Brühe dazu, würzen mit Safran, Salz und Pfeffer und rühren gut um.

3 Kochen Sie alles kurz auf und geben dann bei verringerter Hitze Wurst und Kichererbsen dazu. Köcheln Sie fest bedeckt bei kleiner Hitze etwa 15 Minuten, bis der Reis weich ist.

4 Schlagen Sie die Eier mit etwas Wasser und einer Prise Salz auf und gießen sie über den Reis. Stellen Sie die Kasserolle unbedeckt in den Ofen und backen etwa 10 Minuten, bis die Eier geronnen sind und oben leicht braun werden.

Gebackene Forelle mit Reis, sonnengetrockneten Tomaten und Nüssen

Forelle ist in Spanien sehr beliebt, besonders im Norden. Wenn Sie die Forelle vor dem Kochen filetieren, gart sie gleichmässiger und ist einfacher zu servieren, weil keine Gräten mehr beim Füllen stören.

VIER PORTIONEN

ZUTATEN

- 2 frische Forellen, jede etwa 500 g
- 75 g/¾ Tasse gemischte ungesalzene Cashewkerne, Pinienkerne, Mandeln oder Haselnüsse
- 25 ml/1½ EL Olivenöl und etwas zum Beträufeln
- 1 kleine Zwiebel, fein gehackt
- 10 ml/2 TL frische Ingwerwurzel, gerieben
- 175 g/1½ Tasse weißer Langkornreis, gekocht
- 4 Tomaten, enthäutet und sehr fein gehackt
- 4 sonnengetrocknete Tomaten in Öl, abgetropft und gehackt
- 30 ml/2 EL frischer Estragon, gehackt
- 2 frische Estragonzweige
- Salz und schwarzer Pfeffer
- Beilage: grüner Salat

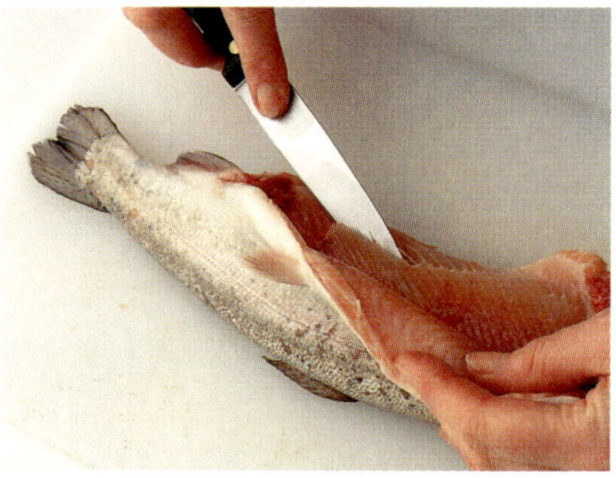

1 Wenn der Fischhändler die Forelle noch nicht filetiert hat, machen Sie es mit einem scharfen Messer selbst und lassen so wenig Fisch wie möglich an den Gräten. Entfernen Sie kleine Gräten im Fischbauch mit einer Pinzette.

2 Heizen Sie den Ofen auf 190° C/Gas Stufe 5 vor. Verteilen Sie die Nüsse in einer Backform, backen sie unter gelegentlichem Schütteln 3–4 Minuten golden und hacken sie dann grob.

3 Braten Sie die Zwiebel 3–4 Minuten in heißem Öl, bis sie weich ist. Rühren Sie Ingwer ein, kochen noch 1 Minute und geben alles in eine Rührschüssel.

4 Rühren Sie Reis, frische und getrocknete Tomaten, geröstete Nüsse und Estragon ein. Würzen Sie gut.

5 Legen Sie jede Forelle auf ein großes Stück eingeölter Folie und löffeln die Füllung in den Bauch. Legen Sie je einen Estragonzweig mit hinein und beträufeln alles mit Olivenöl.

6 Schlagen Sie die Folie so um, dass jede Forelle völlig eingeschlossen ist und legen die Pakete auf ein großes Backblech. Backen Sie 20–25 Minuten, bis der Fisch zart ist. Schneiden Sie den Fisch in dicke Scheiben. Servieren Sie ihn mit einem grünen Salat.

Huhn nach Art von Sevilla

In Südspanien sind Orangen und Mandeln beliebte Zutaten, besonders in der Gegend um Sevilla, wo Orangen- und Mandelbäume ein alltäglicher wundervoller Anblick sind.

VIER PORTIONEN

ZUTATEN
- 1 Orange
- 8 Hühnerkeulen
- einfaches Mehl, mit Salz und Pfeffer gewürzt
- 45 ml/3 EL Olivenöl
- 1 große Gemüsezwiebel, grob gehackt
- 2 Knoblauchzehen, zerdrückt
- 1 rote Paprikaschote, entkernt und geschnitten
- 1 gelbe Paprikaschote, entkernt und geschnitten
- 115 g Chorizo (Wurst), geschnitten
- 50 g/½ Tasse Mandelsplitter
- 225 g/1 gute Tasse brauner Basmati-Reis
- etwa 600 ml/2½ Tassen Hühnerbrühe
- 400 g Dosentomaten, gehackt
- 175 ml/¾ Tasse Weißwein
- 1 gute Prise getrockneter Thymian
- Salz und schwarzer Pfeffer
- Garnitur: frische Thymianzweige

1 Schälen Sie die Orange und legen einen dünnen Streifen Schale beiseite. Schneiden Sie die Orange in Segmente und fangen dabei den Saft in einer Schale auf. Wälzen Sie die Hühnerkeulen im gewürzten Mehl.

2 Braten Sie die Keulen in heißem Öl auf beiden Seiten, bis sie hübsch braun sind und legen sie auf einen Teller. Geben Sie Zwiebel und Knoblauch in die Pfanne und braten 4–5 Minuten, bis die Zwiebel braun wird. Geben Sie die Paprika dazu und braten unter Rühren, bis sie etwas weich wird.

3 Mischen Sie die Chorizo dazu, braten sie einige Minuten an und streuen dann Mandeln und Reis darüber. Kochen Sie unter Rühren 1–2 Minuten.

4 Geben Sie Hühnerbrühe, Tomaten, Wein, den Orangenschalenstreifen und Thymian dazu. Würzen Sie gut. Kochen Sie alles unter Rühren auf.

5 Geben Sie die Hühnerkeulen wieder in die Pfanne zurück und köcheln Sie fest bedeckt bei sehr kleiner Hitze 1–1¼ Stunde, bis Reis und Huhn weich sind. Mischen Sie kurz vor dem Servieren die Orangensegmente dazu und kochen sie kurz mit, damit sie warm werden. Garnieren Sie mit frischem Thymian und servieren Sie.

TIPP

Die Kochzeit hängt stark vom Herd ab. Wenn der Reis zu schnell zu trocknen scheint, geben Sie etwas mehr Brühe oder Wein dazu und reduzieren die Hitze. Wenn der Reis nach 40 Minuten zu roh ist, erhöhen Sie die Hitze. Achten Sie darauf, dass der Reis immer unter der Flüssigkeit bleibt (die Keulen können obenauf liegen) und rühren Sie um, wenn er nicht gleichmäßig gart.

FEIERTAGSPAELLA

PAELLA IST EINE FANTASTISCHE MISCHUNG DER FEINSTEN SPANISCHEN ZUTATEN: HUHN, KANINCHEN, MEERESFRÜCHTE UND GEMÜSE ERGEBEN ZUSAMMEN MIT DEM REIS EIN FARBENFROHES FESTMAHL.

SECHS BIS ACHT PORTIONEN

ZUTATEN

- 450 g frische Muscheln
- 90 ml/6 EL Weißwein
- 150 g grüne Bohnen, in 2,5 cm lange Stücke geschnitten
- 115 g/1 Tasse gefrorene Saubohnen
- 6 kleine entbeinte Hühnerbrüste ohne Haut, in großen Stücken
- 30 ml/2 EL Weizenmehl, gewürzt mit Salz und Pfeffer
- etwa 90 ml/6 EL Olivenöl
- 6–8 große rohe Garnelen, ohne Schwanz und Darm, oder 12 kleinere
- 150 g Schweinefilet, in mundgerechte Stücke geschnitten
- 2 Zwiebeln, gehackt
- 2–3 Knoblauchzehen, zerdrückt
- 1 rote Paprikaschote, entkernt und geschnitten
- 2 reife Tomaten, enthäutet, entkernt und gehackt
- 900 ml/3¾ würzige Hühnerbrühe
- 1 gute Prise Safran, in 30 ml/2 EL heißem Wasser aufgelöst
- 350 g/1¾ Tassen spanischer Reis oder Risotto-Reis
- 225 g Chorizo, dick geschnitten
- 115 g/1 Tasse gefrorene Erbsen
- 6–8 gefüllte grüne Oliven, dick geschnitten

TIPP

Sie sollten für dieses Gericht eine Paellapfanne verwenden und eigentlich beim Kochen nie umrühren. Aber Sie werden feststellen, dass die Hitze sich so verteilt, dass der Reis in der Mitte gar wird und der außen nicht (Das passiert nicht, wenn Paella auf die traditionelle Art zubereitet wird – im Freien auf einem großen Holzfeuer). Damit Ihre Paella gleichmäßig gar wird, dürfen Sie die Regel brechen und gelegentlich umrühren, oder Sie können sie im Ofen bei 190° C/ Gas Stufe 5 15–18 Minuten backen. Das Ergebnis ist praktisch identisch, aber in Spanien würde es nur *arroz* – Reis – genannt werden und nicht Paella.

1 Putzen Sie die Muscheln und werfen Sie alle weg, die beim Anfassen nicht zugehen. Geben Sie die Muscheln mit dem Wein in einen Topf, kochen sie auf und köcheln fest bedeckt 3–4 Minuten, bis sie sich geöffnet haben. Schütteln Sie den Topf ab und zu. Gießen Sie ab, heben die Flüssigkeit auf und werfen alle Muscheln weg, die nicht offen sind.

2 Kochen Sie grüne und Saubohnen 2–3 Minuten in zwei Töpfen mit Wasser und gießen sie ab. Sobald die Saubohnen kalt genug zum Anfassen sind, entfernen Sie ihre Hüllen.

3 Wälzen Sie das Huhn im gewürzten Mehl. Erhitzen Sie die Hälfte des Öls in einer Paellapfanne oder einer tiefen Pfanne und braten das Hühnerfleisch, bis es gleichmäßig braun ist. Legen Sie es auf einen Teller. Erhitzen Sie weitere 30 ml/ 2 EL Öl in der Pfanne und bräunen das Schweinefleisch gleichmäßig. Legen Sie es auf einen separaten Teller.

4 Erhitzen Sie das restliche Öl und braten Zwiebeln und Knoblauch in 3–4 Minuten goldbraun. Geben Sie die rote Paprika dazu, kochen 2–3 Minuten, geben dann gehackte Tomaten dazu und kochen, bis die Mischung eindickt.

5 Rühren Sie Hühnerbrühe, Muschel- und Safranflüssigkeit ein. Schmecken Sie gut mit Salz und Pfeffer ab und bringen alles zum Kochen. Wenn es brodelt, geben Sie den ganzen Reis hinein. Rühren Sie einmal um und geben dann Huhn, Schwein, Garnelen, Bohnen, Chorizo und Erbsen hinzu. Kochen Sie bei mäßig hoher Hitze 12 Minuten und köcheln dann bei geringer Hitze weitere 8–10 Minuten, bis die ganze Flüssigkeit aufgesogen wurde.

6 Geben Sie Muscheln und Oliven dazu und kochen weitere 3–4 Minuten, damit sie warm werden. Nehmen Sie die Pfanne vom Herd, decken sie mit einem sauberen feuchten Küchentuch ab und lassen sie 10 Minuten ruhen, bevor Sie direkt aus der Pfanne servieren.

PAELLA MIT MEERESFRÜCHTEN

DIESES SPEKTAKULÄRE GERICHT EIGNET SICH BESONDERS FÜR FESTLICHE ANLÄSSE. STELLEN SIE DIE PAELLAPFANNE SO AUF DEN TISCH, DASS SICH JEDER DARAUS BEDIENEN KANN.

VIER PORTIONEN

ZUTATEN
- 60 ml/4 EL Olivenöl
- 225 g Mönchsfisch- oder Kabeljaufilet, gehäutet und gestückelt
- 3 vorbereitete Baby-Tintenfische, Körper in Ringe geschnitten und die Arme gehackt
- 1 rote Meeräsche, filetiert, enthäutet und gestückelt (nach Wahl)
- 1 Zwiebel, gehackt
- 3 Knoblauchzehen, fein gehackt
- 1 rote Paprikaschote, entkernt und geschnitten
- 4 Tomaten, enthäutet und gehackt
- 225 g/1 gute Tasse Risotto-Reis
- 450 ml/2 knappe Tassen Fischbrühe
- 150 ml/2/3 Tasse Weißwein
- 4–5 Safranfäden, in 30 ml/2 EL heißem Wasser eingeweicht
- 115 g gekochte Garnelen, geschält, aufgetaut wenn gefroren
- 75 g/¾ Tasse gefrorene Erbsen
- 8 frische Muscheln, geputzt
- 4 ganze Scampi und frische Petersilienzweige zum Garnieren
- Beilage: Zitronenspalten

1 Erhitzen Sie die Hälfte des Öls in einer großen Pfanne und geben die Fische und Tintenfische hinein. Braten Sie unter Rühren 2 Minuten, heben den Inhalt der Pfanne auf einen Teller und stellen ihn beiseite.

2 Erhitzen Sie das übrige Öl in der Pfanne, geben Zwiebel, Knoblauch und Paprika dazu und braten unter Rühren 6–7 Minuten, bis alles weich ist.

3 Rühren Sie die Tomaten ein, braten sie 2 Minuten und geben dann den Reis dazu. Wälzen Sie die Reiskörner im Öl und braten sie 2–3 Minuten. Gießen Sie Brühe, Wein und Safranwasser darüber, schmecken mit Salz und Pfeffer ab und verrühren alles gut.

TIPP

Bevor Sie die Muscheln in den Reis geben, achten Sie darauf, ob alle geschlossen sind. Offene Muscheln sollten sich bei Berührung schließen; wenn sie das nicht tun, werfen Sie sie weg.

4 Rühren Sie den gekochten Fisch (samt Saft), die geschälten Garnelen und die Erbsen ein. Geben Sie die Muscheln in den Reis. Köcheln Sie bedeckt bei kleiner Hitze etwa 30 Minuten, oder bis der Reis die Brühe aufgesogen hat, aber trotzdem noch recht saftig ist. Alle Muscheln sollten sich geöffnet haben; werfen Sie geschlossene weg.

5 Nehmen Sie die Paella vom Herd und lassen sie noch 5 Minuten bedeckt stehen. Legen Sie die ganzen Scampi obenauf. Streuen Sie Petersilie darüber und servieren Sie mit Zitronenspalten.

HÜHNER-PIRI-PIRI

DIESES KLASSISCHE PORTUGIESISCHE GERICHT BASIERT AUF EINER SCHARFEN SOSSE AUS CHILISCHOTEN. ES IST IN PORTUGIESISCHEN GEMEINSCHAFTEN AUF DER GANZEN WELT BELIEBT.

VIER PORTIONEN

ZUTATEN

- 4 Portionen Hühnerbrust
- 30–45 ml/2–3 EL Olivenöl
- 1 große Zwiebel, fein geschnitten
- 2 Möhren, in dünnen Streifen
- 1 große oder 2 kleine Pastinaken, in dünne Streifen geschnitten
- 1 rote und 1 gelbe Paprikaschote, entkernt und geschnitten
- 1 Liter/4 Tassen Hühnerbrühe
- 3 Tomaten, enthäutet, entkernt und gehackt
- 1 guter Schuss Piri-Piri-Soße
- 15 ml/1 EL Tomatenpüree
- ½ Zimtstange
- 1 frischer Thymianzweig und extra Thymian zum Garnieren
- 1 Lorbeerblatt
- 275 g/1½ Tassen weißer Langkornreis
- 15 ml/1 EL Limonen- oder Zitronensaft
- Salz und schwarzer Pfeffer

1 Heizen Sie den Ofen auf 180° C/Gas Stufe 4 vor. Reiben Sie die Hühnerhaut mit etwas Salz und Pfeffer ein. Erhitzen Sie 30 ml/2 EL Öl in einer großen Pfanne, bräunen das Huhn von allen Seiten und geben es auf einen Teller.

2 Gießen Sie wenn nötig mehr Öl dazu und braten die Zwiebel in 2–3 Minuten weich. Geben Sie Möhren, Pastinake und Paprika dazu, braten sie ein paar Minuten an und schwitzen sie dann bedeckt 4–5 Minuten an, bis sie weich sind.

3 Gießen Sie die Brühe dazu, dann die Tomaten, Piri-Piri-Soße, Tomatenpüree und Zimt. Rühren Sie Thymian und Lorbeer ein, würzen Sie und kochen alles auf. Entnehmen Sie 300 ml/1¼ Tassen der Flüssigkeit mit einer Kelle und stellen sie in einem kleinen Topf beiseite.

4 Verteilen Sie den Reis auf dem Boden einer Kasserolle. Nehmen Sie mit einem Schöpflöffel das Gemüse aus dem Topf und verteilen es über den Reis. Legen Sie das Huhn darauf. Gießen Sie die pikante Brühe aus dem Topf darüber, decken die Kasserolle fest ab und backen sie etwa 45 Minuten im Ofen, bis Reis und Huhn vollkommen gar sind.

5 Erhitzen Sie derweil die aufbewahrte Brühe mit ein paar Tropfen Pir-Piri-Soße und dem Limonen- oder Zitronensaft.

6 Richten Sie das Hühner-Piri-Piri und den Reis zum Servieren auf angewärmten Tellern an. Servieren Sie die übrige Brühe separat oder Sie gießen sie über das Huhn.

Spanischer Reissalat

Reis und gehacktes Gemüse werden mit einem würzigen Dressing serviert.

SECHS PORTIONEN

ZUTATEN
- 275 g/½ Tasse weißer Langkornreis
- 1 Bund Frühlingszwiebeln, fein geschnitten
- 1 grüne und 1 gelbe Paprikaschote, entkernt und fein gewürfelt
- 225 g Tomaten, enthäutet, entkernt und gehackt
- 30 ml/2 EL frischer Koriander, gehackt

Für das Dressing
- 75 ml/5 EL gemischtes Sonnenblumen- und Olivenöl
- 15 ml/1 EL Reisessig
- 5 ml/1 TL Dijon-Senf
- Salz und frisch gemahlener schwarzer Pfeffer

TIPP
Bei diesem vielseitigen Salat können Sie auch gekochte Gartenerbsen, gekochte gewürfelte Möhren und abgegossenen Mais aus der Dose verwenden.

1 Kochen Sie den Reis 10–12 Minuten in reichlich Wasser, bis er *al dente* ist. Verkochen Sie ihn nicht. Gießen Sie ihn ab, spülen ihn gut, lassen ihn abtropfen und völlig auskühlen.

2 Füllen Sie den Reis in eine große Salatschüssel. Geben Sie Frühlingszwiebeln, Paprika, Tomaten und Koriander dazu.

3 Mischen Sie für das Dressing alle Zutaten in einem gut verschließbaren Mischbecher und schütteln ihn, bis alles gut vermischt ist. Rühren Sie 60–75 ml/4–5 EL Dressing in den Reis und schmecken ihn ab.

4 Decken Sie den Salat ab und kühlen ihn eine Stunde, bevor Sie ihn servieren. Bieten Sie das übrige Dressing separat an.

Garnelensalat mit Melone und Chorizo

Ein leckerer bunter Salat, der am besten mit frischen Garnelen schmeckt.

VIER PORTIONEN

ZUTATEN
- 450 g/4 Tassen weißer Langkornreis, gekocht
- 1 Avocado
- 15 ml/1 EL Zitronensaft
- ½ kleine Melone, in Scheiben
- 15 g/1 EL Butter
- ½ Knoblauchzehe
- 115 g rohe Garnelen, geschält und ohne Darm
- 25 g Chorizo, fein geschnitten
- Garnitur: glatte Petersilie

Für das Dressing
- 75 ml/5 EL Naturjogurt
- 45 ml/3 EL Mayonnaise
- 15 ml/1 EL Olivenöl
- 3 frische Estragonzweige
- frisch gemahlener schwarzer Pfeffer

1 Füllen Sie den gekochten Reis in eine große Salatschüssel und lockern ihn bei Bedarf mit den Fingern auf.

2 Schälen Sie die Avocado, schneiden sie in Stücke und vermischen sie mit Zitronensaft in einer Rührschüssel. Lösen Sie die Melone aus der Schale, stückeln sie und geben sie zur Avocado.

3 Schmelzen Sie Butter in einem kleinen Topf und braten den Knoblauch 30 Sekunden an. Geben Sie die Garnelen dazu und braten sie etwa 3 Minuten, bis sie gleichmäßig rosa sind. Fügen Sie die Chorizo hinzu, braten noch 1 Minute und geben dann die Mischung zur Avocado. Vermischen Sie alles etwas und lassen es abkühlen.

4 Für das Dressing verquirlen Sie alle Zutaten in einer Küchenmaschine oder einem Mixer. Rühren Sie die Hälfte der Mischung in den Reis und die übrige in die Garnelen- und Avocadomischung. Häufen Sie den Salat auf dem Reis. Kühlen Sie etwa 30 Minuten, bevor Sie servieren, und garnieren mit glatter Petersilie.

Portugiesischer Milchreis

Milchreis ist in ganz Portugal beliebt. Sie finden ihn auf den meisten Speisekarten in den Restaurants. Traditionell wird er kalt gegessen, aber er ist auch warm köstlich.

2 Tropfen Sie ihn gut ab und füllen ihn in den sauberen Topf zurück. Geben Sie Milch, Zitronenschale und Butter dazu. Kochen Sie alles bei mäßiger Hitze auf und köcheln dann bedeckt bei kleinster Hitze etwa 20 Minuten, oder bis der Reis dick und cremig ist.

3 Nehmen Sie den Topf vom Herd und lassen ihn etwas auskühlen. Entfernen Sie die Zitronenschale, rühren Zucker und Eigelb ein und mischen gut.

VIER BIS SECHS PORTIONEN

ZUTATEN
- 175 g/1 knappe Tasse Milchreis
- 600 ml/2½ Tassen sahnige Milch
- 2 oder 3 Streifen Zitronenschale
- 65 g/5 EL Butter, in Stücken
- 115 g/½ Tasse Streuzucker
- 4 Eigelb
- Salz
- zum Bestreuen: Zimt, gemahlen
- Beilage: Zitronenspalten

1 Kochen Sie den Reis etwa 5 Minuten in reichlich leicht gesalzenem Wasser; dann ist er nicht mehr spröde.

4 Verteilen Sie den Reis auf Schälchen und bestreuen ihn mit Zimt. Servieren Sie kalt mit Zitrone zum Beträufeln.

REIS-EISBECHER

WENN SIE MILCHREIS AUF DEM HERD STATT IM OFEN KOCHEN, WIRD ER LEICHT UND CREMIG, BESONDERS WENN SIE STÄNDIG UMRÜHREN. KALT KANN ER BESONDERS GUT MIT FRÜCHTEN UND GERÖSTETEN NÜSSEN ODER AUCH MIT HEISSER SCHOKOLADENSOSSE SERVIERT WERDEN.

VIER PORTIONEN

ZUTATEN

50 g/gute ¼ Tasse Milchreis
5 ml/1 TL Vanille-Essenz
2,5 ml/½ TL Zimt, gemahlen
45 ml/3 EL Zucker
600 ml/2½ Tassen Milch
Zum Servieren als Belag:
weiche Beerenfrüchte wie Erdbeeren, Himbeeren und Kirschen
Schokoladensoße und geröstete Mandelsplitter (nach Wahl)

1 Mischen Sie alle Zutaten in einem Topf und gießen die Milch hinein. Kochen Sie alles unter ständigem Rühren auf und reduzieren dann die Hitze, so dass der Reis leise köchelt.

2 Kochen Sie den Reis bei kleiner Hitze unter ständigem Rühren 30–40 Minuten. Gießen Sie mehr Milch dazu, wenn er zu trocken wird.

3 Nehmen Sie den garen Reis vom Herd, lassen ihn unter gelegentlichem Rühren erkalten und kühlen ihn dann.

4 Rühren Sie den Milchreis vor dem Servieren um und verteilen ihn auf vier Eisbecher. Arrangieren Sie frische Früchte, Schokoladensoße und Mandeln auf den Reis.

VARIATION

Für besondere Anlässe verwenden Sie Sahne statt der Milch und glasieren die Früchte mit geschmolzenem roten Johannisbeergelee (Fügen Sie nach Wunsch auch einen Spritzer Portwein hinzu).

ITALIEN

In Italien – besonders im Norden – ist Reis mehr als eine Beilage zu Fisch und Fleisch. Das Risotto ist eines der wenigen Reisgerichte, die aus Europa stammen, und wie in Asien wird der Reis auch hier wegen seines Eigengeschmacks genossen. Andere Zutaten steuern Aromen bei, aber das wichtigste am Risotto ist der Reis an sich.

Frittierte Reisbällchen mit Mozzarella-Füllung

Diese frittierten Risottobällchen werden in ihrer italienischen Heimat Suppli al Telefono genannt. Nicht zuletzt wegen der leckeren Füllung aus Mozzarellakäse sind sie sehr beliebte Snacks – nicht nur beim Telefonieren.

VIER PORTIONEN

ZUTATEN

- 1 Portion Risotto mit Parmesankäse oder Pilzrisotto
- 3 Eier
- Paniermehl und einfaches Mehl zum Panieren
- 115 g/2/3 Tasse Mozzarellakäse, in kleine Würfel geschnitten
- Öl zum Fritieren
- Beilage: Salat aus Endivien und Kirschtomaten

1 Geben Sie das Risotto in eine Schüssel und lassen es völlig abkühlen. Verquirlen Sie 2 Eier und rühren sie in das kalte Risotto, bis sie gut vermischt sind.

2 Formen Sie mit den Händen aus der Reismischung Bällchen von der Größe großer Eier. Wenn die Mischung zu feucht zum Kleben ist, rühren Sie einige Esslöffel Paniermehl ein. Drücken Sie mit dem Finger in die Mitte eines jeden Bällchen ein Loch. Füllen Sie es mit ein paar Mozzarellawürfeln und schließen es wieder mit dem Reis.

3 Erhitzen Sie Öl zum Frittieren, bis ein Brotstückchen darin brutzelt, sobald Sie es hineinwerfen.

4 Streuen Sie etwas Mehl auf einen Teller. Verquirlen Sie die verbliebenen Eier in einer flachen Schale. Geben Sie Paniermehl auf einen weiteren Teller. Wälzen Sie die Bällchen erst im Mehl, dann im Ei und zuletzt im Paniermehl.

5 Frittieren Sie mehrere Bällchen auf einmal im heißen Öl, bis sie golden und knusprig sind, und geben sie dann zum Abtropfen auf Küchenpapier. Frittieren Sie die restlichen Bällchen. Servieren Sie heiß mit einem Salat aus Endivienblättern und Kirschtomaten.

TIPP

Die Bällchen bieten eine perfekte Lösung für übrig gebliebenes Risotto an, da sie sich am besten mit kaltem Reis vom Vortag machen lassen.

Spinatsuppe mit Reis

Bereiten Sie diese leichte frische Suppe am besten mit sehr jungem Spinat zu.

VIER PORTIONEN

ZUTATEN
- 675 g frische Spinatblätter, gewaschen
- 45 ml/3 EL natives Olivenöl extra
- 1 kleine Zwiebel, fein gehackt
- 2 Knoblauchzehen, fein gehackt
- 1 kleine rote Chilischote, entkernt und fein gehackt
- 225 g/1 gute Tasse Risotto-Reis
- 1,2 Liter/5 Tassen Gemüsebrühe
- Salz und frisch gemahlener schwarzer Pfeffer
- Beilage: Hobel von Parmesan- oder Pecorinokäse

1 Geben Sie den Spinat in einen großen Topf mit dem Wasser, das nach dem Waschen noch an ihm haftet. Fügen Sie eine gute Prise Salz dazu. Erhitzen Sie den Spinat langsam, bis er sich wellt, nehmen ihn vom Herd und gießen ihn ab. Heben Sie die Kochflüssigkeit auf.

2 Entweder hacken Sie den Spinat grob mit einem großen Küchenmesser oder zerkleinern ihn in einer Küchenmaschine und verarbeiten ihn zu grobem Püree.

3 Braten Sie Zwiebel, Knoblauch und Chili 4–5 Minuten in heißem Öl, bis sie weich sind. Rühren Sie den Reis ein, bis er gut vermischt ist. Dann gießen Sie Brühe und die Spinatflüssigkeit hinein. Kochen Sie alles auf und köcheln dann 10 Minuten bei kleiner Hitze.

4 Geben Sie den Spinat dazu und schmecken mit Salz und Pfeffer ab. Kochen Sie 5–7 Minuten, bis der Reis gar ist. Probieren Sie noch einmal wegen der Gewürze. Servieren Sie die Suppe in vorgewärmten Tellern mit Käsehobeln obenauf.

TIPP
Kaufen Sie Parmesan- oder Pecorinokäse am Stück bei einem guten Käsehändler, und er wird geschmacksintensiv, leicht zu reiben oder mit einem Gemüseschäler zu hobeln sein.

Forellenröllchen in Parmaschinken

Ein köstliches und elegantes Gericht. Das Risotto mit Pilzen und Garnelen passt gut zum kräftigen Geschmack der Forellenröllchen.

VIER PORTIONEN

ZUTATEN
- 4 Forellenfilets, enhäutet
- 4 Scheiben Parmaschinken
- Garnitur: Kapern

Für das Risotto
- 30 ml/2 EL Olivenöl
- 8 große rohe Garnelen, geschält und ohne Darm
- 1 mittlere Zwiebel, gehackt
- 225 g/1 gute Tasse Risotto-Reis
- etwa 105 ml/7 EL Weißwein
- etwa 750 ml/3 Tassen heiße Fisch- oder Hühnerbrühe
- 15 g/2 EL getrocknete Porcini-Pilze oder Pfifferlinge, 10 Minuten in warmem Wasser eingeweicht
- Salz und frisch gemahlener schwarzer Pfeffer

1 Bereiten Sie zuerst das Risotto zu. Erhitzen Sie Öl in einem schweren Topf oder einer tiefen Pfanne und braten Sie die Garnelen ganz kurz, bis sie rosa Flecken bekommen. Nehmen Sie die Garnelen mit einem Schöpflöffel heraus und geben sie auf einen Teller.

2 Braten Sie die gehackte Zwiebel im verbliebenen Öl in 3–4 Minuten bei geringer Hitze weich. Geben Sie den Reis dazu und rühren 3–4 Minuten, bis die Körner mit Öl bedeckt sind. Geben Sie 75 ml/5 EL Wein dazu und dann nach und nach die Brühe, bei geringer Hitze und unter Rühren, damit der Reis sie vor dem nächsten Schuss aufsaugt.

3 Gießen Sie die Pilze ab, heben dabei die Flüssigkeit auf und schneiden die größeren durch. Gegen Ende der Kochzeit rühren Sie die Pilze mit 15 ml/1 EL der Pilzflüssigkeit in das Risotto. Wenn der Reis noch nicht *al dente* ist, geben Sie mehr Brühe oder Pilzflüssigkeit dazu und kochen weitere 2–3 Minuten. Schmecken Sie mit Salz und Pfeffer ab.

4 Nehmen Sie den Topf vom Herd und rühren die Garnelen ein.Heizen Sie den Ofen auf 190° C/Gas Stufe 5 vor.

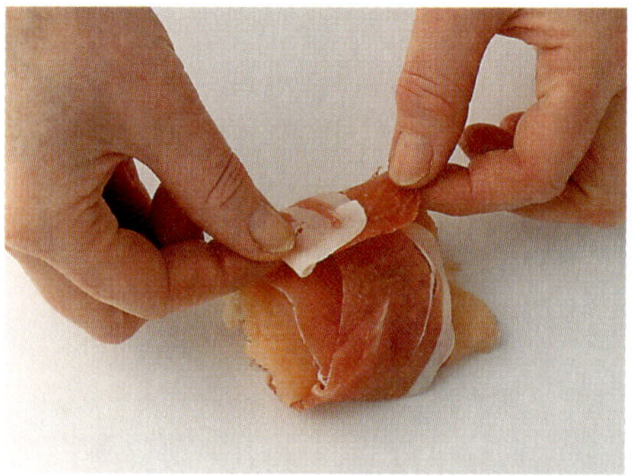

5 Nehmen Sie ein Forellenfilet, geben einen Löffel Risotto auf ein Ende und rollen es auf. Wickeln Sie jedes Filet in eine Scheibe Parmaschinken und geben alles in eine gefettete feuerfeste Form.

6 Löffeln Sie das restliche Risotto um die Filets und den Rest vom Wein darüber. Decken Sie es fest mit Folie ab und backen in 15–20 Minuten den Fisch gar. Geben Sie das Risotto auf eine Platte, die Forellenröllchen darauf, garnieren mit Kapern und servieren.

TIPP

Es gibt keine festen Regeln, welches Risotto am besten hierzu passt. Sie können fast jedes Rezept nehmen, obwohl ein Gemüse- oder Meeresfrüchte-Risotto besonders geeignet wären.

Gefüllte Hühnerröllchen

Diese köstlichen Hühnerröllchen sind einfach zuzubereiten, aber raffiniert genug, um sie auch bei einer Einladung anzubieten, besonders wenn Sie die Scheiben auf Tagliatelle mit gebratenen Wildpilzen arrangieren.

VIER PORTIONEN

ZUTATEN
- 25 g/2 EL Butter
- 1 Knoblauchzehe, gehackt
- 150 g/1¼ Tassen weißer Langkornreis, gekocht
- 45 ml/3 EL Ricottakäse
- 10 ml/2 TL glatte Peterilie, gehackt
- 5 ml/1 TL frischer Estragon, gehackt
- 4 entbeinte Hühnerbrüste ohne Haut
- 3–4 Scheiben Parmaschinken
- 15 ml/1 EL Olivenöl
- 120 ml/½ Tasse Weißwein
- Salz und frisch gemahlener schwarzer Pfeffer
- Garnitur: frische Zweige glatter Petersilie
- Beilage: gekochte Tagliatelle und gebratene Pilze (nach Wahl)

1 Heizen Sie den Ofen auf 180° C/Gas Stufe 4 vor. Schmelzen Sie 10 g/2 TL Butter in einem kleinen Topf und braten den Knoblauch ein paar Sekunden an, ohne dass er braun wird. Geben Sie ihn in eine Schüssel.

2 Mischen Sie Reis, Ricotta, Petersilie und Estragon dazu und würzen mit Salz und Pfeffer. Rühren Sie um.

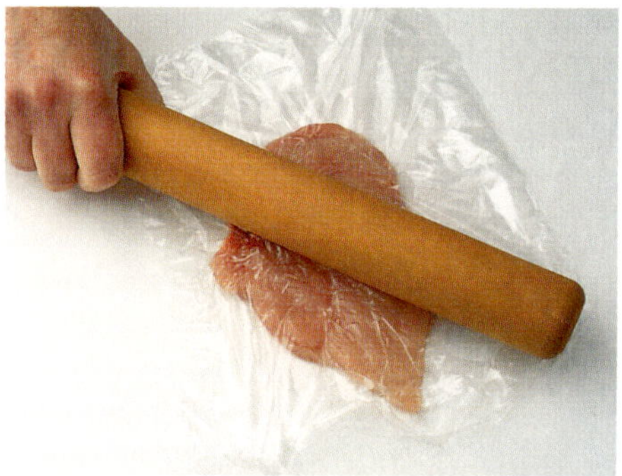

3 Legen Sie jede Hühnerbrust zwischen zwei Schichten Klarsichtfolie und klopfen sie mit mit einem Nudelholz oder einem Fleischklopfer flach.

4 Verteilen Sie den Parmaschinken auf die Hühnerbrüste und schneiden ihn bei Bedarf zurecht.

5 Geben Sie einen Löffel Füllung auf das breitere Ende schinkenbedeckter Hühnerbrust. Rollen Sie die Brust sorgfältig auf und binden Faden darum oder stecken einen Spieß hindurch.

6 Erhitzen Sie Öl und die restliche Butter in einer Bratpfanne und braten die Hühnerröllchen leicht an, bis sie auf allen Seiten braun sind. Legen Sie alle nebeneinander auf ein Backblech und gießen den Weißwein darüber.

7 Decken Sie alles mit Backpapier ab und backen es 30–35 Minuten im Ofen, bis das Huhn zart ist.

8 Schneiden Sie die Röllchen in Scheiben und servieren sie auf Tagliatelle mit gebratenen Pilzen und nach Wunsch mit einer guten Prise schwarzen Pfeffers. Garnieren Sie mit glatter Petersilie.

TIPP

Bei diesem Gericht können Sie statt Langkornreis auch Risotto-Reis verwenden. Risotto-Reis hat eine dichtere Konsistenz als Langkornreis und ergibt eine festere Füllung für die Hühnerröllchen.

Kürbis-Risotto mit Pistazien

Eine elegante Kombination von cremigem, goldenem Reis und orangefarbenem Kürbis, die nicht nur von Vegetariern geschätzt wird. Das Risotto wirkt besonders beeindruckend, wenn es in einem ausgehöhlten Kürbis serviert wird.

VIER PORTIONEN

ZUTATEN

1,2 Liter/5 Tassen Gemüsebrühe oder Wasser
1 gute Prise Safranfäden
30 ml/2 EL Olivenöl
1 Zwiebel, gehackt
2 Knoblauchzehen, zerdrückt
900 g/etwa 7 Tassen Kürbis, geschält, entkernt und in 2 cm große Würfel geschnitten
400 g/2 Tassen Risotto-Reis
200 ml/1 knappe Tasse trockener Weißwein
30 ml/2 EL frisch geriebener Parmesankäse
50g/½ Tasse Pistazien, grob gehackt
45 ml/3 EL frischer Majoran oder Oregano, gehackt, und Blätter zum Garnieren
Salz, frisch geriebener Muskat und frisch gemahlener schwarzer Pfeffer

1 Kochen Sie Brühe oder Wasser auf und reduzieren dann die Hitze. Geben Sie ein wenig Brühe in ein Schälchen. Legen Sie Safranfäden hinein und lassen sie darin ziehen.

2 Erhitzen Sie das Öl in einem großen schweren Topf oder in einer breiten Pfanne. Geben Sie Zwiebel und Knoblauch hinein und köcheln sie leicht etwa 5 Minuten, bis sie weich sind. Füllen Sie Kürbis und Reis dazu und vermischen sie gut mit dem Öl. Kochen Sie noch ein paar Minuten, bis der Reis glasig wird.

3 Gießen Sie den Wein hinein und lassen ihn richtig brodeln. Wenn er aufgesaugt ist, geben Sie ¼ der heißen Brühe oder Wasser und die Safranflüssigkeit dazu. Rühren Sie um, bis alle Flüssigkeit aufgesaugt wurde. Gießen Sie die übrige Brühe oder Wasser unter ständigem Rühren nach und nach dazu, so dass der Reis sie aufsaugt. Nach 20–30 Minuten sollte der Reis goldgelb, cremig und *al dente* sein.

4 Rühren Sie den Parmesankäse ein, decken den Topf ab und lassen das Risotto 5 Minuten ruhen. Zum Schluss rühren Sie Pistazien und Majoran oder Oregano ein. Schmecken Sie mit ein wenig Salz, Muskat und Pfeffer ab, streuen einige Majoran- oder Oreganoblätter darüber und servieren.

Risotto mit Parmesan

Dieses klassische Risotto wird einfach mit geriebenem Parmesankäse und gehackter gebratener Zwiebel gewürzt.

DREI BIS VIER PORTIONEN

ZUTATEN

1 Liter/4 Tassen Rinder-, Hühner- oder Gemüsebrühe
65g/5 EL Butter
1 kleine Zwiebel, fein gehackt
275 g/1½ Tassen Risotto-Reis
120 ml/½ Tasse trockener Weißwein
75 g/1 Tasse frisch geriebener Parmesankäse und etwas zum Garnieren
Garnitur: Basilikumblätter
Salz und schwarzer Pfeffer

1 Erhitzen Sie die Brühe und lassen sie köcheln, bis sie gebraucht wird.

2 Schmelzen Sie ⅔ der Butter in einem großen, schweren Topf oder einer Pfanne. Rühren Sie die Zwiebel ein und braten sie darin golden und weich.

3 Geben Sie Reis dazu und verrühren ihn mit der Butter. Nach 2–3 Minuten gießen Sie den Weißwein hinein. Kochen Sie bei höherer Hitze, bis der Wein verdampft. Gießen Sie eine Kelle heiße Brühe dazu. Kochen Sie unter ständigem Rühren, bis sie aufgesaugt ist.

4 Gießen Sie die Brühe unter ständigem Rühren nach und nach zu, so dass der Reis sie jedesmal aufsaugen kann. Nach 20–30 Minuten sollte der Reis cremig und *al dente* sein. Würzen Sie nach Belieben.

5 Nehmen Sie den Topf vom Herd. Rühren Sie die restliche Butter und den Parmesankäse ein. Schmecken Sie erneut ab. Lassen Sie das Risotto vor dem Servieren 3–4 Minuten stehen und garnieren es mit Basilikumblättern und Parmesanhobeln nach Wunsch.

TIPP
Wenn Ihnen beim Kochen die Brühe ausgeht, nehmen Sie heißes Wasser. Der Reis kann aber auch bereits gar sein, wenn noch Brühe übrig ist.

Risotto mit Ricotta und Basilikum

Dieses Risotto verdankt seinen Geschmack dem aromatischen Basilikum, das durch den Ricottakäse etwas abgemildert wird.

DREI BIS VIER PORTIONEN

ZUTATEN
- 45 ml/3 EL Olivenöl
- 1 Zwiebel, fein gehackt
- 275 g/1½ Tassen Risotto-Reis
- 1 Liter/4 Tassen heiße Hühner- oder Gemüsebrühe
- 175 g/¾ Tasse Ricottakäse
- 50 g/1 gute Tasse frische Basilikumblätter, fein gehackt, und ganze Blätter zum Garnieren
- 75 g/1 Tasse frisch geriebener Parmesankäse
- Salz und schwarzer Pfeffer

1 Erhitzen Sie Öl in einem Topf oder einer feuerfesten Kasserolle und braten die Zwiebel bei geringer Hitze weich.

2 Schütten Sie den Reis dazu. Kochen Sie ihn ein paar Minuten unter Rühren, bis die Reiskörner mit Öl bedeckt und leicht glasig sind.

3 Gießen Sie etwa ¼ der Brühe dazu. Kochen Sie unter Rühren, bis die ganze Brühe aufgesaugt wurde und geben eine weitere Kelle dazu. Gießen Sie immer dann eine Kelle Brühe dazu, wenn die letzte vollständig aufgesaugt wurde, bis der Reis etwa 20 Minuten gekocht hat und gar ist.

4 Geben Sie den Ricotta in eine Schüssel und zerkleinern ihn mit einer Gabel. Rühren Sie ihn mit dem Basilikum und Parmesan in das Risotto. Schmecken Sie ab, geben einen Deckel auf den Topf und lassen das Risotto vor dem Servieren 2–3 Minuten ruhen. Garnieren Sie mit Basilikumblättern.

Risotto Frittata

Diese Mischung aus Omelette und Risotto ergibt ein leichtes Mittag- oder Abendessen. Wenn möglich, sollten Sie jede Frittata einzeln zubereiten, am besten in einem kleinen gusseisernen Topf, damit die Eier unten schnell stocken, aber oben weich bleiben.

VIER PORTIONEN

ZUTATEN

- 30–45 ml/2–3 EL Olivenöl
- 1 kleine Zwiebel, fein gehackt
- 1 Knoblauchzehen, zerdrückt
- 1 große rote Paprikaschote, entkernt und in dünne Streifen geschnitten
- 150 g/¾ Tasse Risotto-Reis
- 400–475 ml/1 2/3–2 Tassen heiße Hühnerbrühe
- 25–40 g/2–3 EL Butter
- 175 g/2½ Tassen junge Champignons, fein geschnitten
- 60 ml/4 EL frisch geriebener Parmesankäse
- 6–8 Eier
- Salz und schwarzer Pfeffer

1 Braten Sie Zwiebel und Knoblauch bei geringer Hitze 2–3 Minuten in 15 ml/1 EL heißem Öl, bis die Zwiebel weich, aber nicht braun wird. Geben Sie die Paprika dazu und kochen unter Rühren 4–5 Minuten, bis sie weich ist.

2 Rühren Sie Reis ein und kochen unter ständigem Rühren 2–3 Minuten, bis die Körner mit Öl bedeckt sind.

3 Geben Sie ¼ der Brühe dazu und würzen Sie. Rühren Sie bei kleiner Hitze um, bis die Brühe aufgesaugt ist. Gießen Sie nach und nach mehr Brühe zu, damit der Reis sie aufsaugen kann. Kochen Sie so weiter, bis der Reis *al dente* ist.

4 Erhitzen Sie in einem kleinen Topf etwas Öl und Butter, braten die Pilze kurz golden an und geben sie auf einen Teller.

5 Wenn der Reis weich ist, nehmen Sie ihn vom Herd und rühren die Pilze und den Parmesankäse ein.

6 Verquirlen Sie die Eier mit 40 ml/8 TL kaltem Wasser und würzen sie. Erhitzen Sie das übrige Öl und die Butter in einer Omelettepfanne und geben die Risottomischung hinein. Verteilen Sie die Mischung in der Pfanne, geben sofort die Eier dazu und halten Sie die Pfanne so, dass das Omelette gleichmäßig gart. Braten Sie bei mäßiger Hitze 1–2 Minuten, geben dann alles auf einen vorgewärmten Teller und servieren.

TIPP

Mit fünf oder sechs Eiern ergibt die Frittata ein kräftiges Mahl für zwei. Nach Wunsch können Sie die Frittata auch als Einzelportionen zubereiten.

Risotto mit Porcini und Parmesan

Ein gutes Risotto hängt von der Reisqualität und der Kochmethode ab. Geben Sie die Brühe nach und nach dazu und rühren Sie ständig um, damit die stärkehaltigen Körner cremig werden. Diese Variante des klassischen Risotto alla Milanese *enthält Safran, Porcini-Pilze und Parmesan.*

VIER PORTIONEN

ZUTATEN
- 15 g/2 EL getrocknete Porcini-Pilze
- 150 ml/2/3 Tassen warmes Wasser
- 1 Liter/4 Tassen Gemüsebrühe
- 1 gute Prise Safranfäden
- 30 ml/2 EL Olivenöl
- 1 Zwiebel, fein gehackt
- 1 Knoblauchzehe, zerdrückt
- 350 g/1¾ Tassen Arborio- oder Carnaroli-Reis
- 150 ml/2/3 Tasse trockener Weißwein
- 25 g/2 EL Butter
- 50 g/2/3 Tasse frisch geriebener Parmesankäse
- Salz und schwarzer Pfeffer
- Beilage: frische Austernpilze (nach Wahl)

1 Geben Sie die getrocketen Porcini in eine Schüssel mit warmem Wasser. Lassen Sie die Pilze 20 Minuten einweichen und heben sie dann mit einem Schöpflöffel raus. Filtern Sie das Wasser durch ein Sieb mit Küchenpapier, geben es dann mit der Brühe in einen Topf und bringen es zum Köcheln.

2 Löffeln Sie etwa 45 ml/3 EL heiße Brühe in eine Tasse, rühren den Safran ein und stellen ihn beiseite. Hacken Sie die Porcini fein. Erhitzen Sie in einem Topf Öl und braten Zwiebel, Knoblauch und Pilze 5 Minuten leicht an. Geben Sie unter Rühren nach und nach den Reis dazu. Kochen Sie unter ständigem Rühren 2 Minuten und schmecken ab.

3 Gießen Sie den Weißwein dazu, kochen unter Rühren, bis er aufgesaugt ist, und gießen dann ¼ der Brühe hinein. Kochen Sie unter Rühren, bis die Brühe aufgesaugt ist. Geben Sie unter ständigem Rühren nach und nach die restliche Brühe dazu, damit der Reis sie aufsaugen kann.

4 Nach etwa 20 Minuten, wenn der Reis die ganze Brühe absorbiert hat und gar, aber noch bissfest ist, rühren Sie die Butter, das Safranwasser (mit den Fäden) und die Hälfte des Parmesans ein. Servieren Sie mit dem restlichen Parmesan bestreut. Garnieren Sie mit frischen Austernpilzen, wenn Sie mögen.

VARIANTEN

Es gibt viele Varianten dieses köstlichen Gerichts. Das Verhältnis der Brühe zu Reis, Zwiebeln, Knoblauch und Butter muss zwar immer konstant bleiben, aber Sie können verschiedene Gewürze und Käsesorten verwenden.

Risotto mit vier Gemüsesorten

Eines der farbenfrohsten Risottos, besonders wenn es mit Kürbis zubereitet wird.

DREI BIS VIER PORTIONEN

ZUTATEN

- 115 g/1 Tasse frische Erbsenschoten
- 115 g/1 Tasse grüne Bohnen, geschnitten
- 30 ml/2 EL Olivenöl
- 75 g/6 EL Butter
- 1 Eichelkürbis ohne Schale und Kerne, Fleisch in Streifen geschnitten
- 1 Zwiebel, fein gehackt
- 275 g/1½ Tassen Risotto-Reis
- 120 ml/½ Tasse trockener weißer Wermut
- 1 Liter/4 Tassen heiße Hühnerbrühe
- 75 g/1 Tasse frisch geriebener Parmesankäse
- Salz und schwarzer Pfeffer

1 Kochen Sie in einen Topf leicht gesalzenes Wasser auf, geben Erbsen und Bohnen dazu, kochen sie in 2–3 Minuten weich, gießen sie dann ab, spülen sie mit kaltem Wasser, lassen sie abtropfen und stellen sie beiseite.

2 Erhitzen Sie Öl mit 25 g/2 EL Butter in einem mittleren Topf schaumig. Geben Sie den Kürbis dazu und braten ihn 2–3 Minuten leicht, oder bis er weich ist. Heben Sie ihn mit einem Schaumlöffel heraus und stellen ihn beiseite. Geben Sie die Zwiebel in den Topf und braten sie unter ständigem Rühren in etwa 3 Minuten weich.

3 Rühren Sie den Reis ein, bis die Körner anschwellen und platzen, gießen den Wermut dazu und rühren, bis er nicht mehr köchelt. Wenn die meiste Flüssigkeit vom Reis aufgesaugt ist, geben Sie ein paar Kellen Brühe sowie Salz und Pfeffer dazu. Rühren Sie bei kleiner Hitze um, bis die Brühe aufgesaugt ist.

4 Gießen Sie die übrige Brühe Kelle für Kelle dazu, so dass der Reis sie nach und nach aufsaugt und rühren dabei ständig um.

VARIATIONEN

Statt der Erbsen können Sie Saubohnenschoten verwenden sowie Spargelspitzen statt der grünen Bohnen. Nehmen Sie Zucchini, wenn Sie keinen Kürbis haben.

5 Wenn nach etwa 20 Minuten die ganze Bühe aufgesaugt ist und der Reis gar und cremig, aber noch bissfest ist, rühren Sie langsam das Gemüse, die übrige Butter und die Hälfte vom geriebenen Parmesan ein. Erwärmen Sie alles, schmecken ab und servieren dazu in einem Schälchen den restlichen geriebenen Parmesan.

Grünes Risotto

Sie können hierzu auch Risotto-Reis mit Spinatgeschmack verwenden, weisser Risotto-Reis hingegen ergibt einen hübschen Kontrast zum grünen Spinat.

DREI BIS VIER PORTIONEN

ZUTATEN

- 30 ml/2 EL Olivenöl
- 1 Zwiebel, fein gehackt
- 275 g/1½ Tassen Risotto-Reis
- 1 Liter/4 Tassen heiße Hühnerbrühe
- 75 ml/5 EL Weißwein
- etwa 400 g zarte junge Spinatblätter
- 15 ml/1 EL frisches Basilikum, gehackt
- 5 ml/1 TL frische Minze, gehackt
- 60 ml/4 EL frisch geriebener Parmesankäse
- Salz und frisch gemahlener schwarzer Pfeffer
- Beilage: Butterstückchen oder mehr geriebener Parmesankäse

1 Braten Sie die Zwiebel 3–4 Minuten in heißem Öl, bis sie weich ist. Rühren Sie den Reis ins Öl. Gießen Sie nach und nach bei kleiner Hitze unter ständigem Rühren Brühe und Wein dazu, bis alle Flüssigkeit aufgesaugt ist.

2 Rühren Sie die Spinatblätter und Kräuter mit der letzten Flüssigkeit ein und schmecken ab. Kochen Sie weiter, bis der Reis und die Spinatblätter weich sind. Rühren Sie den Parmesankäse, wenn Sie mögen, mit etwas Butter ein oder servieren Sie mit mehr Parmesan.

TIPP
Das Geheimnis des Risotto ist, die heiße Brühe Kelle für Kelle dazuzugeben und ständig zu rühren, damit die Flüssigkeit aufgesaugt wird, bevor Sie weitere dazugießen.

Risotto mit Schinkenspeck, Baby-Zucchini und Paprikaschoten

Das perfekte Risotto, wenn Sie z. B. spät abends noch Hunger haben. Cremig, mit Gemüse und knusprigem Schinken ist es vollkommen unwiderstehlich und einfach zu kochen.

VIER PORTIONEN

ZUTATEN

- 30 ml/2 EL Olivenöl
- 115 g Scheiben durchwachsener Schinkenspeck ohne Schwarte, in breite Sreifen geschnitten
- 350 g/1¾ Tassen Risotto-Reis
- 1,2 Liter/5 Tassen heiße Gemüse- oder Hühnerbrühe
- 30 ml/2 EL fettarme Sahne
- 45 ml/3 EL trockener Sherry
- 50 g/2/3 Tasse geriebener Parmesan
- 50 g/2/3 Tasse Petersilie, gehackt
- Salz und schwarzer Pfeffer

Für das Gemüse

- 1 kleine rote und 1 kleine grüne Paprikaschote, entkernt
- 25 g/2 EL Butter
- 75 g Pilze, geschnitten
- 225 g Baby-Zucchini, halbiert
- 1 Zwiebel, halbiert und geschnitten
- 1 Knoblauchzehe, zerdrückt

1 Erhitzen Sie die Hälfte des Öls in einer Pfanne. Geben Sie den Speck hinein und erhitzen ihn langsam, bis das Fett austritt. Erhöhen Sie die Hitze und braten ihn knusprig, tropfen ihn dann auf Küchenpapier ab und stellen ihn beiseite.

2 Erhitzen Sie das restliche Öl in einem schweren Topf. Rühren Sie den Reis ins Öl und geben dann eine Kelle heiße Brühe dazu. Rühren Sie um, bis sie aufgesaugt ist. Gießen Sie nach und nach unter ständigem Rühren die restliche Brühe dazu.

3 Schneiden Sie die Paprikaschoten in Stücke. Schmelzen Sie Butter in einem anderen Topf und dünsten Paprika, Pilze, Zucchini, Zwiebel und Knoblauch, bis die Zwiebel weich ist. Schmecken Sie mit Gewürzen ab und rühren dann den Schinkenspeck ein.

4 Wenn die ganze Brühe vom Reis aufgesaugt ist, rühren Sie Sahne, Sherry, Parmesan, Petersilie und Gewürze ein. Löffeln Sie das Risotto auf einzelne Teller und verteilen auf jeder Portion das gedünstete Gemüse und den Schinkenspeck. Servieren Sie sofort.

Risotto mit Spargel

Frischen Spargel gibt es nur für kurze Zeit, also sollte man die Spargelsaison auch ausnützen. Dieses elegante Risotto schmeckt absolut köstlich.

DREI BIS VIER PORTIONEN

ZUTATEN

- 225 g grüner oder weißer Spargel
- 750 ml/3 Tassen Gemüse- oder Hühnerbrühe
- 65 g/5 EL Butter
- 1 kleine Zwiebel, fein gehackt
- 275 g/1½ Tassen Risotto-Reis wie Arborio oder Carnaroli
- 75 g/1 Tasse frisch geriebener Parmesankäse
- Salz und schwarzer Pfeffer

1 Kochen Sie einen Topf mit Wasser auf. Schneiden Sie die holzigen Enden des Spargels ab, schälen den unteren Teil und kochen ihn dann 5 Minuten im Wasser. Gießen Sie ihn ab, heben aber das Kochwasser auf, spülen ihn unter kaltem Wasser und tropfen ihn ab. Schneiden Sie den Spargel in 4 cm lange schräge Stücke. Heben Sie die Köpfe und oberen Stücke getrennt auf.

2 Gießen Sie Brühe und 450 ml/knappe 2 Tassen Spargelwasser in einen Topf. Erhitzen Sie es bis zum Siedepunkt und halten es dann heiß.

3 Schmelzen Sie 2/3 der Butter in einem großen schweren Topf. Geben Sie die Zwiebel hinein und braten sie weich und golden. Rühren Sie die die unteren Spargelenden ein und kochen sie 2–3 Minuten. Geben Sie Reis dazu, kochen ihn unter Rühren 1–2 Minuten. Gießen Sie eine Kelle heiße Flüssigkeit dazu und rühren sie mit einem Holzlöffel um, bis sie ganz aufgesaugt ist.

4 Geben Sie nach und nach die restliche Brühe dazu und lassen den Reis unter Rühren alles aufsaugen, ehe Sie eine weitere Kelle dazugeben.

5 Nach 10 Minuten geben Sie den restlichen Spargel dazu. Kochen Sie wie gehabt etwa 15 Minuten weiter, bis der Reis *al dente* ist und das Risotto cremig. Schalten Sie den Herd aus, rühren Sie die restliche Butter und den Parmesan ein. Schmecken Sie mit Salz und Pfeffer ab und servieren Sie.

Risotto mit vier Käsesorten

Servieren Sie dieses Risotto bei einer festlichen Einladung als ersten Gang mit einem Glas trockenen Prosecco – köstlich!

VIER PORTIONEN

ZUTATEN

- 40 g/3 EL Butter
- 1 kleine Zwiebel, fein gehackt
- 1,2 Liter/5 Tassen Hühnerbrühe, am besten hausgemacht
- 350 g/1¾ Tassen Risotto-Reis
- 200 ml/1 knappe Tasse trockener Weißwein
- 50 g/½ Tasse Gruyèrekäse, gerieben
- 50 g/½ Tasse Taleggiokäse, gewürfelt
- 50 g/½ Tasse Gorgonzolakäse, gewürfelt
- 50 g/2/3 Tasse frisch geriebener Parmesankäse
- Salz und schwarzer Pfeffer
- Garnitur: frische glatte Petersilie, gehackt

1 Schmelzen Sie Butter in einem großen schweren Topf oder einer Pfanne und braten die Zwiebel unter ständigem Rühren etwa 4–5 Minuten bei geringer Hitze, bis sie weich und leicht braun ist. Erhitzen Sie die Brühe in einem anderen Topf bis zum Siedepunkt.

2 Geben Sie den Reis zur Zwiebel, rühren, bis die Körner anschwellen und platzen, und gießen den Wein dazu. Rühren Sie, bis er aufhört zu köcheln und der meiste vom Reis aufgesaugt ist, und gießen dann ein wenig heiße Brühe dazu. Schmecken Sie mit Salz und Pfeffer ab. Rühren Sie bei kleiner Hitze, bis die Brühe aufgesaugt ist.

3 Gießen Sie die übrige Brühe unter Rühren nach und nach so dazu, dass der Reis sie immer aufsaugen kann. Nach 20–25 Minuten ist der Reis *al dente* und das Risotto cremig.

4 Schalten Sie den Herd aus und geben Gruyère, Taleggio, Gorgonzola und 30 ml/2 TL Parmesan dazu. Rühren Sie vorsichtig, bis der Käse geschmolzen ist, und schmecken dann ab. Geben Sie alles in eine Schüssel und garnieren mit Petersilie. Servieren Sie den restlichen Parmesan separat.

Reis-Timballo mit Erbsen

Timballo sieht wie eine umgedrehte Trommel aus, woher auch der Name stammt (von timballo oder timpano). Es wird wie Risotto gemacht, aber zum Schluss im Ofen gebacken.

DREI BIS VIER PORTIONEN

ZUTATEN
- 75 g/6 EL Butter
- 30 ml/2 EL Olivenöl
- 1 kleine Zwiebel, fein gehackt
- 50 g Schinken, in kleinen Würfeln
- 45 ml/3 EL frische Petersilie, fein gehackt und einige Zweige zum Garnieren
- 2 Knoblauchzehen, sehr fein gehackt
- 225 g/2 Tassen Erbsenschoten, aufgetaut, wenn gefroren
- 60 ml/4 EL Wasser
- 1,3 Liter/5½ Tassen Hühner- oder Gemüsebrühe
- 350 g/1¾ Tasse Risotto-Reis, am besten Arborio
- 75 g/1 Tasse frisch geriebener Parmesankäse
- 175 g Fontinakäse, ganz dünn geschnitten
- Salz und frisch gemahlener schwarzer Pfeffer

1 Heizen Sie den Ofen auf 180° C/Gas Stufe 4 vor. Erhitzen Sie die Hälfte der Butter und das Öl in einem großen Topf. Braten Sie die Zwiebel weich, geben Schinken dazu und rühren 3–4 Minuten bei mittlerer Hitze. Rühren Sie Petersilie und Knoblauch ein und kochen 2 Minuten. Geben Sie die Erbsen dazu, dann die Gewürze und Wasser.

2 Kochen Sie frische Erbsen bedeckt ca. 8 Minuten und gefrorene 4. Nehmen Sie den Deckel ab und kochen, bis alle Flüssigkeit verdampft ist. Geben Sie die Hälfte der Mischung auf einen Teller. Erhitzen Sie die Brühe. Fetten Sie eine flache Backform ein und legen sie mit Backpapier aus.

3 Rühren Sie den Reis zu den Erbsen im Topf. Erhitzen Sie alles gut und geben dann eine Kelle Brühe dazu. Kochen Sie unter ständigem Rühren, bis sie aufgesaugt ist. Verfahren Sie mit der restlichen Brühe genauso.

4 Wenn der Reis nach etwa 20 Minuten gar ist, nehmen Sie ihn vom Herd. Würzen Sie und geben Sie etwas Butter und die Hälfte vom Parmesan dazu.

5 Für das Timballo streuen Sie Parmesan in die Backform und geben die Hälfte vom Reis dazu. Legen Sie eine Schicht Fontina darauf und dann die reservierte Erbsenmischung. Ebnen Sie alles und streuen Parmesan darüber.

6 Legen Sie den übrigen Fontina darauf und abschließend den restlichen Reis. Streuen Sie den letzten Parmesan und pinseln mit Butter ein. Backen Sie 10–15 Minuten. Nehmen Sie es aus dem Ofen und lassen es 10 Minuten stehen.

7 Fahren Sie mit einem Messer um das Timballo. Legen Sie einen großen Teller verkehrt herum auf die Form und drehen beide um. Nehmen Sie dafür Topflappen. Ziehen Sie das Backpapier ab. Servieren Sie das Timballo geschnitten.

Zitronen-Risottokuchen mit Kräutern

Dieses ungewöhnliche Gericht kann mit einem Salat als Hauptgang serviert werden oder solo als Beilage, aber auch kalt schmeckt es hervorragend.

VIER PORTIONEN

ZUTATEN
- 1 kleine Stange Porree (Lauch), fein geschnitten
- 600ml/2½ Tassen Hühnerbrühe
- 225 g/1 knappe Tasse Risotto-Reis
- fein geriebene Schale von 1 Zitrone
- 30 ml/2 EL frischer Schnittlauch, zerpflückt
- 30 ml/2 EL frische Petersilie, gehackt
- 75 g/¾ Tasse Mozzarella, gerieben
- Salz und schwarzer Pfeffer

1 Heizen Sie den Ofen auf 200° C/Gas Stufe 6 vor. Ölen Sie eine 21 cm große Springform leicht ein.

2 Geben Sie den Porree (Lauch) mit 45 ml/3 EL Brühe in einen Topf. Kochen Sie unter gelegentlichem Rühren bei mittlerer Hitze, bis er weich ist. Rühren Sie den Reis ein und die restliche Brühe.

3 Kochen Sie alles auf. Köcheln Sie bedeckt bei geringer Hitze unter gelegentlichem Rühren etwa 20 Minuten, oder bis die Flüssigkeit aufgesaugt ist.

4 Rühren Sie Zitronenschale, Käse und Gewürze ein. Füllen Sie die Mischung in die Backform, decken sie mit Folie ab und backen sie 30–35 Minuten, oder bis sie leicht braun ist. Lassen Sie den Kuchen 5 Minuten stehen und nehmen ihn dann aus der Backform. Servieren Sie heiß oder kalt in Kuchenstücken.

TIPP
Für dieses Risotto brauchen Sie weniger Brühe, deshalb ist es trockener.

Risotto mit Garnelen

Dieses Risotto wird durch ein wenig Tomatenpüree leicht rosafarben.

DREI BIS VIER PORTIONEN

ZUTATEN

- 350 g große rohe Garnelen im Panzer
- 1 Liter/4 Tassen Wasser
- 1 Lorbeerblatt
- 1–2 frische Zweige Petersilie
- 5 ml/1 TL Pfefferkörner
- 2 Knoblauchzehen, geschält und im Stück gelassen
- 65 g/5 EL Butter
- 2 Schalotten, fein gehackt
- 275 g/1½ Tassen Risotto-Reis
- 15 ml/1 EL Tomatenpüree in 120 ml/½ Tasse trockenem Weißwein gelöst
- Salz und frisch gemahlener schwarzer Pfeffer

1 Kochen Sie die Garnelen mit Wasser, Kräutern, Pfeffer und Knoblauch bei mittlerer Hitze auf. Fischen Sie die Garnelen heraus, sobald sie rosa werden, schälen sie und geben die Schalen in den Topf zurück. Kochen Sie die Brühe mit den Schalen noch 10 Minuten und gießen sie dann ab. Gießen Sie die Brühe in einen sauberen Topf um und köcheln sie, bis sie gebraucht wird.

2 Schneiden Sie die Garnelen längs in Hälften und entfernen den dunklen Darm am Rücken. Stellen Sie vier Hälften für die Garnitur beiseite und hacken die restlichen grob.

3 Erhitzen Sie 2/3 der Butter in einer feuerfesten Kasserolle und braten die Schalotten golden. Geben Sie Reis dazu und wälzen ihn darin. Gießen Sie das Tomatenpüree mit dem Wein hinein und kochen, bis es aufgesaugt ist. Geben Sie die Brühe kellenweise dazu, so dass sie nach und nach aufgesaugt wird.

4 Wenn die ganze Brühe aufgesaugt und der Reis cremig ist, rühren Sie die gehackten Garnelen, die übrige Butter und Gewürze ein. Lassen Sie das Risotto bedeckt 3–4 Minuten ruhen. Geben Sie es in eine Schüssel, garnieren mit den Garnelenhälften und servieren.

Pilz-Risotto

Dieses Risotto ist einfach zuzubereiten und schmeckt fast jedem. Wildpilze schmecken intensiver, aber Sie können natürlich auch kultivierte Pilze verwenden.

DREI BIS VIER PORTIONEN

ZUTATEN

- 25 g/1/3 Tasse getrocknete oder frische Pilze, am besten Porcini
- 350 ml/1½ Tassen warmes Wasser
- 900 ml/3¾ Tassen Rinder- oder Hühnerbrühe
- 175 g/1½–2 Tassen junge Champignons, geschnitten
- Saft von ½ Zitrone
- 75 g/6 EL Butter
- 30 ml/2 EL frische Petersilie, fein gehackt
- 30 ml/2 EL Olivenöl
- 1 kleine Zwiebel, fein gehackt
- 275 g/1½ Tassen Risotto-Reis
- 120 ml/½ Tasse trockener Weißwein
- 45 ml/3 EL frisch geriebener Parmesankäse
- Salz und schwarzer Pfeffer
- Garnitur: frische Kräuter

1 Weichen Sie getrocknete Pilze ca. 40 Minuten in warmem Wasser ein, nehmen Sie sie heraus und spülen sie gut. Filtern Sie das Wasser durch ein Sieb mit Küchenpapier und gießen es in einen Topf. Geben Sie die Brühe dazu und bringen sie zum Siedepunkt.

2 Mischen Sie in einer Schale die Champignons mit Zitronensaft. Schmelzen Sie 1/3 der Butter in einem Topf und braten die Champignons, bis ihr Saft austritt und sie braun werden. Rühren Sie die Petersilie ein, kochen 30 Sekunden und geben die Mischung in eine Schüssel.

3 Erhitzen Sie Olivenöl und die Hälfte der restlichen Butter in dem Topf und braten die Zwiebel weich. Geben Sie unter ständigem Rühren den Reis dazu, damit die Körner mit Öl bedeckt sind.

4 Rühren Sie alle Pilze ein, gießen Wein dazu und köcheln bei mittlerer Hitze, bis er aufgeaugt ist. Gießen Sie die Brühe kellenweise dazu, so dass sie nach und nach aufgesaugt wird. Wenn alle Flüssigkeit aufgenommen ist, nehmen Sie den Topf vom Herd, rühren die restliche Butter, Parmesan und Gewürze ein. Lassen Sie den Topf bedeckt 3–4 Minuten ruhen und servieren Sie.

RISOTTO ALLA MILANESE

DIESES KLASSISCHE RISOTTO WIRD IN ITALIEN MIT HERZHAFTEM RINDERSCHMORBRATEN, DEM OSSO BUCCO, SERVIERT, IST ABER AUCH EINE KÖSTLICHE VORSPEISE ODER EIN LEICHTES ABENDBROT.

DREI BIS VIER PORTIONEN

ZUTATEN

- etwa 1,2 Liter/5 Tassen Rinder- oder Hühnerbrühe
- 1 gute Prise Safranfäden
- 75g/6 EL Butter
- 1 Zwiebel, fein gehackt
- 275g/1½ Tassen Risotto-Reis
- 75g/1 Tasse frisch geriebener Parmesankäse
- Salz und schwarzer Pfeffer

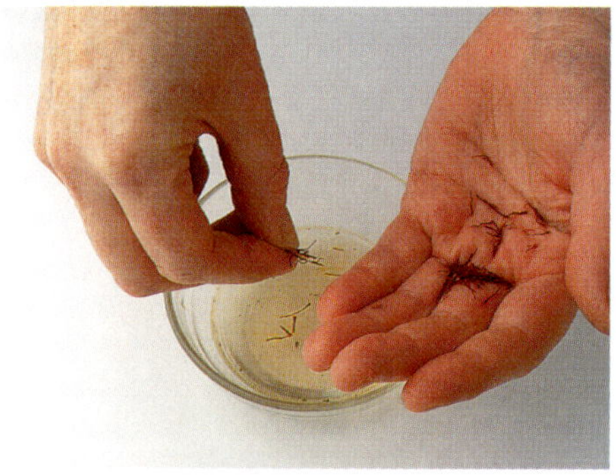

1 Kochen Sie die Brühe auf und lassen sie dann leicht köcheln. Geießen Sie eine Kelle Brühe in eine Schale. Geben Sie Safran hinein und weichen ihn ein.

2 Schmelzen Sie 50 g/4 EL Butter in einem großem Topf, bis sie schäumt. Geben Sie die Zwiebel dazu und köcheln sie unter Rühren etwa 3 Minuten, bis sie weich, aber nicht braun ist.

3 Füllen Sie den Reis dazu. Rühren Sie ihn um, bis die Körner anschwellen und platzen, geben dann ein paar Kellen Brühe, Safranflüssigkeit sowie Salz und Pfeffer dazu. Rühren Sie bei kleiner Hitze, bis die Brühe aufgesaugt ist. Gießen Sie die restliche Brühe unter Rühren kellenweise dazu, damit der Reis sie nach und nach aufsaugen kann. Nach 20–25 Minuten sollte der Reis weich und das Risotto goldgelb, cremig und saftig sein.

4 Rühren Sie langsam etwa 2/3 des geriebenen Parmesans und die restliche Butter ein. Erhitzen Sie, bis die Butter geschmolzen ist und schmecken dann ab. Geben Sie das Risotto in eine vorgewärmte Schüssel und servieren es heiß. Reichen Sie den übrigen geriebenen Parmesan separat dazu.

Risi e Bisi

Ein klassisches Risotto aus Venetien. Obwohl es in Italien als Vorspeise serviert wird, eignet es sich mit warmem, knusprigem Brot auch hervorragend als Hauptgang.

VIER PORTIONEN

ZUTATEN
- 75 g/6 EL Butter
- 1 kleine Zwiebel, fein gehackt
- etwa 1 Liter/4 Tassen heiße Hühnerbrühe
- 275 g/1½ Tassen Risotto-Reis
- 150 ml/2/3 Tasse trockener Weißwein
- 225 g/2 Tassen gefrorene Babyerbsen, aufgetaut
- 115 g gekochter Schinken, gewürfelt
- Salz und schwarzer Pfeffer
- Beilage: 50 g/2/3 Tasse frisch geriebener Parmesankäse

1 Schmelzen Sie 50 g/4 EL Butter in einem Topf, bis sie schäumt. Geben Sie die Zwiebel dazu und kochen sie leicht unter Rühren etwa 3 Minuten, bis sie weich ist. Halten Sie die Brühe bereit.

2 Geben Sie den Reis zur Zwiebel. Rühren Sie, bis die Körner anschwellen, und gießen den Wein dazu. Rühren Sie, bis er aufhört zu köcheln und das meiste aufgesaugt wurde, und geben dann ein wenig Brühe, Salz und Pfeffer hinein. Rühren Sie ständig bei kleiner Hitze, bis die ganze Brühe aufgenommen wurde.

3 Gießen Sie nach und nach unter ständigem Rühren die ganze Brühe hinein, so dass der Reis sie jedesmal aufsaugt. Die Erbsen geben Sie nach etwa 20 Minuten dazu. Nach 25–30 Minuten sollte der Reis *al dente* sein und das Risotto cremig und saftig.

4 Rühren Sie langsam den gewürfelten gekochten Schinken und die restliche Butter ein. Erhitzen Sie, bis die Butter schmilzt und schmecken dann ab. Geben Sie alles in eine vorgewärmte Schüssel. Reiben Sie ein wenig Parmesan darüber und servieren den restlichen Käse separat.

TIPP

Verwenden Sie frischen, vom Stück geriebenen Parmesan. Er schmeckt viel besser als fertig geriebener.

Auberginen mit Risotto-Füllung und pikanter Tomatensosse

Auberginen verlocken den kreativen Koch zu ungewöhnlichen Rezeptideen. Hier werden sie mit Reis gefüllt und mit Käse und Pinienkernen überbacken.

VIER PORTIONEN

ZUTATEN

- 4 kleine Auberginen
- 105 ml/7 EL Olivenöl
- 1 kleine Zwiebel, gehackt
- 175 g/1 knappe Tasse Risotto-Reis
- 750 ml/3 Tassen heiße Gemüsebrühe
- 15 ml/1 EL Weißweinessig
- 25 g/1/3 Tasse frisch geriebener Parmesankäse
- 15 g/2 EL Pinienkerne

Für die Tomatensoße

- 300 ml/1¼ Tassen Passata oder pürierte Tomaten
- 5 ml/1 TL milde Currypaste
- 1 Prise Salz

1 Heizen Sie den Ofen auf 200° C/Gas Stufe 6 vor. Halbieren Sie die Auberginen und entfernen Sie das Fruchtfleisch mit einem kleinen Messer. Pinseln Sie die Hälften mit 30 ml/2 EL Öl ein und backen sie 6–8 Minuten auf einem Blech mit Folie.

2 Hacken Sie das Auberginenfleisch, geben es dann mit der Zwiebel in das erhitzte restliche Öl und kochen sie bei kleiner Hitze 3–4 Minuten, bis sie weich sind. Geben Sie Reis und Brühe dazu und köcheln unbedeckt etwa 15 Minuten. Gießen Sie den Essig dazu.

TIPP

Wenn die Auberginen nicht gerade stehen, schneiden Sie unten ein Stück ab.

3 Erhöhen Sie die Temperatur im Ofen auf 230° C/Gas Stufe 8. Löffeln Sie die Reismischung in die Auberginenhüllen, geben Käse und Pinienkerne darüber, schieben alles in den Ofen und bräunen es 5 Minuten.

4 Für die Soße mischen Sie in einem kleinen Topf Passata oder pürierte Tomaten mit der Currypaste. Erhitzen Sie alles und salzen nach Belieben. Verteilen Sie die Soße auf vier Teller und legen je zwei Auberginenhälften darauf.

RISOTTO MIT PORREE, PILZEN UND ZITRONE

PORREE UND ZITRONE PASSEN BEI DIESEM LEICHTEN RISOTTO WUNDERBAR ZUEINANDER, UND DIE PILZE VERLEIHEN DEM REIS SUBSTANZ UND WÜRZIGKEIT.

VIER PORTIONEN

ZUTATEN

- 225 g Porree (Lauch)
- 225 g/2–3 Tassen braune Hutpilze
- 30 ml/2 EL Olivenöl
- 3 Knoblauchzehen, zerdrückt
- 75 g/6 EL Butter
- 1 große Zwiebel, grob gehackt
- 350 g/1¾ Tasse Risotto-Reis
- 1,2 Liter/5 Tassen heiße Gemüsebrühe
- geriebene Schale von 1 Zitrone
- 45 ml/3 EL Zitronensaft
- 50 g/2/3 Tasse frisch geriebener Parmesankäse
- 60 ml/4 EL frischer Schnittlauch, gemischt mit glatter Petersilie, gehackt
- Salz und schwarzer Pfeffer

1 Schneiden Sie den Porree längs durch, waschen ihn gut und schneiden ihn gleichmäßig in Stücke. Wischen Sie die Pilze mit Küchenpapier ab und hacken sie grob.

2 Erhitzen Sie Öl in einem Topf und braten den Knoblauch 1 Minute. Geben Sie Porree, Pilze und reichlich Gewürze dazu und kochen sie etwa 10 Minuten bei mittlerer Hitze, oder bis der Porree weich und braun ist. Geben Sie alles in eine Schale und stellen es beiseite.

3 Schmelzen Sie 25 g/2 EL Butter in dem Topf, geben die Zwiebel dazu und braten sie 5 Minuten bei mittlerer Hitze, bis sie weich und golden ist.

4 Rühren Sie den Reis ein und kochen ihn etwa 1 Minute, bis die Körner glasig werden und vom Öl umhüllt sind. Gießen Sie eine Kelle Brühe dazu und köcheln unter ständigem Rühren, bis die Flüssigkeit aufgesaugt wurde.

5 Gießen Sie unter ständigem Rühren weiter kellenweise Brühe dazu, bis alles aufgenommen wurde. Das sollte etwa 25–30 Minuten dauern. Das Risotto dickt ein und wird cremig. Der Reis sollte weich, aber nicht klebrig sein.

6 Geben Sie vor dem Servieren Porree, Pilze und die übrige Butter dazu. Rühren Sie die geriebene Zitronenschale und den Saft ein. Streuen Sie den geriebenen Parmesan und die Kräuter dazu. Schmecken Sie noch einmal ab und servieren Sie sofort.

Risotto mit Huhn

Eine beliebte Kombination aus Hühnerfleisch und Reis, die mit Parmaschinken, Weisswein und Parmesan verfeinert wird.

SECHS PORTIONEN

ZUTATEN

- 30 ml/2 EL Olivenöl
- 225 g entbeinte Hühnerbrust ohne Haut, in 2,5 cm großen Würfeln
- 1 Zwiebel, fein gehackt
- 1 Knoblauchzehe, fein gehackt
- 450 g/2 1/3 Tassen Risotto-Reis
- 120 ml/½ Tasse trockener Weißwein
- 1,5ml/¼ TL Safranfäden
- 1,75 Liter/7½ Tassen heiße Hühnerbrühe
- 50 g Parmaschinken, in dünne Streifen geschnitten
- 25 g/2 EL Butter, gewürfelt
- 25 g/1/3 Tasse frisch geriebener Parmesankäse und mehr als Beilage
- Salz und frisch gemahlener schwarzer Pfeffer
- Garnitur: glatte Petersilie

1 Erhitzen Sie das Öl bei mäßiger Hitze in einer Pfanne. Geben Sie die Hühnerwürfel dazu und braten sie unter Rühren, bis sie weiß werden.

2 Stellen Sie die Hitze kleiner, geben Zwiebel und Knoblauch dazu und kochen sie unter Rühren, bis die Zwiebel weich ist. Rühren Sie den Reis ein und sautieren ihn unter Rühren 1–2 Minuten, bis die Körner vom Öl umhüllt sind.

3 Gießen Sie Wein dazu und kochen unter Rühren, bis er aufgesaugt ist. Rühren Sie den Safran in die köchelnde Brühe und gießen sie dann kellenweise in den Reis, so dass er die Brühe nach und nach aufnehmen kann.

4 Wenn der Reis zu ¾ gar ist, geben Sie den Parmaschinken dazu und kochen weiter, bis der Reis weich und das Risotto cremig ist.

5 Geben Sie Butter und Parmesan dazu und rühren gut um. Schmecken Sie mit Salz und Pfeffer ab. Servieren Sie das Risotto heiß. Streuen Sie Parmesan darauf und garnieren Sie mit Petersilie.

Risotto mit Räucherspeck und Tomaten

Ein Risotto mit viel Zwiebeln, geräuchertem Speck und sonnengetrockneten Tomaten. Davon werden Sie vermutlich mehr als eine Portion essen!

VIER BIS SECHS PORTIONEN

ZUTATEN

- 8 sonnengetrocknete Tomaten in Olivenöl (Glas)
- 275 g geräucherter Hinterspeck ohne Schwarte
- 75 g/6 EL Butter
- 450 g Zwiebeln, grob gehackt
- 2 Knoblauchzehen, zerdrückt
- 350 g/1¾ Tassen Risotto-Reis
- 300 ml/1¼ Tasse trockener Weißwein
- 1 Liter/4 Tassen heiße Gemüsebrühe
- 50 g/2/3 Tasse frisch geriebener Parmesankäse
- 45 ml/3 EL frischer Schnittlauch, gemischt mit glatter Petersilie, gehackt
- Salz und frisch gemahlener schwarzer Pfeffer

1 Gießen Sie die Tomaten ab, heben 15 ml/1 EL des Öls auf, hacken sie grob und stellen sie beiseite. Schneiden Sie den Speck in 2,5 cm große Stücke.

2 Erhitzen Sie das Öl in einem großen Topf. Braten Sie den Speck, bis er gut durch und golden ist. Heben Sie ihn mit einer Schaumkelle heraus und tropfen ihn auf Küchenpapier ab.

3 Erhitzen Sie 25 g/2 EL Butter in einem Topf und braten Sie Zwiebeln und Knoblauch 10 Minuten bei mittlerer Hitze, bis sie weich und goldbraun sind.

4 Rühren Sie den Reis ein und kochen ihn 1 Minute glasig. Gießen Sie den Wein in die Brühe. Geben Sie eine Kelle davon zum Reis und köcheln, bis alles aufgesaugt ist.

5 Rühren Sie eine weitere Kelle der Mischung ein und lassen sie einziehen. Machen Sie das so oft, bis die ganze Flüssigkeit verbraucht ist. Das sollte 25–30 Minuten dauern. Das Risotto dickt ein und wird cremig. Der Reis sollte weich, aber nicht klebrig sein.

6 Bevor Sie servieren, rühren Sie Speck, Tomaten, Parmesan, die Hälfte der Kräuter und die restliche Butter ein. Schmecken Sie ab (denken Sie daran, dass der Speck recht salzig sein kann) und servieren Sie das Risotto mit den restlichen Kräutern bestreut.

Risotto mit Meeresfrüchten und gemischten Pilzen

Bei diesem schnellen einfachen Risotto wird die Flüssigkeit auf einmal dazugegeben. Diese Methode eignet sich gut für das Gericht, da die Meeresfrüchte ungestört garen können.

SECHS PORTIONEN

ZUTATEN
- 225 g Miesmuscheln
- 225 g Venusmuscheln
- 45 ml/3 EL Olivenöl
- 1 Zwiebel, gehackt
- 450 g/2 1/3 Tassen Risotto-Reis
- 1,75 Liter/7½ Tassen heiße Hühner- oder Gemüsebrühe
- 150 ml/2/3 Tasse Weißwein
- 225 g/2–3 Tassen gemischte wilde und gezüchtete Pilze, geputzt und geschnitten
- 115 g rohe geschälte Garnelen ohne Darm
- 1 mittlere oder 2 kleine Tintenfische, gewaschen und geschnitten
- 3 Tropfen Trüffelöl (nach Wahl)
- 75 ml/5 EL frische Petersilie gemischt mit Kerbel, gehackt
- Selleriesalz und Cayennepfeffer

1 Schrubben Sie die Muscheln, werfen dabei alle weg, die sich beim Anfassen nicht gleich schließen, und stellen sie beiseite. Braten Sie die Zwiebel 6–8 Minuten in heißem Öl, bis sie weich, aber nicht braun ist.

2 Geben Sie den Reis dazu, wälzen ihn gut im Öl, gießen dann Brühe und Wein hinein und kochen 5 Minuten. Geben Sie die Pilze dazu und kochen unter gelegentlichem Rühren weitere 5 Minuten.

3 Rühren Sie alle Meeresfrüchte in den Reis. Decken Sie den Topf ab und köcheln Sie 15 Minuten bei kleiner Hitze, bis die Garnelen rosa sind und die Muscheln sich geöffnet haben. Werfen Sie alle Muscheln weg, die noch geschlossen sind.

4 Schalten Sie den Herd ab. Geben Sie evtl. Trüffelöl dazu und rühren Sie die Kräuter ein. Lassen Sie alles fest abgedeckt 5–10 Minuten ruhen, damit der Geschmack durchziehen kann. Würzen Sie, geben alles in eine vorgewärmte Schüssel und servieren Sie sofort.

Lachsrisotto mit Gurke und Estragon

Dieses Lachsrisotto wird in einem Arbeitsgang gekocht; deswegen ist es einfacher als das übliche Risotto. Wenn Sie dennoch auf traditionelle Weise kochen möchten, geben Sie die Flüssigkeit nach und nach dazu und den Lachs im letzten Drittel des Kochvorgangs.

VIER PORTIONEN

ZUTATEN

- 25 g/2 EL Butter
- 1 kleiner Bund Frühlingszwiebeln, nur weißer Teil, gehackt
- ½ Gurke, geschält, entkernt, gehackt
- 350 g/1¾ Tassen Risotto-Reis
- 1,2 Liter/5 Tassen heiße Hühner- oder Fischbrühe
- 150 ml/ 2/3 Tasse trockener Weißwein
- 450 g Lachsfilet, enthäutet und gewürfelt
- 45 ml/3 EL Estragon, gehackt
- Salz und schwarzer Pfeffer

1 Erhitzen Sie die Butter in einem Topf und braten Frühlingszwiebeln und Gurke 2–3 Minuten an, ohne dass die Frühlingszwiebeln anbräunen.

2 Rühren Sie Reis, Brühe und Wein ein. Kochen Sie alles auf, köcheln dann unbedeckt bei kleiner Hitze 10 Minuten und rühren ab und zu um.

3 Rühren Sie den gewürfelten Lachs ein und schmecken mit Salz und Pfeffer ab. Köcheln Sie weitere 5 Minuten unter gelegentlichem Rühren und schalten den Herd aus. Lassen Sie das Risotto 5 Minuten bedeckt stehen.

4 Entfernen Sie den Deckel, geben gehackten Estragon hinein und rühren ihn etwas unter. Geben Sie alles in eine vorgewärmte Schüssel und servieren Sie.

VARIATION

Carnaroli-Reis passt am besten zu diesem Risotto, Sie können aber auch Arborio verwenden.

Risotto mit Trüffel und Hummer

Um den einzigartigen Geschmack von frischem Trüffel zu betonen, kombinieren Sie ihn mit Hummer in einem zarten Risotto. Trüffelhobel und Trüffelöl werden erst gegen Ende des Kochvorgangs dazugegeben, dann hält sich das Aroma am besten.

VIER PORTIONEN

ZUTATEN

- 50 g/4 EL ungesalzene Butter
- 1 mittlere Zwiebel, gehackt
- 350 g/1¾ Tassen Risotto-Reis, am besten Carnaroli
- 1 frischer Thymianzweig
- 150 ml/2/3 Tasse trockener Weißwein
- 1,2 Liter/5 Tassen heiße Hühnerbrühe
- 1 frisch gekochter Hummer
- 45 ml/3 EL frische Petersilie gemischt mit Kerbel, gehackt
- 3–4 Tropfen Trüffelöl
- 2 hartgekochte Eier
- 1 schwarzer oder weißer Trüffel
- Salz und frisch gemahlener schwarzer Pfeffer

1 Braten Sie die Zwiebel in geschmolzener Butter weich. Rühren Sie den Reis hinein, dass das Öl die Körner umhüllt. Geben Sie Thymian hinein, dann Wein und kochen, bis er aufgesaugt ist. Rühren Sie nach und nach die Brühe ein, so dass sie aufgesaugt wird.

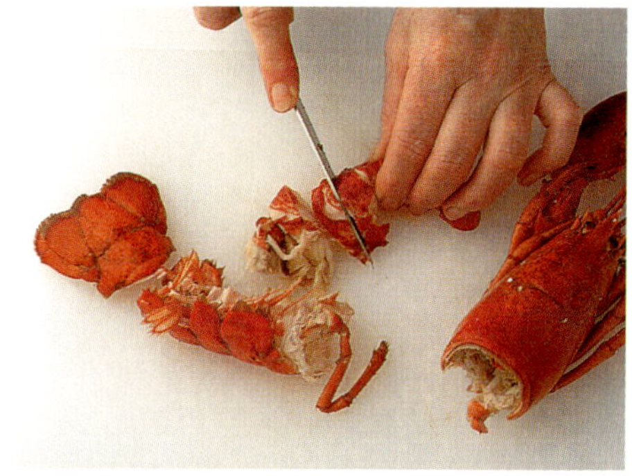

2 Drehen Sie die Hummerschwänze ab, schneiden die Unterseite mit einer Schere auf und entnehmen das weiße Fleisch. Brechen Sie die Scheren auf und entnehmen das Fleisch. Schneiden Sie die Hälfte vom Fleisch in große Stücke und hacken das übrige grob.

3 Rühren Sie das gehackte Fleisch, die Hälfte der Kräuter und das Trüffelöl ein. Nehmen Sie den Reis vom Herd und lassen ihn bedeckt 5 Minuten stehen.

4 Verteilen Sie ihn auf vorgewärmte Teller und geben die Hummerstücke darauf. Schneiden Sie die Eier in Spalten und legen sie um den Hummer. Zum Schluss raspeln Sie frischen Trüffel über jede Portion, streuen die restlichen Kräuter darüber und servieren sofort.

TIPP

Für den besten Duft bewahren Sie den Trüffel einige Tage im Reisgefäß auf, dann nimmt der Reis das Aroma an.

Pancetta-Risotto mit Saubohnen

Dieses köstliche Risotto ist eine gesunde und sättigende Mahlzeit, wenn es mit Gemüse der Saison oder einem gemischten grünen Salat serviert wird.

VIER PORTIONEN

ZUTATEN

- 15 ml/1 EL Olivenöl
- 1 Zwiebel, gehackt
- 2 Knoblauchzehen, fein gehackt
- 175 g geräucherte Pancetta, gewürfelt
- 350 g/1¾ Tassen Risotto-Reis
- 1,5 Liter/6¼ Tassen heiße Hühnerbrühe
- 225 g/2 Tassen gefrorene junge Saubohnen
- 30 ml/2 EL gemischte frische Kräuter wie Petersilie, Thymian und Oregano, gehackt
- Salz und schwarzer Pfeffer
- Beilage: Parmesanhobel

1 Erhitzen Sie Öl in einem großen Topf. Geben Sie Zwiebel, Knoblauch und Pancetta hinein, köcheln etwa 5 Minuten und rühren ab und zu. Zwiebel und Knoblauch sollen nicht braun werden.

2 Rühren Sie den Reis in den Topf und kochen ihn 1 Minute. Geben Sie unter ständigem Rühren eine Kelle Brühe dazu und kochen, bis sie aufgesaugt ist.

3 Geben Sie weiter kellenweise Brühe dazu, bis der Reis weich ist und fast die ganze Flüssigkeit aufgesogen hat. Das dauert etwa 30–35 Minuten.

4 Kochen Sie derweil die Saubohnen etwa 3 Minuten lang in leicht gesalzenem kochenden Wasser, bis sie weich sind, gießen sie dann ab und rühren sie mit den Kräutern in das Risotto. Würzen Sie mit Salz und Pfeffer. Geben Sie alles in eine Schüssel und servieren mit Parmesanhobeln obenauf.

TIPP

Wenn die Saubohnen zu groß sind oder Sie lieber geschälte Bohnen mögen, entfernen Sie nach dem Kochen die Hülse.

Naturreis-Risotto mit Pilzen und Parmesan

Ein klassisches Risotto mit gemischten Pilzen, Kräutern und frischem Parmesan, hier aber mit braunem Langkornreis. Servieren Sie es mit einem Blattsalat und leichtem Dressing.

VIER PORTIONEN

ZUTATEN
- 15 ml/1 EL Olivenöl
- 4 Schalotten, fein gehackt
- 2 Knoblauchzehen, zerdrückt
- 15 g/2 EL getrocknete Porcini-Pilze, 20 Minuten in 150 ml/2/3 Tassen heißem Wasser eingeweicht
- 250 g/1/3 Tasse brauner Langkornreis
- 900 ml/3¾ Tassen gut gewürzte Gemüsebrühe
- 450 g/6 Tassen gemischte Pilze wie Morcheln, Steinpilze und Feldpilze, wenn groß, durchgeschnitten
- 30–45 ml/2–3 EL frische glatte Petersilie, gehackt
- 50 g/2/3 Tasse frisch geriebener Parmesankäse
- Salz und frisch gemahlener schwarzer Pfeffer

1 Erhitzen Sie das Öl in einem großen Topf, geben Schalotten und Knoblauch dazu und köcheln unter Rühren 5 Minuten. Gießen Sie die Porcini ab, heben Sie aber das Einweichwasser auf und hacken sie grob. Geben Sie den Reis in den Topf und rühren, um die Körner mit Öl zu umhüllen.

2 Rühren Sie die Brühe und das Porcini-Wasser in die Reismischung. Kochen Sie alles auf und köcheln dann unter Rühren unbedeckt bei geringer Hitze etwa 20 Minuten, oder bis die meiste Flüssigkeit aufgenommen wurde.

3 Geben Sie die Pilze dazu, rühren gut um und kochen noch 10–15 Minuten, bis alle Flüssigkeit aufgesaugt ist.

4 Schmecken Sie mit Salz und Pfeffer ab, rühren gehackte Petersilie und geriebenen Parmesan ein und servieren.

KRABBEN-RISOTTO

DIESES ERFRISCHENDE RISOTTO IST SOWOHL WUNDERVOLLES HAUPTGERICHT ALS AUCH LECKERE VORSPREISE. WIE WÄRE ES MIT EINEM AUSFLUG AN DIE KÜSTE, UM DIE GROSSEN KRABBEN DORT GÜNSTIG ZU ERSTEHEN? IHR FISCHHÄNDLER HILFT IHNEN ABER SICHERLICH AUCH GERNE WEITER.

DREI BIS VIER PORTIONEN

ZUTATEN
- 2 große Krabben, gekocht
- 15 ml/1 EL Olivenöl
- 25 g/2 EL Butter
- 2 Schalotten, fein gehackt
- 275 g/1½ Tassen Risotto-Reis, am besten Carnaroli
- 75 ml/5 EL Marsala oder Weinbrand
- 1 Liter/4 Tassen heiße Fischbrühe
- 5 ml/1 TL frischer Estragon, gehackt
- 5 ml/1 TL frische Petersilie, gehackt
- 60 ml/4 EL Schlagsahne
- Salz und frisch gemahlener schwarzer Pfeffer

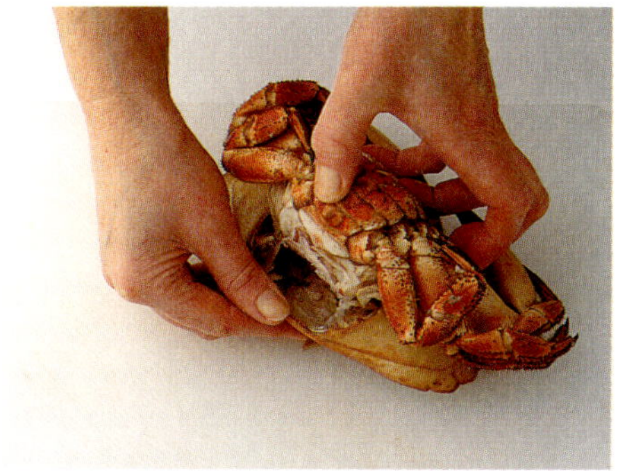

1 Entnehmen Sie zuerst das Krabbenfleisch. Halten Sie die Krabbe in einer Hand und schlagen fest mit dem Handballen gegen ihre Unterseite. Dadurch sollte sich der Panzer vom Körper lösen. Drücken Sie mit den Daumen gegen den Körper und ziehen ihn vom Panzer ab. Entfernen Sie die Gedärme von der Panzerinnenseite.

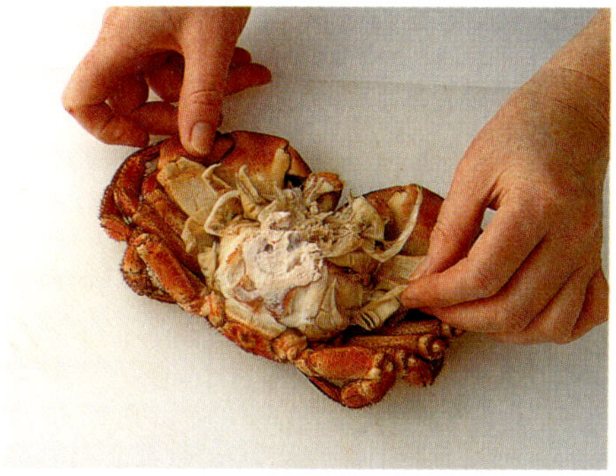

2 Entfernen Sie die grauen Kiemen. Brechen Sie Scheren und Beine vom Körper ab und öffnen sie mit einem Hämmerchen oder Nussknacker. Puhlen Sie dann das Fleisch heraus. Legen Sie es auf einen Teller.

3 Picken Sie mit einem Spieß das weiße Fleisch aus den Körperhöhlen und geben es zu dem anderen Fleisch, heben aber etwas für die Garnitur auf. Löffeln Sie das dunkle Fleisch aus dem Panzer und stellen es ebenfalls beiseite.

4 Erhitzen Sie Öl und Butter in einem Topf und braten die Schalotten leicht, bis sie weich, aber nicht braun sind. Geben Sie den Reis dazu und kochen ihn einige Minuten unter Rühren leicht glasig. Geben Sie Marsala oder Brandwein dazu, kochen alles auf und kochen unter Rühren, bis die Flüssigkeit verdampft ist.

5 Gießen Sie eine Kelle heiße Brühe dazu und kochen unter Rühren, bis die Brühe aufgesaugt ist. Kochen Sie so weiter, bis etwa 2/3 der Brühe dazugegeben wurden, und rühren vorsichtig Krabbenfleisch und Kräuter ein.

6 Geben Sie die restliche Brühe nach und nach dazu. Wenn der Reis fast gar ist, aber noch leichten Biss hat, nehmen Sie ihn vom Herd, rühren die Sahne ein und schmecken ab. Lassen Sie ihn abgedeckt 3 Minuten stehen, damit er gar wird. Servieren Sie garniert mit dem weißen Krabbenfleisch.

MÖNCHSFISCH-RISOTTO

Mönchsfisch ist ein vielseitiger Fisch von fester Struktur mit einem ausgezeichneten Geschmack, der in dem raffinierten Risotto mit Zitronengras noch betont wird.

DREI BIS VIER PORTIONEN

ZUTATEN

- gewürztes Mehl
- etwa 500 g Mönchsfisch, gewürfelt
- 30 ml/2 EL Olivenöl
- 40 g/3 EL Butter
- 2 Schalotten, fein gehackt
- 1 Stängel Zitronengras, fein gehackt
- 275 g/1½ Tassen Risotto-Reis, am besten Carnaroli
- 175 ml/¾ Tasse trockener Weißwein
- 1 Liter/4 Tassen heiße Fischbrühe
- 30 ml/2 EL frische Petersilie, gehackt
- Salz und weißer Pfeffer
- Beilage: Blattsalat

1 Löffeln Sie das gewürzte Mehl über die Fischwürfel in eine Schüssel und wälzen sie darin, bis sie umhüllt sind.

2 Erhitzen Sie 15 ml/1 EL Öl mit der Hälfte der Butter in einer Pfanne. Braten Sie die Fischwürfel unter Wenden 3–4 Minuten bei mittlerer bis hoher Hitze gar. Geben Sie den Fisch auf einen Teller und stellen ihn beiseite.

3 Erhitzen Sie das restliche Öl und die Butter in einem Topf und braten die Schalotten etwa 4 Minuten bei kleiner Hitze, bis sie weich, aber nicht braun sind. Geben Sie das Zitronengras dazu und kochen weitere 1–2 Minuten.

4 Füllen Sie den Reis dazu. Kochen Sie ihn unter Rühren 2–3 Minuten, bis die Körner von Öl umhüllt und leicht glasig sind. Rühren Sie nach und nach Wein und heiße Brühe ein und warten jedesmal, bis sie aufgesaugt sind.

5 Wenn der Reis zu etwa ¾ fertig ist, rühren Sie den Fisch ein. Kochen Sie das Risotto unter ständigem Rühren wie gehabt weiter, bis die Körner weich, aber noch bissfest sind. Schmecken Sie mit Salz und weißem Pfeffer ab.

6 Nehmen Sie den Topf vom Herd, rühren die Petersilie ein und decken ihn ab. Lassen Sie das Risotto einige Minuten stehen, bevor Sie mit einer Garnitur aus Blattsalat servieren.

TIPP

Zitronengras verleiht diesem Gericht ein feines Aroma. Entfernen Sie das harte Äußere und hacken nur das Innere fein.

KAMMMUSCHEL-RISOTTO

VERSUCHEN SIE, FRISCHE KAMMMUSCHELN (JAKOBSMUSCHELN) ZU ERSTEHEN, DA DIESE BESSER SCHMECKEN ALS GEFRORENE. AN DEN MUSCHELN KLEBEN KORALLEN, DIE MEHR AROMA UND FARBE GEBEN.

DREI BIS VIER PORTIONEN

ZUTATEN
- etwa 12 Kammmuscheln (Jakobsmuscheln)
- 50 g/4 EL Butter
- 15 ml/1 EL Olivenöl
- 30 ml/2 EL Pernod
- 2 Schalotten, fein gehackt
- 275 g/1½ Tassen Risotto-Reis
- 1 Liter/4 Tassen heiße Fischbrühe
- 1 gute Prise Safranfäden, in 15 ml/1 EL warmer Milch aufgelöst
- 30 ml/2 EL Petersilie, gehackt
- 60 ml/4 EL Schlagsahne
- Salz und schwarzer Pfeffer

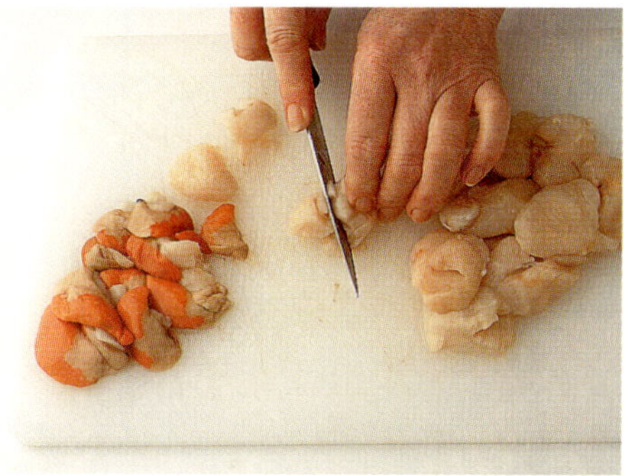

1 Trennen Sie die Kammmuscheln von ihren Korallen. Schneiden Sie das weiße Fleisch in Hälften oder 2-cm-Stücke.

2 Schmelzen Sie die Hälfte der Butter und 5 ml/1 TL Öl. Braten Sie das weiße Fleisch 2–3 Minuten. Gießen Sie Pernod darüber, erhitzen einige Sekunden, zünden ihn an und flambieren ein paar Sekunden. Wenn die Flammen aus sind, nehmen Sie den Topf vom Herd.

3 Erhitzen Sie die übrige Butter und Öl in einem Topf und braten die Schalotten etwa 3–4 Minuten, bis sie weich, aber nicht braun sind. Geben Sie Reis hinein und kochen ihn unter Rühren ein paar Minuten, bis die Körner von Öl umhüllt sind und am Rand glasig werden.

4 Geben Sie nach und nach unter Rühren die heiße Brühe dazu und warten jedesmal, bis sie aufgesaugt wurde, bevor sie die nächste Kelle dazugeben.

5 Wenn der Reis fast gar ist, geben Sie Muscheln, den Saft aus dem Topf und die Korallen, Safranmilch, Petersilie und Gewürze dazu. Rühren Sie zum Mischen gut um. Kochen Sie weiter, indem Sie die übrige Brühe dazugeben und gelegentlich rühren, bis das Risotto dick und cremig ist.

6 Nehmen Sie den Topf vom Herd, rühren Sahne ein und decken ihn ab. Lassen Sie das Risotto etwa 3 Minuten stehen, damit es fertig gart, geben es in eine Schüssel und servieren.

Tintenfisch-Risotto mit Chili

Tintenfische sollten entweder sehr schnell oder sehr langsam gekocht werden. Hier mariniert man sie mit Limone und Kiwi – sehr beliebt in Neuseeland, damit sie zart werden.

DREI BIS VIER PORTIONEN

ZUTATEN
- etwa 450 g Tintenfisch
- etwa 45 ml/3 EL Olivenöl
- 15 g/1 EL Butter
- 1 Zwiebel, fein gehackt
- 2 Knoblauchzehen, zerdrückt
- 1 frische rote Chilischote, entkernt und fein geschnitten
- 275 g/1½ Tassen Risotto-Reis
- 175 ml/¾ Tasse trockener Weißwein
- 1 Liter/4 Tassen heiße Fischbrühe
- 30 ml/2 EL frischer Koriander, gehackt
- Salz und schwarzer Pfeffer

Für die Marinade
- 2 reife Kiwis, gehackt und zerdrückt
- 1 frische rote Chilischote, entkernt und fein geschnitten
- 30 ml/2 EL frischer Limonensaft

1 Wenn die Tintenfische nicht geputzt sind, schneiden Sie zuerst die Tentakel am Ansatz ab und ziehen das Fischbein heraus. Werfen Sie Fischbein und Innereien weg und ziehen wenn nötig die dünne Haut ab. Spülen Sie den Körper und schneiden ihn in dünne Streifen sowie die Tentakel in kleine Stücke. Werfen Sie die Kauwerkzeuge und die Augen weg.

2 Zerdrücken Sie die Kiwis und verrühren sie mit Chili und Limonensaft. Wälzen Sie den Tintenfisch gut in der Marinade. Salzen und pfeffern Sie, decken mit Folie ab und kühlen ihn 4 Stunden oder über Nacht im Kühlschrank.

3 Gießen Sie den Tintenfisch ab. Erhitzen Sie 15 ml/1 EL Olivenöl in einer Pfanne und braten die Streifen wenn nötig portionsweise 30–60 Sekunden bei großer Hitze. Der Tintenfisch muss schnell gar werden. Geben Sie ihn dann auf einen Teller und stellen ihn beiseite. Es macht nichts, wenn etwas Marinade am Tintenfisch ist. Wenn sich zu viel von diesem Saft in der Pfanne sammelt, gießen Sie ihn in einen Krug und geben mehr Öl zum nächsten Schub, damit der Tintenfisch eher fritiert als gekocht wird. Heben Sie den Saft auf.

4 Erhitzen Sie das übrige Öl mit Butter in einem großen Topf und braten Zwiebel und Knoblauch 5–6 Minuten, bis sei weich sind. Geben Sie die Chilischote dazu und braten 1 weitere Minute.

5 Geben Sie den Reis dazu. Kochen Sie ihn unter Rühren einige Minuten, bis er vom Öl umhüllt und glasig ist, und rühren Wein ein, bis er aufgesaugt ist.

6 Geben Sie nach und nach unter ständigem Rühren die heiße Brühe und die Kochflüssigkeit vom Tintenfisch dazu und warten immer, bis sie aufgesaugt sind, bevor Sie die nächste Kelle dazugeben.

7 Wenn der Reis zu etwa ¾ gar ist, rühren Sie den Tintenfisch ein und kochen das Risotto weiter, bis die ganze Brühe aufgenommen wurde und der Reis weich, aber noch bissfest ist. Rühren Sie den gehackten Koriander ein, decken den Topf mit einem Deckel oder Küchentuch ab und lassen das Risotto einige Minuten stehen, bevor Sie servieren.

TIPP
Obwohl Fischbrühe den Geschmack des Tintenfischs betont, können Sie für dieses Rezept auch eine leichte Hühner- oder Gemüsebrühe verwenden.

Miesmuschel-Risotto

Frischer Ingwer und Koriander verleihen diesem Gericht einen unverwechselbaren Geschmack, und die Chilischoten geben Schärfe. Die Chilis können Sie aber auch weglassen.

DREI BIS VIER PORTIONEN

ZUTATEN
- 900 g frische Miesmuscheln
- etwa 250 ml/1 Tasse trockener Weißwein
- 30 ml/2 EL Olivenöl
- 1 Zwiebel, gehackt
- 2 Knoblauchzehen, zerdrückt
- 1–2 frische grüne Chilischoten, entkernt und fein geschnitten
- 2,5 cm frische Ingwerwurzel, gerieben
- 275 g/1½ Tassen Risotto-Reis
- 900 ml/3¾ Tassen heiße Fischbrühe
- 30 ml/2 EL frischer Koriander, gehackt
- 30 ml/2 EL Sahne
- Salz und schwarzer Pfeffer

1 Putzen Sie die Muscheln, werfen alle weg, die bei Berührung nicht zugehen, und geben sie in einen Topf. Gießen Sie 120 ml/½ Tasse Wein dazu und kochen auf. Kochen Sie die Muscheln bedeckt 4–5 Minuten, bis sie offen sind, schütteln Sie den Topf gelegentlich. Gießen Sie die Muscheln ab, heben die Flüssigkeit auf und werfen alle weg, die nicht aufgegangen sind. Entfernen Sie die Muscheln aus ihren Schalen, heben aber einige als Dekoration auf. Gießen Sie die Flüssigkeit der Muscheln ab.

2 Braten Sie Zwiebel und Knoblauch 3–4 Minuten in heißem Öl, bis sie weich werden. Geben Sie Chili dazu. Kochen Sie bei kleiner Hitze unter ständigem Rühren 1–2 Minuten, rühren dann Ingwer ein und kochen 1 weitere Minute.

3 Geben Sie Reis dazu und kochen unter Rühren bei mittlerer Hitze 2 Minuten, bis der Reis vom Öl umhüllt ist und glasig wird.

4 Rühren Sie die Kochflüssigkeit der Muscheln ein. Wenn sie aufgesaugt ist, geben Sie den restlichen Wein dazu und kochen unter Rühren, bis er aufgenommen wurde. Geben Sie nun nach und nach die heiße Brühe dazu und achten darauf, dass sie aufgesaugt ist, bevor Sie mehr dazugeben.

5 Wenn der Reis zu etwa ¾ gar ist, rühren Sie die Muscheln ein. Geben Sie Koriander dazu und würzen mit Salz und Pfeffer. Gießen Sie Brühe in das Risotto, bis es cremig und der Reis weich, aber noch fest in der Mitte ist.

6 Nehmen Sie das Risotto vom Herd, rühren Sahne ein und lassen es bedeckt einige Minuten stehen. Geben Sie es dann in eine warme Schüssel, dekorieren mit den aufgehobenen Muscheln in ihren Schalen und servieren sofort.

MEERESFRÜCHTE-RISOTTO

Für dieses Risotto können Sie alle Schalentiere und Meeresfrüchte verwenden, so lange das Gewicht dem im Rezept ähnelt. Als Vorspeise ergibt dieses Risotto acht Portionen.

VIER BIS SECHS PORTIONEN

ZUTATEN

- 450 g frische Miesmuscheln
- etwa 250 ml/1 Tasse trockener Weißwein
- 225 g Seebarschfilet, enthäutet und in Stücke geschnitten
- gewürztes Mehl
- 60 ml/4 EL Olivenöl
- 8 Kammmuscheln mit abgetrennten Korallen, weiße Teile halbiert oder geschnitten, wenn sie groß sind
- 225 g Tintenfisch, geputzt und in Ringe geschnitten
- 12 große rohe Garnelen oder Langusten, ohne Kopf
- 2 Schalotten, fein gehackt
- 1 Knoblauchzehe, zerdrückt
- 400 g/2 Tassen Risotto-Reis, am besten Carnaroli
- 3 Tomaten, enthäutet, entkernt und gehackt
- 1,5 Liter/6¼ Tassen heißeFischbrühe
- 30 ml/2 EL frische Petersilie, gehackt
- 30 ml/2 EL Sahne
- Salz und schwarzer Pfeffer

1 Putzen Sie die Muscheln und werfen jede weg, die beim Berühren nicht zugeht. Geben Sie alle mit 90 ml/6 EL Wein in einen großen Topf. Kochen Sie auf und kochen bedeckt 3–4 Minuten, bis die Muscheln offen sind, und schütteln den Topf gelegentlich. Gießen Sie ab, heben die Flüssigkeit auf und werfen alle Muscheln weg, die noch zu sind. Legen Sie einige Muscheln in ihren Schalen als Garnitur beiseite und nehmen die übrigen aus ihren Schalen. Gießen Sie die Kochflüssigkeit ab.

2 Wälzen Sie den Seebarsch im Mehl. Erhitzen Sie 30 ml/2 EL Olivenöl in einer Pfanne, braten den Fisch in 3–4 Minuten gar und geben ihn auf einen Teller. Geben Sie mehr Öl in die Pfanne, braten die weißen Teile der Muscheln auf beiden Seiten 1–2 Minuten weich und geben sie auf einen Teller.

3 Braten Sie den Tintenfisch 3–4 Minuten in derselben Pfanne, geben wenn nötig mehr Öl dazu und stellen ihn beiseite. Nun geben Sie Garnelen oder Langusten dazu und braten sie unter ständigem Rühren weitere 3–4 Minuten rosa. Ganz zum Schluss geben etwa 30 ml/2 EL Wein dazu und kochen weiter, so dass die Garnelen weich werden, aber nicht anbrennen, und nehmen sie dann heraus. Sobald sie etwas abgekühlt sind, entfernen Sie die Panzer und Beine, lassen aber die Schwänze ganz.

4 Erhitzen Sie das übrige Öl in einem großen Topf und braten Schalotten und Knoblauch 3–4 Minuten bei geringer Hitze, bis die Schalotten weich, aber nicht braun sind. Geben Sie Reis dazu und kochen einige Minuten unter Rühren, bis der Reis vom Öl umhüllt ist und leicht glasig wird. Rühren Sie die Tomaten und die Muschelflüssigkeit ein.

5 Wenn alle Flüssigkeit aufgesaugt ist, geben Sie unter Rühren den übrigen Wein dazu. Wenn der auch aufgenommen wurde, gießen Sie kellenweise die heiße Brühe dazu, rühren dabei den Reis ständig um und warten jedesmal, bis alles aufgesaugt wurde, ehe Sie mehr dazugeben.

6 Wenn das Risotto zu ¾ fertig ist, rühren Sie vorsichtig alle Meeresfrüchte, außer den Muscheln für die Garnitur, ein. Kochen Sie weiter, bis die ganze Brühe aufgenommen wurde und der Reis weich, aber noch bissfest ist.

7 Rühren Sie die Petersilie ein und schmecken ab. Lassen Sie das Risotto bedeckt 2–3 Minuten stehen. Servieren Sie in einzelnen tiefen Tellern und garnieren Sie mit den aufgehobenen Muscheln in der Schale.

Champagner-Risotto

Es mag ziemlich extravagant erscheinen, ergibt aber ein wirklich sehr schönes aromatisches Risotto, ein perfektes Abendessen für besondere Anlässe.

DREI BIS VIER PORTIONEN

ZUTATEN

- 25 g/2 EL Butter
- 2 Schalotten, fein gehackt
- 275 g/1½ Tassen Risotto-Reis, am besten Carnaroli
- ½ Flasche oder 300 ml/1¼ Tassen Champagner (oder Sekt)
- 750 ml/3 Tassen heiße leichte Gemüse- oder Hühnerbrühe
- 150 ml/2/3 Tasse Schlagsahne
- 40 g/½ Tasse geriebener Parmesan
- 10 ml/2 TL frischer Schnittlauch, sehr fein gehackt
- Salz und schwarzer Pfeffer
- Garnitur: Hobel von schwarzem Trüffel (nach Wunsch)

1 Schmelzen Sie die Butter in einem Topf und braten die Schalotten in 2–3 Minuten weich. Geben Sie Reis dazu und kochen unter Rühren, bis die Körner von der Butter umhüllt sind und am Rand etwas glasig werden.

2 Gießen Sie etwa 2/3 des Champagners dazu und kochen bei großer Hitze, so dass die Flüssigkeit heftig brodelt. Kochen Sie unter Rühren, bis alle Flüssigkeit aufgesaugt ist, bevor Sie die heiße Brühe dazugeben.

3 Gießen Sie die Brühe kellenweise dazu und achten darauf, dass sie aufgenommen ist, bevor Sie die nächste Kelle dazugeben. Das Risotto sollte langsam cremig und samtig werden und die ganze Brühe aufgesaugt haben.

4 Wenn der Reis weich, aber noch bissfest ist, geben Sie Sahne, den übrigen Champagner und Parmesan dazu. Schmecken Sie ab. Nehmen Sie es vom Herd, lassen es bedeckt einige Minuten stehen und rühren Schnittlauch ein. Garnieren Sie für ein sehr edles Risotto mit gehobeltem Trüffel.

Risotto mit gerösteter Paprika

Ein ausgezeichnetes vegetarisches Abendmahl oder eine Vorspeise für sechs Personen.

DREI BIS VIER PORTIONEN

ZUTATEN
- 1 rote Paprikaschote
- 1 gelbe Paprikaschote
- 15 ml/1 EL Olivenöl
- 25 g/2 EL Butter
- 1 Zwiebel, gehackt
- 2 Knoblauchzehen, zerdrückt
- 275 g/1½ Tassen Risotto-Reis
- 1 Liter/4 Tassen heiße Gemüsebrühe
- 50 g/2/3 Tasse frisch geriebener Parmesankäse
- Salz und frisch gemahlener schwarzer Pfeffer
- Beilage: frisch geriebener Parmesankäse(nach Wahl)

1 Halbieren Sie die Paprika, entkernen sie und legen sie mit der offenen Seite nach unten auf ein Backblech. Grillen Sie sie 5–6 Minuten, bis die Haut ankokelt. Geben Sie sie in eine Plastiktüte, verschließen sie und belassen die Paprika 4–5 Minuten darin.

2 Schälen Sie die Paprika, wenn sie kalt genug sind und der Dampf die Haut abgelöst hat. Schneiden Sie sie in Streifen.

3 Erhitzen Sie Öl und Butter in einem Topf und braten Zwiebel und Knoblauch 4–5 Minuten bei kleiner Hitze, bis die Zwiebel weich wird. Geben Sie die Paprika dazu, kochen alles noch 3–4 Minuten und rühren ab und zu.

4 Rühren Sie den Reis ein. Kochen Sie unter ständigem Rühren bei mittlerer Hitze 3–4 Minuten, bis der Reis vom Öl umhüllt und etwas glasig geworden ist.

5 Gießen Sie eine Kelle Brühe dazu. Kochen Sie unter Rühren, bis alle Flüssigkeit aufgesaugt ist. Geben Sie weiter kellenweise Brühe dazu und achten darauf, dass jede aufgesaugt wurde, bevor Sie die nächste dazugeben.

6 Wenn der Reis weich, aber noch etwas bissfest ist, rühren Sie den Parmesan ein und schmecken ab. Lassen Sie das Risotto 3–4 Minuten bedeckt stehen und servieren ihn mit Parmesan.

Zwei-Käse-Risotto

Dieses leckere und cremige Risotto ist genau das Richtige für kalte Winterabende – es wärmt von innen.

DREI BIS VIER PORTIONEN

ZUTATEN
- 7,5 ml/1½ TL Olivenöl
- 50 g/4 EL Butter
- 1 Zwiebel, fein gehackt
- 1 Knoblauchzehe, zerdrückt
- 275 g/1½ Tassen Risotto-Reis, am besten Vialone Nano
- 175 ml/¾ Tasse trockener Weißwein
- 1 Liter/4 Tassen heiße Gemüse- oder Hühnerbrühe
- 75 g/¾ Tasse Fontinakäse, gewürfelt
- 50 g/2/3 Tasse frisch geriebener Parmesankäse und mehr zum Servieren
- Salz und frisch gemahlener schwarzer Pfeffer

1 Erhitzen Sie das Olivenöl mit der Hälfte der Butter in einem Topf und braten Zwiebel und Knoblauch ca. 5–6 Minuten, bis sie weich sind. Geben Sie den Reis dazu und kochen unter ständigem Rühren, bis die Körner vom Öl umhüllt sind und am Rand leicht glasig werden.

2 Rühren Sie Wein ein. Kochen Sie ihn unter Rühren, bis er aufgesaugt ist und geben dann eine Kelle Brühe dazu. Rühren Sie, bis die Brühe aufgenommen wurde und geben die restliche Brühe kellenweise dazu, damit sie einzieht, bevor Sie mehr dazugeben.

3 Wenn der Reis halb gar ist, rühren Sie den Fontinakäse ein, kochen weiter und geben immer Brühe dazu. Rühren Sie den Reis dabei die ganze Zeit.

4 Wenn das Risotto cremig ist und die Körner weich, aber noch bissfest sind, rühren Sie die restliche Butter und den Parmesan ein. Würzen Sie, nehmen dann den Topf vom Herd und lassen ihn vor dem Servieren noch 3–4 Minuten stehen.

Schnelles Risotto

Man könnte es auch Mogelrisotto nennen, da die Brühe nicht kellenweise hineingefüllt wird. Stattdessen wird der Reis schnell auf herkömmliche Weise gekocht, die anderen Zutaten werden einfach in letzter Minute hineingegeben. Es schmeckt aber trotzdem lecker.

DREI BIS VIER PORTIONEN

ZUTATEN
- 275 g/1½ Tassen Risotto-Reis
- 1 Liter/4 Tassen heiße Hühnerbrühe
- 115 g/1 Tasse Mozzarellakäse, in kleine Würfel geschnitten
- 2 Eigelb
- 30 ml/2 EL frisch geriebener Parmesankäse
- 75 g gekochter Schinken, in kleine Würfel geschnitten
- 30 ml/2 EL frische Petersilie, gehackt
- Salz und frisch gemahlener schwarzer Pfeffer
- Garnitur: frische Petersilienzweige
- Beilage: frisch geriebener Parmesan

1 Geben Sie den Reis in einen Topf. Geißen Sie die Brühe hinein, kochen sie auf und köcheln dann bedeckt etwa 18–20 Minuten, bis der Reis weich ist.

2 Nehmen Sie den Topf vom Herd und rühren schnell Mozzarella, Eigelb, Parmesan, Schinken und Petersilie ein. Schmecken Sie mit Salz und Pfeffer ab.

3 Legen Sie einen Deckel auf den Topf und lassen ihn 2–3 Minuten stehen, damit der Käse schmilzt, und rühren dann wieder um. Geben Sie alles in vorgewärmte tiefe Teller und servieren sofort mit separatem Parmesan.

Pesto-Risotto

Wenn Sie das Pesto bereits fertig im Glas kaufen, ist die Zubereitung dieses Risotto wirklich sehr einfach.

DREI BIS VIER PORTIONEN

ZUTATEN
- 30 ml/2 EL Olivenöl
- 2 Schalotten, fein gehackt
- 1 Knoblauchzehen, zerdrückt
- 275 g/1½ Tassen Risotto-Reis
- 175 ml/¾ Tasse trockener Weißwein
- 1 Liter/4 Tassen heiße Gemüsebrühe
- 45 ml/3 EL Pesto
- 25 g/1/3 Tasse frisch geriebener Parmesankäse und mehr zum Servieren (nach Wahl)
- Salz und frisch gemahlener schwarzer Pfeffer

1 Braten Sie Schalotten und Knoblauch 4–5 Minuten in Öl, bis die Schalotten weich, aber nicht braun sind.

2 Geben Sie Reis dazu und kochen unter Rühren bei mittlerer Hitze, bis die Körner vom Öl umhüllt sind, der Rand des Reiskorns glasig und der innere Teil undurchsichtig ist.

3 Gießen Sie den Wein hinein. Kochen Sie unter Rühren, bis er aufgesaugt ist und geben dann unter ständigem Rühren Kelle für Kelle Brühe dazu, Warten Sie immer, bis sie aufgesaugt ist, bevor Sie die nächste dazugeben.

4 Wenn nach etwa 20 Minuten die ganze Brühe aufgenommen wurde und der Reis cremig und zart ist, rühren Sie Pesto und Parmesan ein. Schmecken Sie ab und lassen das Risotto bedeckt 3–4 Minuten stehen. Geben Sie alles in eine Schüssel und servieren nach Wunsch mit zusätzlichem Parmesan.

Risotto mit Kürbis und Apfel

Die verschiedenen Winterkürbisse sind in Italien sehr beliebt und tauchen in vielen Rezepten auf. Wenn es keinen Riesenkürbis gibt, können Sie andere Kürbissorten verwenden, sie schmecken zwar nicht genauso, aber doch recht ähnlich.

DREI BIS VIER PORTIONEN

ZUTATEN
- 225 g Kürbisfleisch (Riesenkürbis oder andere Sorten)
- 1 Kochapfel
- 120 ml/½ Tasse Wasser
- 25 g/2 EL Butter
- 25 ml/1½ EL Olivenöl
- 1 Zwiebel, fein gehackt
- 1 Knoblauchzehe, zerdrückt
- 275 g/1½ Tassen Risotto-Reis wie Vialone Nano
- 175 ml/¾ Tasse fruchtiger Weißwein
- 900 ml–1 Liter/3¾–4 Tassen heiße Gemüsebrühe
- 75 g/1 Tasse frisch geriebener Parmesankäse
- Salz und frisch gemahlener schwarzer Pfeffer

1 Schneiden Sie den Kürbis in kleine Stücke. Schälen, entkernen und hacken Sie den Apfel. Geben Sie alles mit Wasser in einen Topf. Kochen Sie es auf und köcheln dann etwa 15–20 Minuten, bis der Kürbis weich ist. Gießen Sie gut ab und geben dann die Hälfte der Butter dazu. Zerkleinern Sie große Stücke in der Mischung grob mit einer Gabel, aber zermatschen Sie sie nicht.

2 Erhitzen Sie das Öl und die übrige Butter und braten Zwiebel und Knoblauch, bis die Zwiebel weich ist. Geben Sie den Reis dazu. Kochen Sie unter Rühren 2 Minuten bei mittlerer Hitze, bis die Körner vom Öl umhüllt und leicht glasig sind.

3 Rühren Sie Wein in den Reis. Wenn er aufgesaugt ist, geben Sie nach und nach die Brühe dazu und achten darauf, dass sie jedesmal aufgesaugt wird, bevor Sie mehr dazugeben. Dies dauert etwa 20 Minuten.

4 Wenn noch etwa zwei Kellen Brühe übrig sind, geben Sie mit einer Kelle Brühe auch die Kürbismischung dazu. Kochen Sie unter Rühren weiter und gießen Brühe dazu, bis das Risotto sehr cremig ist. Rühren Sie den Parmesan ein, schmecken ab und servieren sofort.

ROSMARIN-RISOTTO MIT BORLOTTI-BOHNEN

Ein klassisches Risotto mit dem raffiniertem, vielseitigem Geschmack von Rosmarin, Bohnen, fruchtig-süssem Mascarpone und Parmesan.

DREI BIS VIER PORTIONEN

ZUTATEN
- 400 g Dose Borlotti-Bohnen
- 30 ml/2 EL Olivenöl
- 1 Zwiebel, gehackt
- 2 Knoblauchzehen, zerdrückt
- 275 g/1½ Tassen Risotto-Reis
- 175 ml/¾ Tasse trockener Weißwein
- 900 ml–1 Liter/3¾–4 Tassen heiße Gemüse- oder Hühnerbrühe
- 60 ml/4 EL Mascarpone
- 65 g/1 knappe Tasse frisch geriebener Parmesankäse und mehr zum Servieren (nach Wahl)
- 5 ml/1 TL frischer Rosmarin, gehackt
- Salz und frisch gemahlener schwarzer Pfeffer

1 Gießen Sie die Bohnen ab, spülen sie unter kaltem Wasser und tropfen sie ab. Pürieren Sie etwa zwei Drittel der Bohnen grob in einer Küchenmaschine. Stellen Sie die restlichen beiseite.

2 Erhitzen Sie Öl in einem großen Topf und braten Zwiebel und Knoblauch 6–8 Minuten, bis sie weich sind. Geben Sie den Reis dazu und kochen bei mittlerer Hitze unter ständigem Rühren einige Minuten, bis die Körner vom Öl umhüllt und leicht glasig sind.

3 Gießen Sie Wein dazu. Kochen Sie bei mittlerer Hitze unter Rühren 2–3 Minuten, bis der Wein aufgesaugt ist. Geben Sie die Brühe unter Rühren Kelle für Kelle dazu und warten jedesmal, bis die letzte Kelle aufgesaugt wurde, bevor Sie die nächste dazugeben.

4 Wenn der Reis zu ¾ gar ist, rühren Sie das Bohnenpüree ein. Kochen Sie das Risotto weiter, indem Sie die Brühe einrühren, bis es cremig ist und der Reis weich, aber noch bissfest ist. Geben Sie die restlichen Bohnen, Mascarpone, Parmesan und Rosmarin dazu und schmecken dann ab. Rühren Sie gut um und lassen das Risotto bedeckt etwa 5 Minuten stehen, damit der Reis das Aroma völlig annimmt und fertig gart. Servieren Sie mit mehr Parmesan, wenn Sie möchten.

VARIATION

Sie können nach Wunsch anstatt Rosmarin auch frischen Thymian oder Majoran verwenden. Ein großer Vorteil von Risotto ist, dass es sich zum Variieren geradezu anbietet.

ERDARTISCHOCKEN-RISOTTO

EIN EINFACHES UND WÄRMENDES RISOTTO, DAS VOM KÖSTLICHEN UND UNVERWECHSELBAREN GESCHMACK DER ERDARTISCHOCKE PROFITIERT.

DREI BIS VIER PORTIONEN

ZUTATEN

- 400 g Erdartischocken
- 40 g/3 EL Butter
- 15 ml/1 EL Olivenöl
- 1 Zwiebel, fein gehackt
- 1 Knoblauchzehe, zerdrückt
- 275 g/1½ Tassen Risotto-Reis
- 120 ml/½ Tasse fruchtiger Weißwein
- 1 Liter/4 Tassen heiße Gemüsebrühe
- 10 ml/2 TL frischer Thymian, gehackt
- 40 g/½ Tasse frisch geriebener Parmesankäse und mehr zum Servieren
- Salz und schwarzer Pfeffer
- Garnitur: frische Thymianzweige

1 Schälen Sie die Artischocken, stückeln sie und geben sie sofort in einen Topf mit leicht gesalzenem Wasser. Köcheln Sie, bis sie weich sind, gießen sie dann ab und zerdrücken sie mit 15 g/ 1 EL Butter. Salzen Sie, wenn nötig.

2 Erhitzen Sie Öl und die übrige Butter in einem Topf und braten Zwiebel und Knoblauch 5–6 Minuten, bis sie weich sind. Geben Sie den Reis dazu und kochen ihn 2 Minuten bei mittlerer Hitze, bis die Körner am Rand glasig sind.

3 Gießen Sie Wein dazu und rühren, bis er aufgesaugt ist, geben dann nach und nach die Brühe dazu und achten darauf, dass die letzte Kelle immer aufgesaugt ist, bevor Sie mehr dazugeben.

4 Wenn nur noch eine Kelle Brühe bleibt, rühren Sie die zerdrückten Artischocken und den gehackten Thymian ein. Schmecken Sie mit Salz und Pfeffer ab. Kochen Sie weiter, bis das Risotto cremig und die Artischocken heiß sind. Rühren Sie den Parmesan ein. Nehmen Sie den Topf vom Herd und lassen ihn abgedeckt ein paar Minuten stehen. Geben Sie alles in eine Schüssel, garnieren mit Thymian und servieren mit Parmesan.

ENTENRISOTTO

Eine ausgezeichnete Vorspeise für sechs Personen oder ein Mittag- oder Abendessen für drei. Reichen Sie grünen Salat dazu oder Zuckererbsen und Paprikagemüse.

DREI BIS VIER PORTIONEN

ZUTATEN
- 2 Entenbrüste
- 30 ml/2 EL Weinbrand
- 30 ml/2 EL Orangensaft
- 15 ml/1 EL Olivenöl (nach Wahl)
- 1 Zwiebel, fein gehackt
- 1 Knoblauchzehe, zerdrückt
- 275 g/1½ Tassen Risotto-Reis
- 1–1,2 Liter/4–5 Tassen heiße Enten-, Puten- oder Hühnerbrühe
- 5 ml/1 TL frischer Thymian, gehackt
- 5 ml/1 TL frische Minze, gehackt
- 10 ml/2 TL Orangenschale, gerieben
- 40 g/½ Tasse frisch geriebener Parmesankäse
- Salz und frisch gemahlener schwarzer Pfeffer
- Garnitur: Streifen dünn geschälter Orangenschale

1 Schneiden Sie die fettige Seite der Entenbrüste ein und reiben sie mit Salz ein. Legen Sie in einer schweren Pfanne die fettige Seite nach unten und rösten 6–8 Minuten bei mittlerer Hitze, um das Fett auszulassen. Legen Sie die Brüste auf einen Teller, ziehen das Fett ab und werfen es weg. Schneiden Sie das Fleisch in 2 cm breite Streifen.

2 Stellen Sie das ausgelassene Fett bis auf 15 ml/1 EL beiseite und erhitzen das zurückgebliebene wieder. Braten Sie die Entenstreifen 2–3 Minuten bei mittlerer Hitze, bis sie braun, aber nicht verkocht sind. Geben Sie Weinbrand dazu, erhitzen bis zum Siedepunkt und zünden ihn an. Wenn die Flammen aus sind, gießen Sie Orangensaft dazu und schmecken mit Salz und Pfeffer ab. Nehmen Sie die Pfanne vom Herd und stellen sie beiseite.

3 Erhitzen Sie in einem Topf entweder 15 ml/1 EL vom Entenfett oder Olivenöl. Braten Sie Zwiebel und Knoblauch bei geringer Hitze, bis die Zwiebel weich, aber nicht braun ist. Geben Sie Reis dazu und kochen unter Rühren, bis die Körner vom Öl umhüllt sind und am Rand leicht glasig geworden sind.

4 Geben Sie die Brühe Kelle für Kelle dazu und warten immer, bis die letzte Kelle aufgesaugt wurde, bevor Sie die nächste dazugeben. Bevor Sie die letzte Kelle dazugeben, rühren Sie die Ente, Thymian und Minze ein. Kochen Sie weiter, bis das Risotto cremig und der Reis weich, aber noch bissfest ist.

5 Geben Sie Orangenschale und Parmesan dazu. Probieren Sie und würzen nach, nehmen dann den Topf vom Herd und lassen ihn abgedeckt ein paar Minuten stehen. Servieren Sie auf Tellern, garniert mit der Orangenschale.

Hühnerleber-Risotto

Die Kombination von Hühnerleber, Speck, Petersilie und Thymian gibt diesem Risotto ein wunderbar volles Aroma. Servieren Sie es als Vorspeise für vier oder Mittagessen für zwei.

ZWEI BIS VIER PORTIONEN

ZUTATEN
- 175 g Hühnerleber
- etwa 15 ml/1 EL Olivenöl
- etwa 25 g/2 EL Butter
- etwa 40 g/ 3 Streifen durchwachsener Speck ohne Schwarte, fein gehackt
- 2 Schalotten, fein gehackt
- 1 Knoblauchzehe, zerdrückt
- 1 Stange Sellerie, fein geschnitten
- 275 g/1½ Tassen Risotto-Reis
- 175 ml/¾ Tasse trockener Weißwein
- 900 ml–1 Liter/3¾–4 Tassen heiße Hühnerbrühe
- 5 ml/1 TL frischer Thymian, gehackt
- 15 ml/1 EL Petersilie, gehackt
- Salz und schwarzer Pfeffer
- Garnitur: Petersilie und Thymian

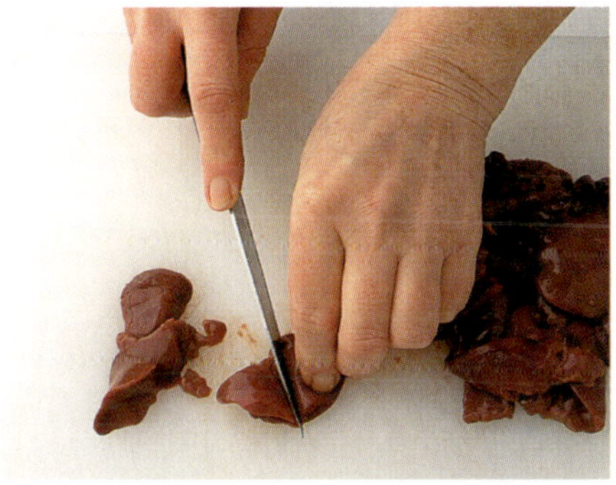

1 Säubern Sie die Leber sorgfältig und entfernen Fett und Haut. Spülen Sie die Leber gut, tupfen sie mit Küchenpapier trocken und schneiden sie in kleine, gleichmäßige Stücke.

2 Erhitzen Sie Öl und Butter in einer Pfanne und braten den Speck 2–3 Minuten an. Geben Sie Schalotten, Knoblauch und Sellerie dazu und braten 3–4 Minuten bei kleiner Hitze, bis das Gemüse etwas weich ist. Erhöhen Sie die Hitze, geben die Leber hinein und braten sie ein paar Minuten an, bis sie gleichmäßig braun ist.

3 Geben Sie den Reis dazu. Kochen Sie unter Rühren einige Minuten und gießen Wein dazu. Kochen Sie auf, damit der Alkohol verdampft. Rühren Sie gut; die Leber kann zerfallen. Wenn der Wein aufgesaugt ist, gießen Sie unter Rühren langsam die heiße Brühe dazu.

4 Wenn das Risotto halb fertig ist, geben Sie Thymian dazu und schmecken mit Salz und Pfeffer ab. Gießen Sie weiter Brühe dazu und achten darauf, dass jede Kelle aufgesaugt wird, bevor Sie die nächste dazugeben.

5 Wenn das Risotto cremig und der Reis weich, aber noch bissfest ist, rühren Sie die Petersilie ein. Schmecken Sie ab und würzen nach. Nehmen Sie den Topf vom Herd und lassen ihn bedeckt einige Minuten stehen, bevor Sie das Risotto mit Petersilie und Thymian garniert servieren.

Risotto mit Porree und Schinken

Ein Risotto für ein einfaches Abendessen daheim, aber auch für Einladungen.

DREI BIS VIER PORTIONEN

ZUTATEN
- 7,5 ml/1½ TL Olivenöl
- 40 g/3 EL Butter
- 2 Porreestangen (Lauch), in Scheiben geschnitten
- 175 g Parma-Schinken, in Stücke gerissen
- 75 g/1 gute Tasse junge Champignons, geschnitten
- 275 g/1½ Tassen Risotto-Reis
- 1 Liter/4 Tassen heiße Hühnerbrühe
- 45 ml/3 EL frische glatte Petersilie, gehackt
- 40 g/½ Tasse frisch geriebener Parmesankäse
- Salz und schwarzer Pfeffer

1 Braten Sie den Porree in heißem Öl mit Butter weich. Stellen Sie einige Streifen Prosciutto beiseite und geben den Rest in den Topf. Braten Sie 1 Minute, geben die Pilze dazu und braten 2–3 Minuten, bis sie leicht braun sind.

2 Geben Sie Reis dazu. Kochen Sie ihn unter Rühren 1–2 Minuten, bis die Körner vom Öl umhüllt sind und am Rand glasig werden. Gießen Sie eine Kelle heiße Brühe dazu. Rühren Sie, bis sie aufgesaugt ist und geben die nächste Kelle dazu. Machen Sie so weiter, bis alle Brühe aufgenommen ist.

3 Wenn das Risotto cremig und der Reis weich, aber noch bissfest ist, rühren Sie Petersilie und Parmesan ein. Schmecken Sie ab, nehmen dann den Topf vom Herd und lassen ihn bedeckt ein paar Minuten stehen. Geben Sie alles in eine Schüssel, garnieren mit dem Parmaschinken und servieren.

Kaninchen-Risotto mit Zitronengras

Das Zitronengras verleiht dem Risotto einen angenehmen Geschmack. Statt Kaninchen können Sie auch Huhn oder Pute verwenden.

DREI BIS VIER PORTIONEN

ZUTATEN
- 225 g Kaninchenfleisch, in Streifen geschnitten
- gewürztes Mehl
- 50 g/¼ Tasse Butter
- 15 ml/1 EL Olivenöl
- 45 ml/3 EL trockener Sherry
- 1 Zwiebel, fein gehackt
- 1 Knoblauchzehe, zerdrückt
- 1 Stängel Zitronengras, geschält und sehr fein geschnitten
- 275 g/1½ Tassen Risotto-Reis, am besten Carnaroli
- 1 Liter/4 Tassen heiße Hühnerbrühe
- 10 ml/2 TL frischer Thymian, gehackt
- 45 ml/3 EL Schlagsahne
- 25 g/1/3 Tasse frisch geriebener Parmesankäse
- Salz und frisch gemahlener schwarzer Pfeffer

1 Wälzen Sie das Kaninchen im Mehl. Erhitzen Sie die Hälfte von Butter und Öl in einer Pfanne und braten das Fleisch kurz gleichmäßig braun. Geben Sie Sherry dazu und kochen ihn auf, damit der Alkohol verdampft. Salzen und pfeffern Sie und stellen es beiseite.

2 Erhitzen Sie die restliche Butter und Öl in einem großen Topf. Braten Sie Zwiebel und Knoblauch 4–5 Minuten bei kleiner Hitze, bis die Zwiebel weich ist. Geben Sie das Zitronengras dazu und kochen noch ein paar Minuten.

3 Rühren Sie Reis so ein, dass die Körner vom Öl umhüllt werden. Gießen Sie eine Kelle Brühe hinein und kochen, bis sie aufgesaugt ist. Geben Sie unter Rühren weiter Brühe dazu. Wenn der Reis fast gar ist, rühren Sie drei Viertel der Kaninchenstreifen und ihren Saft ein. Geben Sie Thymian und Gewürze dazu.

4 Kochen Sie, bis der Reis weich, aber noch bissfest ist. Rühren Sie Sahne und Parmesan ein, nehmen den Topf vom Herd, lassen ihn bedeckt etwas stehen und garnieren mit Kaninchenstreifen.

Apfel-Zitronen-Risotto mit pochierten Pflaumen

Obwohl es auch hier durchaus möglich ist, das Risotto nach der traditionellen Methode zu kochen, bei der die Flüssigkeit langsam zugegeben wird, ist es doch besser, den Reis in Milch wie bei Milchreis zu garen.

VIER PORTIONEN

ZUTATEN
- 1 Kochapfel
- 15 g/1 EL Butter
- 175 g/1 knappe Tasse Risotto-Reis
- 600 ml/2½ Tassen sahnige Milch
- etwa 50 g/¼ Tasse Streuzucker
- 1,5 ml/¼ TL Zimt, gemahlen
- 30 ml/2 EL Zitronensaft
- 45 ml/3 EL Schlagsahne
- Garnitur: geriebene Schale von 1 Zitrone

Für die pochierten Pflaumen
- 50 g/¼ Tasse hellbrauner Rohzucker
- 200 ml/1 knappe Tasse Apfelsaft
- 3 Sternanis
- Zimtstange
- 6 Pflaumen halbiert und geschnitten

1 Schälen und entkernen Sie den Apfel, schneiden ihn in Stücke, geben diese mit Butter in einen großen Teflontopf und erhitzen, bis die Butter schmilzt.

2 Geben Sie den Reis und die Milch dazu und rühren gut um. Kochen Sie alles bei mittlerer Hitze auf, köcheln dann 20–25 Minuten und rühren ab und zu.

3 Für die pochierten Pflaumen lösen Sie den Zucker in einem Topf in 150 ml/ 2/3 Tasse Apfelsaft. Geben Sie die Gewürze dazu und kochen 2 Minuten lang auf. Geben Sie die Pflaumen dazu, köcheln sie 2 Minuten und stellen sie dann beiseite.

4 Rühren Sie Zucker, Zimt und Zitronensaft in das Risotto. Kochen Sie unter Rühren 2 Minuten und rühren Sahne ein. Geben Sie wenn nötig mehr Zucker dazu. Garnieren Sie mit der Zitronenschale und servieren mit den Pflaumen.

TIPP
Wenn der Apfel sehr sauer ist, kann die Milch gerinnen. Das hat aber keine Auswirkungen auf das Aussehen oder den Geschmack des Gerichts.

SCHOKOLADEN-RISOTTO

WENN SIE NOCH NIE EIN SÜSSES RISOTTO PROBIERT HABEN, BEKOMMEN SIE JETZT GELEGENHEIT DAZU. EIN SCHOKOLADEN-RISOTTO IST KÖSTLICH UND NICHT NUR FÜR KINDER GEEIGNET.

VIER BIS SECHS PORTIONEN

ZUTATEN
- 175 g/1 knappe Tasse Risotto-Reis
- 600 ml/2½ Tassen sahnige Milch
- 75 g Bitterschokolade, in Stücke gebrochen
- 25 g/2 EL Butter
- etwa 50 g/¼ Tasse Streuzucker
- 1 Prise gemahlener Zimt
- 60 ml/4 EL Schlagsahne
- Garnitur: frische Himbeeren und Schokoladensplitter
- Beilage: Schokoladensoße

1 Geben Sie den Reis in einen Teflontopf, gießen Milch dazu und kochen sie bei mäßiger Hitze auf. Reduzieren Sie die Hitze auf ein Minimum und köcheln unter gelegentlichem Rühren etwa 20 Minuten, bis der Reis ganz weich ist.

2 Rühren Sie Schokolade, Butter und Zucker ein. Kochen Sie unter Rühren bei ganz kleiner Hitze 1–2 Minuten, bis die Schokolade geschmolzen ist.

3 Nehmen Sie den Topf vom Herd und rühren Zimt und Sahne ein. Decken Sie den Topf ab und lassen ihn ein paar Minuten stehen.

4 Füllen Sie das Risotto in Schälchen und dekorieren mit frischen Himbeeren und Schokoladensplittern. Servieren Sie mit Schokoladensoße.

FRANK-REICH

Es gibt viele wundervolle Reisrezepte aus Frankreich, das sehr schnell eine breite Palette an Reisgerichten aus den ehemaligen Kolonien entwickelte. Pilaws und Reisfüllungen sind seit Jahren beliebt. In letzter Zeit wurde der rote Reis aus der Camargue mit seinem einzigartig nussigem Geschmack sehr bekannt.

FISCHSUPPE AUS DER PROVENÇE

Durch den Reis wird die Suppe zum sättigenden Hauptgericht. Basmati- oder Thai-Reis haben das beste Aroma; Sie können aber jeden Langkornreis verwenden. Falls Sie einen schnell kochenden Reis nehmen, muss das Gemüse vor der Zugabe länger gegart werden.

VIER BIS SECHS PORTIONEN

ZUTATEN
- 450 g frische Miesmuscheln
- etwa 250 ml/1 Tasse Weißwein
- 675–900 g gemischtes Weißfischfilet wie Mönchsfisch, Scholle, Kabeljau oder Schellfisch
- 6 große Kammmuscheln
- 30 ml/2 EL Olivenöl
- 3 Porreestangen (Lauch), gehackt
- 1 Knoblauchzehe, zerdrückt
- 1 rote und 1 gelbe Paprikaschote, entkernt und in 2,5 cm große Stücke geschnitten
- 175 g Fenchel, in 4 cm große Stücke geschnitten
- 400 g Dose gehackte Tomaten
- etwa 1,2 Liter/5 Tassen gut gewürzte Fischbrühe
- 1 gute Prise Safranfäden, in 15 ml/1 EL heißem Wasser gelöst
- 175 g/1 knappe Tasse Basmati-Reis, eingeweicht
- 8 große rohe Garnelan, geschält und ohne Darm
- Salz und schwarzer Pfeffer
- Garnitur: 30–45 ml/2–3 EL frischer Dill
- Beilage: knuspriges Brot (nach Wahl)

1 Putzen Sie die Miesmuscheln, werfen alle weg, die dabei nicht zugehen und geben sie in einen schweren Topf. Gießen Sie 90 ml/6 EL Wein dazu, kochen ihn bedeckt bei hoher Hitze auf, kochen etwa 3 Minuten, bis sich die Muscheln öffnen. Gießen Sie ab, heben aber die Flüssigkeit auf. Legen Sie die Hälfte der Muscheln zum Garnieren beiseite, pulen Sie die anderen und geben sie in eine Schüssel. Werfen Sie alle Muscheln weg, die nicht offen sind.

2 Schneiden Sie den Fisch in 2,5-cm-Würfel. Entfernen Sie die Korallen von den Kammmuscheln und schneiden das weiße Fleisch in Stücke. Geben Sie die Kammmuscheln zum Fisch und die Korallen zu den Miesmuscheln.

3 Braten Sie Porree und Knoblauch 3–4 Minuten in Öl, bis sie weich sind. Geben Sie Paprika und Fenchel dazu und braten Sie noch 2 Minuten.

4 Geben Sie Tomaten, Brühe, Safranwasser, Muschelflüssigkeit, den übrigen Wein dazu. Würzen Sie gut und kochen 5 Minuten. Gießen Sie den Reis ab, rühren ihn in die Mischung, köcheln bedeckt 10 Minuten, bis er weich wird.

5 Rühren Sie den Weißfisch ein und kochen ihn 5 Minuten bei kleiner Hitze. Geben Sie die Garnelen dazu, kochen 2 Minuten, geben dann Korallen und Miesmuscheln dazu, kochen noch 2–3 Minuten, bis der Fisch weich ist. Wenn Ihnen die Suppe zu trocken scheint, gießen Sie mehr Weißwein und/oder Brühe dazu. Füllen Sie die Suppe in warme Teller, geben die aufgehobenen Muscheln darauf und streuen Dill darüber. Servieren Sie mit frischem Brot.

TIPP
Für eine Fischbrühe geben Sie 500 g Weißfischabfälle – Gräten, Köpfe ohne Kiemen – in einen großen Topf. Mischen Sie gehackte Zwiebel, Möhre, Lorbeerblatt, Petersilie, 6 Pfefferkörner und 5 cm Zitronenschale dazu. Kochen Sie alles in 1,2 Liter/5 Tassen Wasser auf und köcheln 25–30 Minuten. Gießen Sie durch ein Musselintuch ab.

Reisgratin mit Lachs

Dieses Gericht ist ideal für zwanglose Einladungen, da es gut vorbereitet werden kann und etwa eine halbe Stunde vor dem Servieren aufgewärmt wird. Dazu gibt es Salat.

SECHS PORTIONEN

ZUTATEN
- 675 g frisches Lachsfilet, enthäutet
- 1 Lorbeerblatt
- einige Petersilienzweige
- 1 Liter/4 Tassen Wasser
- 400 g/2 Tassen Basmati-Reis, eingeweicht und abgetropft
- 30–45 ml/2–3 EL frische Petersilie, gehackt und mehr zum Garnieren
- 175 g/1½ Tasse Cheddarkäse, gerieben
- 3 hartgekochte Eier, gehackt
- Salz und frisch gemahlener schwarzer Pfeffer

Für die Soße
- 1 Liter/4 Tassen Milch
- 40 g/1/3 Tasse Weizenmehl
- 40 g/3 EL Butter
- 5 ml/1 TL milde Currypaste oder französischer Senf

1 Geben Sie den Lachs in einen breiten, flachen Topf. Fügen Sie Lorbeerblatt, Petersilie, Salz und Pfeffer dazu. Gießen Sie Wasser hinein und bringen es zum Siedepunkt. Pochieren Sie den Fisch etwa 12 Minuten, bis er weich ist.

2 Nehmen Sie den Fisch aus dem Topf und gießen das Wasser in einen anderen ab. Lassen Sie den Fisch abkühlen, entfernen alle sichtbaren Gräten und zerkleinern das Fleisch mit einer Gabel.

3 Geben Sie den abgetropften Reis in den Topf mit dem Fischwasser. Kochen Sie es auf, verringern die Hitze und köcheln den Reis dann bedeckt 10 Minuten, ohne den Deckel zu lüften.

4 Nehmen Sie den Topf vom Herd und lassen den Reis ungestört 5 Minuten ziehen, ohne den Deckel zu lüften.

5 Machen Sie derweil die Soße. Mischen Sie Milch, Mehl und Butter in einem Topf. Kochen Sie es bei kleiner Hitze auf und rühren mit dem Schneebesen, bis die Soße glatt und dick ist. Rühren Sie Currypaste oder Senf, Salz und Pfeffer ein und köcheln 2 Minuten.

6 Heizen Sie den Grill vor. Nehmen Sie die Soße vom Herd und rühren Petersilie, Reis und die Hälfte vom Käse ein. Heben Sie mit einem großen Metalllöffel Fischstückchen und Ei unter. Füllen Sie alles in eine Gratinschale und streuen den übrigen Käse darüber. Backen Sie das Gratin, bis der Käse oben goldbraun ist und Blasen bildet. Servieren Sie bestreut mit gehackter Petersilie.

VARIATIONEN

Garnelen können den Lachs ersetzen. Statt des Cheddarkäse können Sie andere Hartkäsesorten nach Geschmack verwenden.

Roter Reissalat Niçoise

Roter Reis mit seinem süssen nussigen Aroma passt gut in diesen klassischen Salat. Den Tun- oder Schwertfisch können Sie grillen oder rösten.

SECHS PORTIONEN

ZUTATEN
- etwa 675 g frischer Tun- oder Schwertfisch, in 2 cm dicken Filets
- 350 g/1¾ Tassen roter Camargue-Reis
- Fisch-, Gemüsebrühe oder Wasser
- 450 g grüne Bohnen
- 450 g Saubohnen, geschält
- 1 Kopf Römersalat
- 450 g Kirschtomaten, halbiert, wenn sie nicht allzu winzig sind
- 30 ml/2 El frischen Koriander, grob gehackt
- 3 hartgekochte Eier
- 175 g/1½ Tassen schwarze Oliven, entkernt
- Olivenöl zum Einpinseln

Für die Marinade
- 1 rote Zwiebel, grob gehackt
- 2 Knoblauchzehn
- ½ Sträußchen frische Petersilie
- ½ Sträußchen frischer Koriander
- 10 ml/2 EL Paprikapulver
- 45 ml/3 EL Olivenöl
- 45 ml/3 EL Wasser
- 30 ml/2 El Weißweinessig
- 15 ml/1 EL frischer Limonen- oder Zitronensaft
- Salz und frisch gemahlener schwarzer Pfeffer

Für das Dressing
- 30 ml/2 EL frischer Limonen- oder Zitronensaft
- 5ml/1 TL Dijon-Senf
- ½ Knoblauchzehe, zerdrückt (nach Wahl)
- 60 ml/4 EL Olivenöl
- 60 ml/4 EL Sonnenblumenöl

TIPP
Eine guter Salat Niçoise ist auch ein Fest für die Augen. Arrangieren Sie die Zutaten sorgfältig, entweder auf einer großen Servierplatte oder in Schälchen.

1 Bereiten Sie die Marinade zu, indem Sie alle Zutaten 30–40 Sekunden in einer Küchenmaschine mischen, bis das Gemüse und die Kräuter fein gehackt sind.

2 Pieken Sie mit einer Gabel die Fischfilets, legen sie dann in eine Schüssel und gießen die Marinade darüber. Wenden Sie den Fisch, damit er überall bedeckt ist. Decken Sie alles mit Folie ab und stellen es 2–4 Stunden kalt.

3 Kochen Sie Reis laut Anweisungen in Brühe oder Wasser, gießen ihn ab und stellen ihn in einer Schüssel beiseite.

4 Für das Dressing mischen Sie Zitrussaft, Senf und eventuell Knoblauch in einer Schüssel. Quirlen Sie die Öle ein und schmecken mit Salz und Pfeffer ab. Rühren Sie 60 ml/4 EL des Dressings in den Reis und häufen ihn dann in die Mitte einer großen Servierplatte.

5 Kochen Sie die Bohnen in kochendem Salzwasser weich, gießen sie ab, spülen sie unter kaltem Wasser und lassen sie abtropfen. Schälen Sie die Saubohnen und geben sie in den Reis.

6 Werfen Sie die äußeren Blätter vom Salat weg und reißen die inneren in Stücke. Geben Sie den Salat mit Tomaten und Koriander zum Reis. Schälen Sie die Eier ab und schneiden sie in Sechstel. Heizen Sie den Grill vor.

7 Geben Sie die Filets auf ein Grillblech. Pinseln Sie alles mit Marinade und etwas Olivenöl ein. Grillen Sie 3–4 Minuten auf jeder Seite, bis der Fisch zart ist und leicht zergeht, wenn er mit einer Messerspitze berührt wird. Pinseln Sie den Fisch mit Marinade und Olivenöl ein, wenn Sie ihn wenden.

8 Lassen Sie den Fisch etwas abkühlen und brechen dann die Filets in große Stücke. Heben Sie die Stücke mit den Oliven und dem übrigen Dressing unter den Salat. Dekorieren Sie mit den Eiern und servieren Sie.

Rindfleisch im Schlafrock mit wilden Pilzen und Reis

Eine Schicht Reis mit saftigen Wildpilzen krönt jedes Filetsteak, bevor es in den Blätterteig gewickelt und knusprig gebacken wird.

VIER PORTIONEN

ZUTATEN

- 20 g/¼ Tasse frische oder getrocknete wilde Pilze (10 Minuten in warmem Wasser eingeweicht)
- 115 g/1½–1¾ Tasse Morcheln
- etwa 45 ml/3 EL Olivenöl
- 4 Schalotten, fein gehackt
- 1 Knoblauchzehe, zerdrückt
- 20 g/1½ EL Butter
- 175 g/1½ Tassen weißer Langkornreis, gekocht
- 10 ml/2 TL frischer Majoran, gehackt
- 15 ml/1 EL frische Petersilie, fein gehackt
- 275 g Blätterteig, aufgetaut wenn gefroren
- 4 Rinderfiletsteaks, jedes etwa 90 g und 2,5 cm dick
- 10 ml/2 TL Dijon-Senf
- 1 Ei, verquirlt mit 15 ml/1 EL Wasser
- Salz und schwarzer Pfeffer
- Beilage: Bratkartoffeln und Minikürbisgemüse (nach Wahl)

1 Heizen Sie den Ofen auf 220° C/Gas Stufe 7 vor. Gießen Sie die getrockneten Pilze ab, heben das Einweichwasser auf und hacken sie fein. Putzen Sie die Morcheln und hacken sie grob.

2 Braten Sie die Schalotten und den Knoblauch unter gelegentlichem Rühren 2–3 Minuten in 15 ml/1 EL heißem Olivenöl, bis sie weich sind. Geben Sie Butter dazu. Wenn Sie aufschäumt, füllen Sie die Pilze hinein, braten weitere 3–4 Minuten und rühren ab und zu.

3 Geben Sie die Mischung in die Schüssel mit Reis und rühren Majoran und Petersilie ein. Schmecken Sie ab.

4 Schneiden Sie den Teig in 4 gleiche Teile und rollen jeden zu einem Kreis von etwa 20 cm Durchmesser aus. Schneiden Sie den oberen und unteren Rand ab.

5 Erhitzen Sie das restliche Olivenöl in der Pfanne und braten die Steaks auf jeder Seite etwa 30 Sekunden, bis sie braun, innen aber noch rosa sind. Streichen Sie ein wenig Senf auf jedes Steak und legen es dann auf einen Kreis Blätterteig. Verteilen Sie ein Viertel der Pilz- und Reismischung auf jedem Steak.

6 Falten Sie den Teig zu einer Pastete und versiegeln die Ränder mit etwas Eigelb. Machen Sie so vier Pasteten und legen sie auf ein eingefettetes Backblech. Schneiden Sie die Pasteten oben ein, dekorieren mit den abgeschnittenen Rändern und glasieren sie mit Ei. Backen Sie die Pasteten etwa 15 Minuten im Ofen golden.

HÜHNER-PILAW

Hierfür ist der typisch französische Kochtopf ideal. Die hohen Wände verlaufen schräg nach innen und vermindern das Verdampfen. Der Reis kocht langsam und bleibt saftig.

DREI BIS VIER PORTIONEN

ZUTATEN
- 15–20 frische oder getrocknete Pfifferlinge
- 15–30 ml/1–2 EL Olivenöl
- 15 g/1 EL Butter
- 4 dünne Scheiben durchwachsener Speck ohne Schwarte, gehackt
- 3 entbeinte Hühnerbrüste ohne Haut, in dünne Scheiben geschnitten
- 4 Frühlingszwiebeln, geschnitten
- 225 g/1 gute Tasse Basmati-Reis, eingeweicht
- 450 ml/2 knappe Tassen heiße Hühnerbrühe
- Salz und schwarzer Pfeffer

1 Heizen Sie den Ofen auf 180° C/Gas Stufe 4 vor. Weichen Sie Trockenpilze 10 Minuten in warmem Wasser ein, gießen sie ab, heben aber das Wasser auf. Putzen und schneiden Sie die Pilze.

2 Erhitzen Sie Öl und Butter in einer Pfanne. Braten Sie den Speck 2–3 Minuten. Geben Sie das Huhn dazu und braten es, bis die Stücke rundum goldbraun sind. Füllen Sie die Mischung mit einer Schöpfkelle in eine Schüssel.

3 Braten Sie kurz Pilze und Frühlingszwiebeln im verbliebenen Fett und füllen sie in die Schüssel. Geben Sie den abgetropften Reis in die Pfanne, wenn nötig mit etwas Öl, und braten ihn 2–3 Minuten. Füllen Sie den Reis in einen Tontopf oder eine Kasserolle.

4 Gießen Sie die heiße Hühnerbrühe und das Einweichwasser der Pilze (wenn vorhanden) über den Reis. Rühren Sie die Hühner- und Pilzmischung ein und schmecken ab.

5 Decken Sie den Topf mit einer doppelten Schicht Alufolie und einem Deckel ab. Backen Sie alles 30–35 Minuten im Ofen, bis der Reis weich ist.

Roter Reis-Paprika-Salat

Paprikaschoten, sonnengetrocknete Tomaten und Knoblauch verleihen diesem Salat ein typisch mediterranes Aroma. Er passt ausgezeichnet zu pikanter Wurst oder zu Fisch.

VIER PORTIONEN

ZUTATEN
- 225 g/1 knappe Tasse roter Camargue-Reis
- Gemüse-/Hühnerbrühe oder Wasser
- 45 ml/3 EL Olivenöl
- 3 rote Paprikaschoten, entkernt und in Streifen geschnitten
- 4–5 sonnengetrocknete Tomaten
- 4–5 Knoblauchzehen, ungeschält
- 1 Zwiebel, gehackt
- 30 ml/2 EL frische Petersilie, gehackt und mehr zum Garnieren
- 15 ml/1 EL frischer Koriander, gehackt
- 10 ml/2 EL Balsamessig
- Salz und schwarzer Pfeffer

1 Kochen Sie den Reis laut Packungsangaben in Brühe oder Wasser. Geben Sie die Paprikastreifen in eine Pfanne mit erhitztem Öl. Braten Sie sie bei mittlerer Hitze 4 Minuten und schütteln die Pfanne ab und zu.

2 Verringern Sie die Hitze, geben Tomaten, Knoblauch und Zwiebel dazu, decken den Topf ab und kochen unter gelegentlichem Rühren noch 8–10 Minuten. Nehmen Sie den Deckel ab und kochen weitere 3 Minuten.

3 Schalten Sie die Kochplatte aus, rühren Petersilie, Koriander und Essig ein und würzen. Verteilen Sie den Reis auf einer Servierplatte und die Paprikamischung darüber. Schälen Sie die Knoblauchzehen, schneiden sie in Scheiben und streuen diese über den Salat. Servieren Sie bei Raumtemperatur, garniert mit frischer Petersilie.

Cremiger Fisch-Pilaw

Dieses Gericht vereint die Küchen zweier Länder in sich: Die Kochmethode stammt aus Indien, ebenso der Basmatireis, der köstliche Wein und die cremige Sosse sind hingegen typisch französisch.

VIER BIS SECHS PORTIONEN

ZUTATEN
- 450 g frische Miesmuscheln, geputzt
- 350 ml/1½ Tassen Weißwein
- frische Petersilienzweige
- etwa 675 g Lachs
- 225 g Kammmuscheln
- etwa 15 ml/1 EL Olivenöl
- 40 g/3 EL Butter
- 2 Schalotten, fein gehackt
- 225 g/3 Tassen junge Champignons, halbiert, wenn groß
- 275 g/1½ Tassen Basmati-Reis, eingeweicht
- 300 ml/1¼ Tasse Fischbrühe
- 150 ml/2/3 Tasse Schlagsahne
- 15 ml/1 EL frische Petersilie, gehackt
- 225 g große gekochte Garnelen, geschält und ohne Darm
- Salz und frisch gemahlener schwarzer Pfeffer
- Garnitur: frische Zweige glatter Petersilie

1 Heizen Sie den Ofen auf 160° C/Gas Stufe 3 vor. Geben Sie die Miesmuscheln mit 90 ml/6 EL Wein und Petersilie in einen Topf und kochen sie bedeckt 4–5 Minuten, bis sie offen sind. Gießen Sie ab, heben aber die Kochflüssigkeit auf. Pulen Sie die Muscheln und werfen alle weg, die noch geschlossen sind.

2 Schneiden Sie den Fisch in Stücke. Entfernen Sie die Korallen von den Kammmuscheln und schneiden das weiße Fleisch in dicke Stücke.

3 Erhitzen Sie die Hälfte des Olivenöls und Butter, braten Schalotten und Pilze 3–4 Minuten und geben sie dann in eine große Schüssel. Erhitzen Sie das restliche Öl, braten den Reis unter Rühren 2–3 Minuten, bis er vom Öl umhüllt ist und füllen ihn in eine Kasserolle.

4 Gießen Sie Brühe, Wein und die Muschelflüssigkeit in die Pfanne und kochen sie auf. Schalten Sie den Herd aus, rühren Sahne und Petersilie ein und würzen. Geben Sie den Reis darüber und dann den Lachs, Kammmuschelfleisch und die Pilzmischung. Rühren Sie alles gut um.

5 Decken Sie die Kasserolle fest ab. Backen Sie 30–35 Minuten, geben dann die Korallen dazu, decken ab und backen weitere 4 Minuten. Geben Sie Muscheln und Garnelen dazu und backen bedeckt 3–5 Minuten, bis alles heiß und der Reis weich ist. Servieren Sie garniert mit Petersilienzweigen.

ZUCCHINI-ROULADE

Ein imposanter leckerer Snack oder eine Vorseise für eine Einladung. Die Rouladen sind auch zum Einpacken und Mitnehmen geeignet.

5 Backen Sie 10–15 Minuten, bis die Roulade fest und oben etwas golden ist. Stürzen Sie die Roulade dann vorsichtig auf Pergament- oder Backpapier, das mit 30 ml/2 EL geriebenem Parmesan bestreut ist. Ziehen Sie das Backpapier ab. Rollen Sie die Roulade auf und lassen sie abkühlen.

SECHS PORTIONEN

ZUTATEN

- 40 g/3 EL Butter
- 50 g/½ Tasse Weizenmehl
- 300 ml/1¼ Tasse Milch
- 4 Eier, getrennt
- 3 Zucchini, gerieben
- 25 g/1/3 Tasse frisch geriebener Parmesankäse
- Salz und schwarzer Pfeffer
- Beilage: Blattsalat mit Kräutern

Für die Füllung

- 75 g/2/3 Tasse weicher Ziegenkäse
- 60 ml/4 EL Frischkäse
- 225 g/2 Tassen gekochter Reis wie Thai-Duftreis oder japanischer Rundkornreis
- 15 ml/1 EL gemischte frische Kräuter, gehackt
- 15 ml/1 EL Olivenöl
- 15 g/1 EL Butter
- 75 g/1 gute Tasse junge Champignons, sehr fein gehackt

1 Heizen Sie den Ofen auf 200° C/Gas Stufe 6 vor. Legen Sie ein Biskuitbackblech oder ein normales Backblech etwa 30 x 25 cm mit Backpapier aus.

2 Schmelzen Sie Butter in einem Topf, rühren Mehl ein und kochen unter ständigem Rühren 1–2 Minuten. Geben Sie nach und nach Milch dazu und rühren, bis eine glatte Soße entsteht. Nehmen Sie den Topf vom Herd und lassen ihn ein paar Minuten abkühlen.

3 Rühren Sie ein Eigelb nach dem anderen in die Soße und geben geriebene Zucchini und Parmesan dazu. Schmecken Sie ab.

4 Schlagen Sie das Eiweiß steif, heben es unter die Zucchinimischung und geben alles auf das vorbereitete Blech. Verteilen Sie die Mischung gleichmäßig und ebnen die Oberfläche mit einem Palettenmesser.

6 Für die Füllung mischen Sie Ziegen und Frischkäse, sowie Reis und Kräuter in einer Schüssel. Schmecken Sie mit Salz und Pfeffer ab. Erhitzen Sie Olivenöl und Butter in einem kleinen Topf und braten die Pilze, bis sie weich sind.

7 Rollen Sie die Roulade wieder ab, verteilen die Reisfüllung darauf und legen die Pilze in die Mitte. Rollen Sie die Roulade wieder auf. Sie kann warm oder gekühlt serviert werden. Geben Sie die Roulade zum Erwärmen auf ein Backblech, decken sie mit Folie ab und erhitzen sie 15–20 Minuten bei mäßiger Hitze. Um sie kalt zu essen, wird sie in Klarsichtfolie gewickelt und im Kühlschrank gekühlt. Servieren Sie mit grünen Blattsalat mit Kräutern.

PROVENÇALISCHER REIS

Die Gerichte aus dem Süden Frankreichs sind meistens sehr farbenfroh, und dieser Reis ist keine Ausnahme. Für ein Hauptgericht verwenden Sie 50 g/¼ Tasse Reis pro Person.

VIER PORTIONEN

ZUTATEN
- 2 Zwiebeln
- 90 ml/6 EL Olivenöl
- 175 g/1 knappe Tasse brauner Langkornreis
- 10 ml/2 TL Senfkörner
- 475 ml/2 Tassen Gemüsebrühe
- 1 große oder 2 kleine rote Paprika, entkernt und in Stücke geschnitten
- 1 kleine Aubergine, gewürfelt
- 2–3 Zucchini, geschnitten
- etwa 12 Kirschtomaten
- 5–6 frische Basilikumblätter, in Stücke gerissen
- 2 Knoblauchzehen, fein gehackt
- 60 ml/4 EL Weißwein
- 60 ml/4 El Passata oder Tomatensaft
- 2 hartgekochte Eier, in Spalten
- 8 gefüllte grüne Oliven, geschnitten
- 15 ml/1 EL Kapern
- 3 sonnengetrocknete Tomaten in Öl, abgetropft, geschnitten (nach Wahl)
- Butter
- Meersalz und frisch gemahlener schwarzer Pfeffer

1 Heizen Sie den Ofen auf 200° C/Gas Stufe 6 vor. Hacken Sie eine Zwiebel fein. Erhitzen Sie 30 ml/2 EL Öl in einem Topf und braten Sie die Zwiebel 5–6 Minuten bei kleiner Hitze weich.

2 Geben Sie Reis und Senf dazu, kochen unter Rühren 2 Minuten und geben Brühe und Salz dazu. Kochen Sie auf und köcheln bedeckt bei kleiner Hitze 35 Minuten, bis der Reis weich ist.

3 Stückeln Sie die andere Zwiebel. Geben Sie diese mit Paprika, Aubergine, Zucchini und Kirschtomaten auf ein Backblech. Streuen Sie Basilikum und Knoblauch darauf. Gießen Sie das restliche Olivenöl darüber und bestreuen alles mit Meersalz und Pfeffer. Braten Sie es 15–20 Minuten im Ofen, bis das Gemüse anbräunt und rühren durch, wenn es halb gar ist. Schalten Sie den Ofen auf 180° C/Gas Stufe 4 herunter.

4 Füllen Sie den Reis in eine Kasserolle. Geben Sie das Gemüse mit dem Saft vom Blech dazu und gießen dann Wein und Passata darüber.

5 Arrangieren Sie Eier, Oliven, Kapern und evtl. Tomaten auf dem Gemüse. Pinseln Sie alles mit Butter ein, decken es ab und backen den Reis 15–20 Minuten, bis alles schön heiß ist.

Gemüsetarte Tatin

Dieses Tarte vereint mediterranes Gemüse mit einer Mischung aus Reis, Knoblauch, Zwiebeln und Oliven.

VIER PORTIONEN ALS VORSPEISE

ZUTATEN

30 ml/2 EL Sonnenblumenöl
etwa 25 ml/1½ EL Olivenöl
1 Aubergine, längs geschnitten
1 große rote Paprikaschote, entkernt und in lange Streifen geschnitten
5 Tomaten
2 rote Schalotten, fein gehackt
1–2 Knoblauchzehen, zerdrückt
150 ml/2/3 Tasse Weißwein
10 ml/2 TL Basilikum, gehackt
225 g/2 Tassen weißer oder brauner Langkornreis, gekocht
40 g/2/3 Tasse entsteinte schwarze Oliven, gehackt
350 g Blätterteig, aufgetaut, wenn gefroren
frisch gemahlener schwarzer Pfeffer

VARIATION

Sie können statt Auberginen und Paprika auch genauso gut Zucchini und Pilze verwenden oder servieren mit Streifen leicht gebräunter Hühnerbrust für zwei Personen als Hauptgericht.

1 Heizen Sie den Ofen auf 190° C/Gas Stufe 5 vor. Erhitzen Sie das Sonnenblumenöl mit 15 ml/1 EL Olivenöl in einer Pfanne und braten die Auberginen 4–5 Minuten auf jeder Seite, bis sie goldbraun sind. Nehmen Sie die Auberginen aus der Pfanne und tropfen sie auf Küchenpapier ab.

2 Geben Sie die Paprika in das restliche Öl in der Pfanne und wenden sie darin. Decken Sie die Pfanne mit einem Deckel oder Folie ab und schwitzen die Paprika 5–6 Minuten bei mäßiger Hitze an, bis die Streifen weich und braun gefleckt sind, und rühren ab und zu um.

3 Schneiden Sie 2 Tomaten in Scheiben und stellen sie beiseite. Tauchen Sie die anderen kurz in kochendes Wasser, schälen sie, schneiden sie in Viertel und entfernen die Samen. Hacken Sie die Tomaten grob.

4 Erhitzen Sie das übrige Öl in einer Pfanne und braten die Schalotten und den Knoblauch 3–4 Minuten weich. Geben Sie die gehackten Tomaten dazu und kochen ein paar Minuten, bis sie weich sind. Rühren Sie Wein, Basilikum und schwarzen Pfeffer ein. Kochen Sie alles auf, nehmen dann die Pfanne vom Herd und rühren den gekochten Reis und die schwarzen Oliven ein.

5 Schichten Sie Tomatenscheiben, Auberginen und Paprika auf den Boden eine schweren, flachen, feuerfesten Form von ca. 30 cm Durchmesser. Verteilen Sie die Reismischung darüber.

6 Rollen Sie den Blätterteig zu einem Kreis aus, der etwas größer als der Boden der Form ist und legen ihn auf den Reis. Stecken Sie die überlappenden Enden in die Form hinein.

7 Backen Sie 25–30 Minuten, bis der Teig golden und aufgegangen ist. Lassen Sie ihn etwas abkühlen und stürzen die Tarte dann auf eine große, erwärmte Servierplatte. Servieren Sie mit einem grünem Salat.

TIPP

Diese Tarte ergibt ein Mittag- oder Abendessen für zwei Personen. Servieren Sie die Tarte heiß mit neuen Kartoffeln und Butter sowie grünem Gemüse wie Zuckererbsen oder grünen Bohnen.

MILCHREIS-SOUFFLÉ

DEN MILCHREIS MIT MAGERMILCH ZU KOCHEN, IST SICHERLICH GESÜNDER, MIT VOLLMILCH WIRD ER ABER CREMIGER – ENTSCHEIDEN SIE SELBST.

VIER PORTIONEN

ZUTATEN
- 65 g/1/3 Tasse Milchreis
- 45 ml/3 EL Honig
- 750 ml/3 Tassen Magermilch
- 1 Vanilleschote oder 2,5 ml/½ TL Vanille-Essenz
- Butter zum Einfetten
- 2 Eiweiß
- 5 ml/1 TL frisch geriebene Muskatnuss
- Beilage: Waffelröllchen (nach Wahl)

1 Geben Sie Reis, Honig und Milch in einen beschichteten Topf und kochen Sie die Milch bis knapp unter den Siedepunkt auf. Achten Sie darauf, dass sie nicht überkocht. Geben Sie ggf. die Vanillleschote dazu.

2 Stellen Sie die kleinste Hitze ein und decken den Topf ab. Lassen Sie ihn etwa 1–1¼ Stunde kochen, bis die meiste Flüssigkeit aufgesaugt wurde und rühren hin und wieder um, damit der Reis nicht anbrennt.

3 Entfernen Sie die Vanilleschote oder geben Sie jetzt die Vanille-Essenz dazu. Heizen Sie den Ofen auf 220° C/Gas Stufe 7 vor. Fetten Sie eine 1 Liter bzw. 4 Tassen fassende Backform mit Butter ein.

4 Geben Sie das Eiweiß in eine fettfreie Schüssel und quirlen es, bis es weiche Spitzen hat. Heben Sie es vorsichtig und gleichmäßig mit einem großen Metalllöffel oder Spachtel unter den Reis. Schütten Sie dann alles in die Backform.

5 Streuen Sie etwas Muskat darüber und backen es 15–20 Minuten im Ofen, bis der Milchreis aufgegangen und die Oberfläche goldbraun ist. Servieren Sie den Milchreis heiß, wenn Sie mögen mit Waffelröllchen.

TIPP
Dieser Milchreis schmeckt köstlich mit Kompott aus getrockneten Früchten.

REISKUCHEN MIT BIRNEN UND MANDELN

REISSCHROT GIBT SÜSSSPEISEN EINE TYPISCHE, LEICHT KÖRNIGE STRUKTUR, DIE BESONDERS GUT ZU HERBSTOBST PASST. BIRNEN UND MANDELN SIND EINE GERADEZU GÖTTLICHE KOMBINATION.

SECHS PORTIONEN

ZUTATEN
- 4 reife Birnen
- 30 ml/2 EL weicher hellbrauner Zucker
- 115 g/½ Tasse ungesalzene Butter
- 115 g/gute ½ Tassse Streuzucker
- 2 Eier
- einige Tropfen Mandelessenz
- 75 g/⅔ Tasse selbst treibendes Mehl
- 50 g/⅓ Tasse Reisschrot
- 25 g/¼ Tasse Mandelsplitter
- Beilage: Vanillesoße oder Crème fraîche (nach Wahl)

1 Heizen Sie den Ofen auf 180° C/Gas Stufe 4 vor. Fetten Sie eine 25-cm-Kuchenform ein. Schälen und vierteln Sie die Birnen und legen sie in die Form. Streuen Sie braunen Zucker darüber.

2 Verrühren Sie Butter und Streuzucker, bis sie leicht und locker sind, und geben dann Eier und Mandelessenz dazu. Heben Sie Mehl und Reisschrot darunter.

3 Geben Sie diese Reisschrot-Mischung vorsichtig auf die Birnen und streichen die Oberfläche mit einem Palettenmesser glatt.

4 Streuen Sie die Mandelsplitter darüber und backen den Kuchen 30–35 Minuten, bis er oben golden ist. Servieren Sie mit Vanillesoße oder Crème fraîche.

CAJUN, KREOL UND LATEIN-AMERIKA

Reis wird im Süden der USA, vor allem in Lousiana, und darüber hinaus auch in ganz Lateinamerika angebaut. Die Reisgerichte aus diesen Regionen bedienen sich einer Fülle von Zutaten, und viele Gerichte sind weltbekannt – Jambalayas und Gumbos aus der Cajunküche, Tortillas aus Mexiko und ein Reisauflauf aus Brasilien.

LOUISIANA-REIS

Aubergine und Schweinfleisch mit Kräutern und aromatischen Gewürzen.

VIER PORTIONEN

ZUTATEN

- 60 ml/4 EL Pflanzenöl
- 1 Zwiebel, gehackt
- 1 kleine Aubergine, geschnitten
- 225 g Gehacktes vom Schwein
- 1 grüne Paprikaschote, entkernt und gehackt
- 2 Stangen Sellerie, gehackt
- 1 Knoblauchzehe, zerdrückt
- 5 ml/1 TL Cayennepfeffer
- 5 ml/1 TL Paprikapulver
- 5 ml/1 TL schwarzer Pfeffer
- 2,5 ml/½ TL Salz
- 5 ml/1 TL getrockneter Thymian
- 2,5 ml/½ TL getrockneter Oregano
- 475 ml/2 Tassen Hühnerbrühe
- 225 g Hühnerleber, gehackt
- 150 g/¾ Tasse weißer Langkornreis
- 1 Lorbeerblatt
- 45 ml/3 EL frische Petersilie, gehackt

1 Geben Sie Zwiebel und Aubergine in kochend heißes Öl und braten sie unter Rühren etwa 5 Minuten an.

2 Geben Sie das Fleisch dazu, braten es 6–8 Minuten braun und zerstoßen alle Klumpen mit dem Holzlöffel.

3 Rühren Sie grüne Paprika, Sellerie, Knoblauch und alle Kräuter und Gewürze ein. Kochen Sie bedeckt 9–10 Minuten bei großer Hitze und rühren ständig am Boden der Pfanne, um die knusprigen braunen Stückchen abzukratzen und zu verteilen.

4 Gießen Sie Hühnerbrühe dazu und rühren weiter, um den Satz am Pfannenboden zu lösen. Kochen Sie bedeckt 6 Minuten bei mäßiger Hitze. Rühren Sie die Hühnerleber ein und kochen weitere 2 Minuten.

5 Rühren Sie Reis und Lorbeerblatt ein. Reduzieren Sie die Hitze und köcheln bedeckt 6–7 Minuten. Schalten Sie den Herd aus und lassen alles bedeckt noch 10–15 Minuten stehen, bis der Reis weich ist. Entfernen Sie das Lorbeerblatt und rühren die gehackte Petersilie ein. Servieren Sie den Reis heiß.

SCHMUTZIGER REIS

ENTGEGEN DER ALLGEMEINEN MEINUNG VERDANKT DIESES GERICHT SEINEN NAMEN NICHT DER FARBE, SONDERN SEINEM URSPRUNGSORT NEW ORLEANS, DER HEIMAT DES JAZZ, WELCHER FRÜHER OFT ALS „SCHMUTZIGE MUSIK" BEZEICHNET WURDE.

VIER PORTIONEN

ZUTATEN
- 60 ml/4 EL Pflanzenöl
- 25 g/¼ Tasse Weizenmehl
- 50 g/4 EL Butter
- 1 große Zwiebel, gehackt
- 2 Knoblauchzehen, zerdrückt
- 200 g Gehacktes vom Schwein
- 225 g Hühnerleber, fein gehackt
- 1 Schuss Tabasco-Soße
- 1 grüne Paprikaschote, entkernt und geschnitten
- 2 Stangen Sellerie, geschnitten
- 300 ml/1¼ Tasse Hühnerbrühe
- 225 g/1 gute Tasse weißer Langkornreis, gekocht
- 4 Frühlingszwiebeln, gehackt
- 45 ml/3 EL Petersilie, gehackt
- Salz und schwarzer Pfeffer
- Garnitur: Sellerieblätter

1 Erhitzen Sie die Hälfte des Öls in einem schweren Topf. Rühren Sie das Mehl ein und köcheln unter Rühren bei kleinster Hitze, bis die Mehlschwitze glatt und von kastanienbrauner Farbe ist. Nehmen Sie den Topf sofort vom Herd und stellen ihn auf eine kalte Fläche, z. B. den Abtropf Ihrer Spüle.

2 Erhitzen Sie das restliche Öl in einer Pfanne und braten die Zwiebel unter Rühren 5 Minuten.

3 Geben Sie Knoblauch und Gehacktes dazu. Braten Sie 5 Minuten, zerstoßen dabei die Klumpen und rühren, bis alles gleichmäßig braun ist. Rühren Sie dann die Hühnerleber ein und braten sie 2–3 Minuten, bis sie überall die Farbe geändert hat. Schmecken Sie mit Salz, Pfeffer und Tabasco-Soße ab. Rühren Sie grüne Paprikastücke und Sellerie ein.

4 Rühren Sie die Mehlschwitze in das Gebratene und geben dann nach und nach die Brühe dazu. Wenn die Mischung anfängt zu brodeln, decken Sie den Topf ab und kochen unter gelegentlichem Rühren 30 Minuten. Rühren Sie Reis, Frühlingszwiebeln und Petersilie ein. Schütteln Sie die Pfanne ab und zu über dem Herd, bis der Reis heiß ist. Servieren Sie garniert mit Sellerieblättern.

MEERESFRÜCHTE-GUMBO AUS LOUISIANA

GUMBO IST EIGENTLICH EINE SUPPE, WIRD ABER MIT REIS ALS HAUPTGERICHT SERVIERT. IN LOUISIANA WÜRDE MAN STATT DER MUSCHELN DIE DORT SEHR GÜNSTIGEN AUSTERN VERWENDEN.

SECHS PORTIONEN

ZUTATEN

450 g frische Miesmuscheln
450 g rohe Garnelen, in der Schale
1 gekochte Krabbe, etwa 1 kg schwer
1 Sträußchen Petersilie, Blätter gehackt und Stängel aufgehoben
150 ml/2/3 Tasse Pflanzenöl
115 g/1 Tasse Weizenmehl
1 grüne Paprikaschote, entkernt und gehackt
1 große Zwiebel, gehackt
2 Stange Sellerie, geschnitten
3 Knoblauchzehen, fein gehackt
75 g geräucherte gewürzte Hartwurst, gehäutet und geschnitten
275 g/1½ Tassen Langkornreis, weiß
6 Frühlingszwiebeln, geschnetzelt
Cayennepfeffer, nach Belieben
Tabasco-Soße, nach Belieben
Salz

1 Waschen Sie die Muscheln in kaltem Wasser, wechseln es öfter und entfernen die schwarzen Bärte. Werfen Sie kaputte Muscheln weg sowie die, die sich beim Anfassen nicht schließen.

2 Geben Sie die Muscheln in 250 ml/1 Tasse kochendes Wasser und kochen fest bedeckt bei großer Hitze 3 Minuten unter Schütteln. Wenn sie offen sind, gießen Sie die Muscheln in ein Sieb über einer Schüssel. Werfen Sie alle weg, die zu sind. Schälen Sie die Muscheln und werfen die Schalen weg. Geben Sie das Wasser aus der Schüssel in den Topf zurück und füllen mit Wasser auf 2 Liter/8 Tassen auf.

3 Schälen Sie die Garnelen bis auf einige und stellen sie beiseite. Geben Sie Schalen und Köpfe in einen Topf.

4 Entfernen Sie alles Fleisch aus der Krabbe und trennen weißes und dunkles. Geben Sie die Krabbenschale zu den anderen Schalen in den Topf.

5 Kochen Sie die Schalenbrühe auf und schöpfen sie regelmäßig ab. Wenn der Schaum weg ist, geben Sie Petersilienstängel dazu, köcheln 15 Minuten und kühlen sie dann ab. Gießen Sie die Brühe in einen Messbecher ab und füllen mit Wasser auf 2 Liter/8 Tassen auf.

6 Erhitzen Sie Öl in einem schweren Topf und rühren Mehl ein. Rühren Sie ständig mit einem Holzlöffel oder Quirl bei mittlerer Hitze, bis die Mehlschwitze goldbraun wird. Geben Sie sofort Paprika, Zwiebel, Sellerie und Knoblauch dazu. Kochen Sie noch etwa 3 Minuten, bis die Zwiebel weich ist. Rühren Sie die Wurst ein. Erwärmen Sie die Brühe.

7 Rühren Sie das dunkle Krabbenfleisch in die Mehlschwitze, geben die Brühe unter ständigem Rühren kellenweise dazu, bis alles glatt ist. Kochen Sie leise auf, decken den Topf halb zu und köcheln das Gumbo 30 Minuten.

8 Kochen Sie inzwischen den Reis in reichlich leicht gesalzenem Wasser, bis die Körner weich sind.

9 Geben Sie Garnelen, Muscheln, weißes Krabbenfleisch und Frühlingszwiebeln in das Gumbo. Kochen Sie es wieder auf, würzen mit Salz, Cayennepfeffer und einem Schuss Tabasco-Soße. Köcheln Sie noch 1 Minute und geben dann die gehackte Petersilie dazu. Servieren Sie das Gumbo in Suppentellern auf dem heißen Reis.

TIPP

Das ständige Umrühren ist wichtig, damit die Mehlschwitze dunkler wird, ohne anzubrennen. Sollten schwarze Punkte auftauchen, werfen Sie alles weg und beginnen von vorn. Haben Sie das Gemüse zur Hand, um es zur Mehlschwitze zu geben, sobald sie goldbraun wird, damit sie diese Farbe beibehält.

Hühner-Jambalaya mit Garnelen

Die Kombination von Huhn, Meeresfrüchten und Reis lässt eine Verwandtschaft zur spanischen Paella vermuten, aber der Name stammt wahrscheinlich von jambon (französich für Schinken) und à la ya (kreolisch für Reis) ab. Jambalayas sind eine farbenfrohe Mischung aus aromatischen Zutaten und werden immer in grossen Mengen für Feste zubereitet.

ZEHN PORTIONEN

ZUTATEN

- 2 Hühner, jedes etwa 1,5 kg schwer
- 450 g roher geräucherter Schinken
- 50 g/4 EL Schmalz oder Speck
- 50 g/½ Tasse Weizenmehl
- 3 mittlere Zwiebeln, fein geschnitten
- 2 grüne Paprikaschoten, entkernt und geschnitten
- 700 g Tomaten, gehäutet, gehackt
- 2–3 Knoblauchzehen, zerdrückt
- 10 ml/2 TL frischer Thymian, gehackt oder 5 ml/1 TL Thymian, getrocknet
- 24 rohe Garnelen, geschält und ohne Darm
- 500 g/3 Tassen weißer Langkornreis
- 1,2 Liter/5 Tassen Wasser
- 2–3 Spritzer Tabasco-Soße
- 45 ml/3 EL frische glatte Petersilie, gehackt und kleine Petersilienzweige zum Garnieren
- Salz und schwarzer Pfeffer

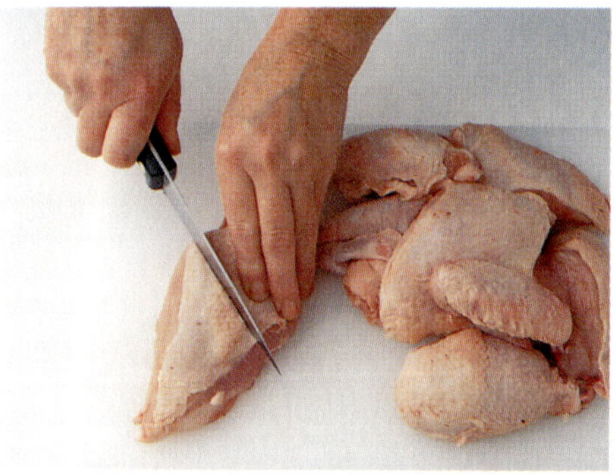

1 Stückeln Sie jedes Huhn in 10 Teile und salzen und pfeffern. Würfeln Sie den Schinken, entfernen Sie das Fett.

2 Schmelzen Sie Schmalz oder Speck in einer großen schweren Pfanne. Bräunen Sie das Huhn darin rundum an, heben es mit einem Schöpflöffel heraus und stellen es beiseite.

3 Reduzieren Sie die Hitze. Streuen Sie Mehl in das Pfannenfett und rühren die Mehlschwitze, bis sie goldbraun wird. Geben Sie das Huhn wieder dazu.

4 Mischen Sie Schinken, Zwiebel, Paprika, Tomaten, Knoblauch und Thymian dazu. Kochen Sie unter Rühren 10 Minuten, geben dann die Garnelen dazu.

5 Rühren Sie Reis hinein und gießen Wasser dazu. Würzen Sie mit Salz, Pfeffer und Tabasco-Soße. Kochen Sie alles auf und köcheln dann, bis der Reis weich ist und alle Flüssigkeit aufgesaugt wurde. Gießen Sie kochendes Wasser dazu, wenn der Reis austrocknet und noch nicht gar ist.

6 Mischen Sie die Petersilie in das fertige Jambalaya, garnieren mit kleinen Zweigen glatter Petersilie und servieren sofort.

Brasilianischer Reisauflauf

Wir verbinden Brasilien eher mit Rindfleisch, aber es gibt auch ausgezeichnete Rezepte mit Schweinefleisch, wie diesen herzhaften Auflauf mit mariniertem Schweinefleisch.

VIER BIS SECHS PORTIONEN

ZUTATEN

- 500 g/ mageres Schweinefleisch wie Filet, in Streifen geschnitten
- 60 ml/4 EL Maisöl
- 1 Zwiebel, gehackt
- 1 Knoblauchzehe, zerdrückt
- 1 grüne Paprikaschote, in Stücke geschnitten
- etwa 300 ml/1¼ Tasse Hühnerbrühe
- 225 g/1 knappe Tasse weißer Langkornreis
- 150 ml/2/3 Tasse Schlagsahne
- 40 g/½ Tasse frisch geriebener Parmesankäse
- Salz und schwarzer Pfeffer

Für die Marinade

- 120 ml/½ Tasse trockener Weißwein
- 30 ml/2 EL Zitronensaft
- 1 Zwiebel, gehackt
- 4 Wacholderbeeren, leicht zerdrückt
- 3 Nelken
- 1 frische rote Chilischote, entkernt und fein geschnitten

1 Mischen Sie alle Zutaten der Marinade, geben das Fleisch hinein, stellen es 3–4 Stunden zum Marinieren beiseite und wenden es ab und zu. Legen Sie das Fleisch auf einen Teller und tupfen es trocken. Gießen Sie die Marinade ab und stellen sie beiseite.

2 Erhitzen Sie Öl in einem schweren Topf und braten das Fleisch einige Minuten, bis es gleichmäßig braun ist. Heben Sie es dann mit einem Schöpflöffel auf einen Teller.

3 Geben Sie Zwiebel und Knoblauch hinein und braten 3–4 Minuten. Rühren Sie die Paprika ein, braten weitere 3–4 Minuten und geben dann das Fleisch dazu. Gießen Sie die Marinade und die Brühe hinein. Kochen Sie alles auf, würzen mit Salz und Pfeffer und köcheln dann bedeckt bei geringer Hitze 10 Minuten, bis das Fleisch fast weich ist.

4 Heizen Sie den Ofen auf 160° C/Gas Stufe 3 vor. Kochen Sie den Reis in leicht gesalzenem Wasser 8 Minuten oder bis er zu ¾ gar ist. Gießen Sie ihn gut ab. Geben Sie die Hälfte vom Reis in eine eingefettete, ovale Backform, darüber mit einem Schöpflöffel eine Schicht Fleisch und Gemüse und dann den übrigen Reis darauf.

5 Rühren Sie Sahne und 30 ml/2 EL Parmesan in die Kochflüssigkeit des Fleisches und füllen sie in einen Krug. Gießen Sie die Mischung über den Reis und streuen den restlichen Parmesan darüber. Decken Sie mit Folie ab und backen 20 Minuten, nehmen die Folie ab und backen 5 Minuten, bis der Auflauf oben leicht braun wird.

HÜHNER-FAJITAS

FAJITAS SIND WEICHE GEFÜLLTE TORTILLAS, DIE WIE EIN BRIEFUMSCHLAG GEFALTET WERDEN. SIE SIND EIN TRADITIONELLER MEXIKANISCHER IMBISS, KÖSTLICH UND LEICHT ZUZUBEREITEN.

VIER PORTIONEN

ZUTATEN
- 115 g/gute ½ Tasse weißer Langkornreis
- 15 g/3 EL Wildreis
- 15 ml/1 EL Olivenöl
- 15 ml/1 EL Sonnenblumenöl
- 1 Zwiebel, in dünne Spalten geschnitten
- 4 entbeinte Hühnerbrüste ohne Haut, in dünne Streifen geschnitten
- 1 rote Paprikaschote, entkernt und fein geschnitten
- 5 ml/1 TL Kreuzkümmel, gemahlen
- 1 gute Prise Cayennepfeffer
- 2,5 ml/½ Tasse Kurkuma, gemahlen
- 175 ml/¾ Tasse Tomatenpüree
- 120–175ml/½–¾ Tasse Hühnerbrühe
- 12 kleine oder 8 große Weizentortillas, aufgewärmt
- Beilage: Sauerrahm

Für die Salsa
- 1 Schalotte, grob gehackt
- 1 kleine Knoblauchzehe
- ½-1 frische grüne Chilischote, entkernt und grob gehackt
- 1 Stäußchen frische Petersilie
- 5 Tomaten, gehäutet, entkernt und gehackt
- 10 ml/2 TL Olivenöl
- 15 ml/1 EL Zitronensaft
- 30 ml/2 EL Tomatensaft
- Salz und frisch gemahlener schwarzer Pfeffer

Für die Guacamole
- 1 große reife Avocado
- 2 Frühlingszwiebeln, gehackt
- 15–30 ml/1–2 EL frischer Limonen- oder Zitronensaft
- 1 gute Prise Cayennepfeffer
- 15 ml/1 EL frischer Koriander, gehackt

TIPP
Zum Erwärmen wickeln Sie die Tortillas in Folie und geben Sie 5 Minuten in den warmen Ofen oder wickeln 4 bis 5 in Mikrowellenfolie und erhitzen sie 20 Sekunden auf höchster Stufe.

1 Kochen Sie Langkorn- und Wildreis getrennt laut den Packungsangaben. Stellen Sie ihn abgegossen beiseite.

2 Für die Salsa hacken Sie Schalotten, Knoblauch, Chili und Petersilie in einer Küchenmaschine fein und geben sie in eine Schüssel. Rühren Sie die übrigen Zutaten ein und würzen mit Salz und Pfeffer. Bedecken Sie alles mit Klarsichtfolie und kühlen die Salsa.

3 Für die Guacamole geben Sie das Avocadofleisch in eine Schüssel. Zerquetschen Sie es mit Frühlingszwiebeln, Zitronensaft, Cayennepfeffer, Koriander und Gewürzen mit einer Gabel so, dass dabei kleine Stückchen bleiben. Decken Sie die Schüssel fest mit Klarsichtfolie ab und kühlen alles.

4 Erhitzen Sie Oliven- und Sonnenblumenöl in einer Pfanne und braten die Zwiebelstücken 4–5 Minuten, bis sie weich sind. Geben Sie die Hühnerstreifen und die Paprikastückchen dazu und braten alles gleichmäßig braun.

5 Rühren Sie Kümmel, Cayennepfeffer und Kurkuma ein. Braten Sie unter Rühren 1 Minute und rühren dann Tomatenpüree und Hühnerbrühe ein. Kochen Sie alles auf und köcheln dann 5–6 Minuten bei geringer Hitze, bis das Huhn gar ist. Schmecken Sie ab.

6 Gießen Sie den ganzen Reis in diese Mischung und kochen 1–2 Minuten, bis der Reis aufgewärmt ist.

7 Verteilen Sie etwas von der Mischung auf jede Tortilla. Geben Sie Salsa, Guacamole und Sauerrahm dazu und rollen die Tortilla auf, oder Sie lassen bei Tisch jeden seine eigenen Fajitas zusammenstellen.

VARIATION
Fajitas sind ein sehr beliebtes Familienessen. Wundern Sie sich nicht weiter, wenn sie immer wieder gefordert werden. Zur Abwechslung können Sie Naturreis und roten Camargue-Reis statt weißem und wildem Reis verwenden und Schweinefilet oder Beefsteak statt Hühnchen.

PIKANTE RINDER-TORTILLA AUS MEXIKO

Ähnelt einer Lasagne, nur wird hier das pikante Fleisch mit Reis gemischt und zwischen mexikanische Tortillas geschichtet und mit einer scharfen Salsa gewürzt.

VIER PORTIONEN

ZUTATEN

- 1 Zwiebel, gehackt
- 2 Knoblauchzehen, zerdrückt
- 1 frische rote Chilischote, entkernt und geschnitten
- 350 g Rumpsteak, in kleinen Würfeln
- 15 ml/1 EL Öl
- 225 g/2 Tassen gekochter Langkornreis
- Rinderbrühe zum Anfeuchten
- 3 große Weizentortillas

Für die Salsa picante

- 800 g gehackte Tomaten (Dose)
- 2 Knoblauchzehen, halbiert
- 1 Zwiebel, geviertelt
- 1–2 frische rote Chilischoten, entkernt und grob gehackt
- 5 ml/1 TL Kreuzkümmel, gemahlen
- 2,5–5 ml/½–1 TL Cayennepfeffer
- 5 ml/1 TL frischer Oregano oder 2,5 ml/½ TL getrockneter Oregano
- Tomatensaft oder Wasser, wenn nötig

Für die Käsesoße

- 50 g/4 EL Butter
- 50 g/½ Tasse Weizenmehl
- 600 ml/2½ Tassen Milch
- 115 g/1 Tasse Cheddarkäse, gerieben
- Salz und schwarzer Pfeffer

1 Heizen Sie den Ofen auf 180° C/Gas Stufe 4 vor. Für die Salsa geben Sie Tomaten, Knoblauch, Zwiebeln und Chilistücke in eine Küchenmaschine und mixen sie glatt. Gießen Sie alles mit Gewürzen, Oregano und Salz in einen kleinen Topf. Kochen Sie es unter Rühren langsam auf. Kochen Sie die Salsa 1–2 Minuten und köcheln dann bedeckt 15 Minuten bei kleiner Hitze. Die Soße sollte eindicken, aber noch flüssig sein.Wenn sie zu dick wird, verdünnen Sie mit etwas Tomatensaft oder Wasser.

2 Für die Käsesoße schmelzen Sie Butter, rühren Mehl ein und kochen sie 1 Minute. Geben Sie Milch dazu und rühren, bis sie aufkocht und eindickt. Rühren Sie bis auf 30 ml/2 EL den Käse ein und schmecken ab. Decken Sie den Topf fest ab und stellen ihn beiseite.

3 Mischen Sie Zwiebel, Knoblauch und Chili in einer großen Schüssel. Geben Sie die Steakwürfel dazu. Erhitzen Sie Öl in einer Pfanne und braten die Mischung unter Rühren 10 Minuten, bis die Würfel braun und die Zwiebel weich sind. Rühren Sie Reis ein und ausreichend Brühe zum Anfeuchten. Salzen und pfeffern Sie.

4 Geben Sie etwa ein Viertel der Käsesoße in eine runde feuerfeste Form. Legen Sie eine Tortilla darauf und verteilen erst die Hälfte der Salsa und dann die Hälfte der Fleischmischung darüber.

5 Wiederholen Sie die Schichten und geben die Hälfte der restlichen Käsesoße und die letzte Tortilla darauf. Gießen Sie die übrige Käsesoße darüber und streuen den Käse obenauf. Backen Sie alles 15–20 Minuten im Ofen goldgelb.

TIPP

Sie können jedes Rindfleisch für dieses Gericht verwenden. Schmorfleisch sollten Sie sehr fein hacken oder sogar durch den Wolf drehen und 10–15 Minuten länger im Ofen lassen.

TOMATENREIS

DER BEWEIS DAFÜR, DASS ES NICHT IMMER AUFWÄNDIGER ZUTATEN ODER KOMPLIZIERTER KOCHMETHODEN BEDARF, UM EIN KÖSTLICHES GERICHT ZU ZAUBERN.

VIER PORTIONEN

ZUTATEN

- 30 ml/2 EL Sonnenblumenöl
- 2,5 ml/½ TL Zwiebelsamen
- 1 Zwiebel, geschnitten
- 2 Tomaten, gehackt
- 1 orange oder gelbe Paprikaschote, entkernt und geschnitten
- 5 ml/1 TL frische Ingwerwurzel, zerdrückt
- 1 Knoblauchzehe, zerdrückt
- 5 ml/1 TL Chilipulver
- 1 Kartoffel, gewürfelt
- 7,5 ml/1½ TL Salz
- 400 g/2 Tassen Basmati-Reis, eingeweicht
- 750 ml/3 Tassen Wasser
- 30–45 ml/2–3 EL frischer Koriander, gehackt

1 Erhitzen Sie das Öl und braten die Zwiebelsamen etwa 30 Sekunden. Geben Sie die Zwiebel dazu und braten sie etwa 5 Minuten.

2 Rühren Sie Tomaten, Paprika, Ingwer, Knoblauch, Chilipulver, Kartoffel und Salz ein. Braten Sie bei mittlerer Hitze noch etwa 5 Minuten.

3 Gießen Sie den Reis ab, geben ihn dazu und braten ihn etwa 1 Minute, bis die Körner vom Öl umhüllt sind.

4 Gießen Sie Wasser dazu und kochen es auf, verringern dann die Hitze und kochen den Reis bedeckt 12–15 Minuten. Nehmen Sie den Topf, ohne den Deckel zu lüften, vom Herd und lassen ihn 5 Minuten stehen. Rühren Sie den gehackten Koriander ein und servieren.

PERUANISCHE ENTE MIT REIS

EIN SEHR LECKERES GERICHT UND DURCH DIE TOMATEN UND KRÄUTER ZUDEM SEHR FARBENFROH.

VIER BIS SECHS PORTIONEN

ZUTATEN

- 4 Entenbrüste ohne Knochen
- 1 Gemüsezwiebel, gehackt
- 2 Knoblauchzehen, zerdrückt
- 10 ml/2 TL frische Ingwerwurzel, gerieben
- 4 Tomaten (eventuell enthäutet), gehackt
- 225 g Kabocha oder anderen Kürbis, in 1 cm große Würfel geschnitten
- 275 g/1½ Tasse Langkornreis
- 750 ml/3 Tassen Hühnerbrühe
- 15 ml/1 EL frischer Koriander, fein gehackt
- 15 ml/1 EL frische Minze, fein gehackt
- Salz und frisch gemahlener schwarzer Pfeffer

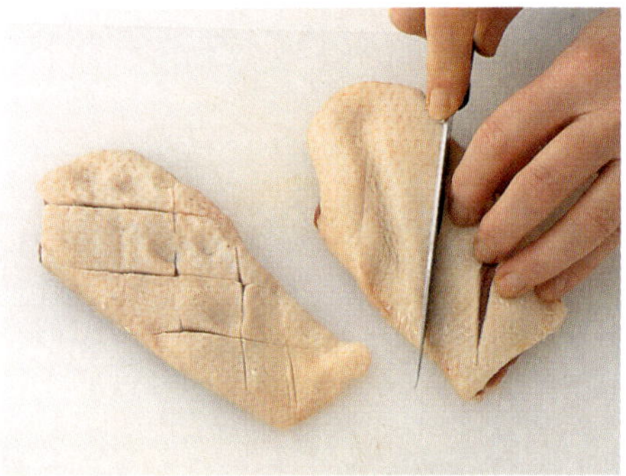

1 Erhitzen Sie eine schwere Pfanne oder eine feuerfeste Kasserolle. Kerben Sie die Entenbrüste auf der fettigen Seite mit einem scharfen Messer kreuzweise ein, reiben sie mit etwas Salz ein und braten sie mit der Fettseite unten 6–8 Minuten, damit etwas Fett austritt.

2 Gießen Sie das Fett bis auf 15 ml/1 EL in eine Tasse und braten die Entenbrüste 3–4 Minuten auf der Fleischseite im Fett rundum braun. Geben Sie die Brüste auf ein Brett, schneiden sie dick und stellen sie beiseite. Spülen Sie die Pfanne mit etwas Wasser aus und gießen es über die Ente.

3 Braten Sie die Zwiebel und den Knoblauch 4–5 Minuten in derselben Pfanne, bis die Zwiebel weich ist und geben wenn nötig mehr Entenfett dazu. Rühren Sie Ingwer ein, braten noch 1–2 Minuten, fügen dann die Tomaten dazu hinzu kochen unter Rühren weitere 2 Minuten.

4 Geben Sie Kürbis dazu, braten einige Minuten, decken die Pfanne ab und lassen alles etwa 4 Minuten dämpfen.

5 Rühren Sie Reis ein und kochen unter Rühren, bis der Reis von der Mischung bedeckt ist. Gießen Sie Brühe hinein, geben die Entenstücke dazu und würzen mit Salz und Pfeffer.

6 Kochen Sie alles auf, verringern dann die Hitze und köcheln bedeckt 30–35 Minuten, bis der Reis weich ist. Rühren Sie Koriander und Minze ein und servieren Sie.

TIPP

Während Reis in Südamerika importiert wurde, ist Kürbis ein typisch indianisches Gemüse. Für dieses Rezept können Sie verschiedene Sorten verwenden. Kabochakürbis hat eine sehr dicke Schale und viele Kerne, die entfernt werden müssen, bevor Sie das Fleisch würfeln.

VARIATION

Anstelle der Ente können Sie auch Hühnerfleisch oder Kaninchen verwenden. Zucchini und Karotten können den Kürbis ersetzen.

PERUANISCHER SALAT

DIESER SALAT SIEHT WIRKLICH SPEKTAKULÄR AUS. ER KANN ALS BEILAGE SERVIERT WERDEN ODER ALS KÖSTLICHES LEICHTES MITTAGESSEN. IN PERU WÜRDE WEISSER REIS VERWENDET WERDEN, ABER BRAUNER REIS VERLEIHT EINE GRIFFIGERE STRUKTUR UND NOCH MEHR GESCHMACK.

VIER PORTIONEN

ZUTATEN

- 225 g/2 Tassen Langkornreis, braun oder weiß, gekocht
- 15 ml/1 EL Petersilie, gehackt
- 1 rote Paprikaschote
- 1 kleine Zwiebel, geschnitten
- Olivenöl zum Beträufeln
- 115 g grüne Bohnen, halbiert
- 50 g/½ Tasse junger Zuckermais
- 4 Wachteleier, hartgekocht
- 25–50 g spanischer Schinken, in dünnen Scheiben (nach Wahl)
- 1 kleine Avocado
- Zitronensaft zum Beträufeln
- 75 g gemischter Salat
- 15 ml/1 EL Kapern
- etwa 10 gefüllte Oliven, halbiert

Für das Dressing

- 1 Knoblauchzehe, zerdrückt
- 60 ml/4 EL Olivenöl
- 45 ml/3 EL Sonnenblumenöl
- 30 ml/2 EL Zitronensaft
- 45 ml/3 EL Naturjogurt
- 2,5 ml/½ TL Senf
- 2,5 ml/½ TL Zucker
- Salz und schwarzer Pfeffer

1 Geben Sie alle Zutaten für das Dressing in eine Schüssel und verquirlen sie mit einer Gabel, bis sie glatt sind, oder schütteln sie in einem Marmeladenglas.

2 Füllen Sie den gekochten Reis in eine große Salatschüssel aus Glas, gießen die Hälfte des Dressings und streuen Petersilie dazu, rühren gut um und stellen sie beiseite.

3 Halbieren Sie die Paprika, entkernen und säubern sie und geben sie mit den Schnittflächen nach unten auf ein Backblech. Geben Sie die Zwiebelringe dazu, beträufeln sie mit Olivenöl, schieben das Blech in den heißen Grill und grillen 5–6 Minuten, bis die Paprika schwarz und die Zwiebel golden wird. Rühren Sie die Zwiebel öfter durch. damit sie gleichmäßig grillt.

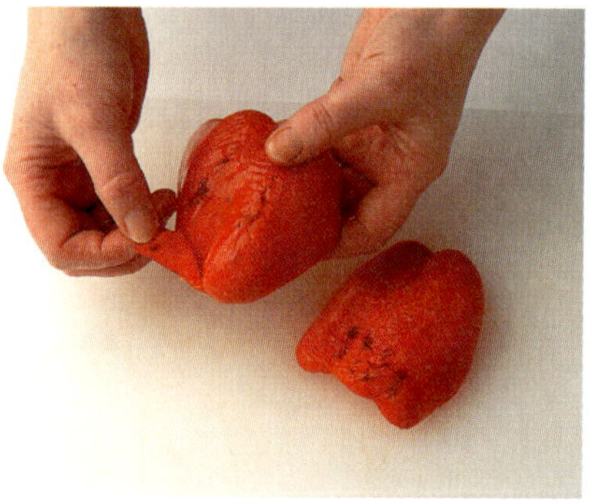

4 Rühren Sie die Zwiebel in den Reis. Geben Sie die Paprika in eine Plastetüte und knoten sie zu. Wenn der Dampf die Haut gelöst hat und sie kalt genug zum Anfassen sind, schälen Sie die Paprika und schneiden das Fleisch in dünne Streifen.

TIPP

Der Salat sieht in einer großen Salatschüssel aus Glas besonders hübsch aus. Die Gäste können die verschiedenen Schichten sehen: den Reis und die grünen Salatblätter mit den farbenfrohen Paprikastücken, Mais, Eiern und Oliven.

5 Kochen Sie die Bohnen 2 Minuten in Wasser, geben dann den Mais dazu und kochen noch 1–2 Minuten, bis er weich ist. Gießen Sie beides ab, spülen unter kaltem Wasser und lassen sie dann abtropfen. Füllen Sie beides mit roter Paprika, Wachteleiern und Schinken in einen großen Mischbecher.

6 Schälen Sie die Avocado, entfernen den Stein und schneiden das Fleisch in große Stücke. Beträufeln Sie diese mit Zitronensaft. Geben Sie Salat und die Avocado in einen weiteren Mischbecher und vermischen sie etwas. Verteilen Sie den Salat auf dem Reis.

7 Rühren Sie etwa 45 ml/3 EL des übrigen Dressings in die Mischung aus grünen Bohnen und Paprika. Gießen Sie die Mischung auf den Salat.

8 Verteilen Sie die Kapern und gefüllten Oliven darüber und servieren den Salat mit dem restlichen Dressing.

CALAS

DIESE SÜSSEN REISKRAPFEN SIND EINE KREOLISCHE SPEZIALITÄT UND WERDEN AUF DEN STRASSEN DES FRANZÖSISCHEN VIERTELS IN NEW ORLEANS VON „CALASFRAUEN" AN BEWOHNER UND BÜROANGESTELLTE VERKAUFT, FÜR DIE SIE EIN BELIEBTES UND LECKERES FRÜHSTÜCK SIND.

ERGIBT ETWA 40 STÜCK

ZUTATEN

- 115 g/gute ½ Tasse Milchreis
- 900 ml/3¾ Tassen Milch mit Wasser
- 30 ml/2 EL Streuzucker
- 50 g/½ Tasse Weizenmehl
- 7,5 ml/1½ TL Backpulver
- 5 ml/1 TL Zitronenschale, gerieben
- 2,5 ml/½ TL Zimt, gerieben
- 1,5 ml/¼ TL Ingwer, gemahlen
- 1 gute Prise geriebene Muskatnuss
- 2 Eier
- Sonnenblumenöl zum Fritieren
- Salz
- Puderzucker zum Bestäuben
- Beilage: Kirsch- oder Erdbeermarmelade und Sahne

1 Füllen Sie den Reis mit Milch und Wasser in einen Topf. Geben Sie eine Prise Salz dazu und kochen alles auf. Rühren Sie und köcheln dann bedeckt 15–20 Minuten bei sehr kleiner Hitze, bis der Reis weich ist.

2 Schalten Sie die Herdplatte aus (beim E-Herd: Nehmen Sie den Topf von der Platte.) und geben den Zucker hinein. Rühren Sie gut um, decken den Topf ab und lassen ihn völlig abkühlen, während der Reis die Flüssigkeit aufsaugt und ganz zart wird.

3 Geben Sie den Reis mit den restlichen Zutaten in eine Küchenmaschine. Verarbeiten Sie das Ganze etwa 20–30 Sekunden, so dass die Mischung zu einem dickflüssigen Teig wird.

4 Erhitzen Sie das Öl in einem Wok oder Friteuse auf 160° C. Geben Sie mit einem zweiten Löffel vorsichtig einen guten Teelöffel Reisteig in das heiße Öl. Geben Sie noch fünf dazu, fritieren sie 3–4 Minuten und wenden sie ab und zu, bis sie schön goldbraun sind. Tropfen Sie die Calas auf Küchenpapier ab und halten sie warm, während Sie die weiteren zubereiten.

5 Bestäuben Sie die Calas großzügig mit Puderzucker und servieren Sie sie warm mit Marmelade und Sahne.

FRUCHTIGER VANILLEMILCHREIS

IN LATEINAMERIKA GIBT ES DANK DER SPANISCHEN, PORTUGIESISCHEN UND FRANZÖSISCHEN SIEDLER VIELE KÖSTLICHE VARIATIONEN VON MILCHREIS. DIE SIEDLER BRACHTEN IHRE LIEBLINGSREZEPTE MIT UND GABEN REGIONALE ZUTATEN WIE RUM DAZU.

VIER BIS SECHS PORTIONEN

ZUTATEN

- 60 ml/4 EL Rum oder Weinbrand
- 75 g/½ Tasse Sultaninen
- 75 g/knappe ½ Tasse Milchreis
- 600 ml/2½ Tassen cremige Milch
- 1 Streifen Zitronenschale
- ½ Zimtstange
- 115 g/knappe ½ Tasse Streuzucker
- 150 ml/2/3 Tasse fettarme Sahne
- 2 Eier und 1 Eigelb
- Beilage: Mandelkekse (nach Wahl)

1 Gießen Sie den erwärmten Rum über die Sultaninen und weichen sie 3–4 Stunden oder über Nacht darin ein.

2 Kochen Sie den Reis 10 Minuten, bis er etwas weich ist. Gießen Sie ihn ab und geben ihn in den Topf zurück.

3 Rühren Sie 300 ml/1¼ Tassen Milch in den Reis. Geben Sie Zitronenschale und Zimt dazu, kochen alles auf und köcheln dann etwa 5 Minuten bei kleiner Hitze. Nehmen Sie den Topf vom Herd und rühren die Hälfte des Zuckers ein. Decken Sie den Topf fest mit einem feuchten Küchentuch und dem Deckel ab. Lassen Sie den Reis 1–2 Stunden abkühlen.

4 Heizen Sie den Ofen auf 180° C/Gas Stufe 4 vor. Fetten Sie eine mittlere Backform ein und verteilen die Sultaninen darin (mit dem restlichen Rum oder Weinbrand). Rühren Sie den Reis ein, der jetzt dick und cremig sein sollte und die meiste Flüssigkeit aufgesaugt hat und werfen Zitronenschale und Zimt weg. Schichten Sie den Reis auf die Sultaninen in die Backform.

5 Kochen Sie die Milch mit der Sahne kurz auf. Verquirlen Sie Eier und Eigelb in einer Tasse, geben den restlichen Zucker, dann die heiße Milch dazu und gießen dann alles über den Reis.

6 Stellen Sie die Form auf ein Blech, geben bis zur halben Höhe heißes Wasser dazu und backen 1–1¼Stunden, bis der Reis oben fest ist. Servieren Sie heiß, evtl. mit Mandelkeksen.

TIPP

Sie erhalten einen hier leichten, cremigen Milchreis. Wenn Sie ihn fester mögen, backen Sie ihn einfach länger.

AFRIKA UND DIE KARIBIK

Reis ist seit Jahrhunderten eine wichtige Feldfrucht in Afrika. Einige der ältesten Reisgerichte der Welt stammen von diesem Kontinent. Die Rezepte und wahrscheinlich auch die Reissamen selbst wurden von Afrika in die Karibik gebracht, wo sich eine neue Küche entwickelte – eine unvergessliche Mischung aus traditionellen und exotischen Zutaten.

Joloff-Huhn mit Reis

In seiner Heimat in Westafrika wird dieses Gericht gewöhnlich in großen Mengen mit ganzen Hühnern zubereitet. Diese Variante ist etwas anspruchsvoller, hat aber immer noch den traditionellen Geschmack des afrikanischen Gerichts.

VIER PORTIONEN

ZUTATEN
- 2 Knoblauchzehen, zerdrückt
- 5 ml/1 TL getrockneter Thymian
- 4 entbeinte Hühnerbrüste ohne Haut
- 30 ml/2 EL Palmen- oder Pflanzenöl
- 400 g gehackte Tomaten (Dose)
- 15 ml/1 EL Tomatenpüree
- 1 Zwiebel, gehackt
- 450 ml/2 knappe Tassen Hühnerbrühe
- 30 ml/2 EL getrocknete Shrimps oder Flusskrebse, gemahlen
- 1 frische grüne Chilischote, entkernt und fein gehackt
- 350 g/1¾ Tasse weißer Langkornreis
- 750 ml/2½ Tassen Wasser
- Garnitur: frischer Thymian, gehackt

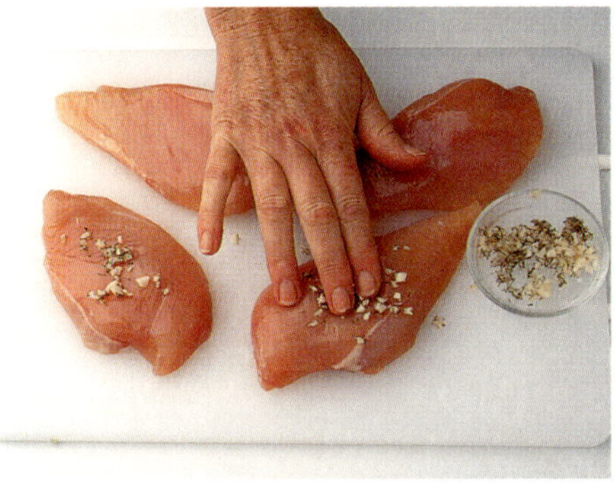

1 Mischen Sie Knoblauch und Thymian in einer Schüssel und reiben damit die Hühnerbrüste ein. Erhitzen Sie Öl in einer Pfanne.

2 Bräunen Sie die Hühnerbrüste im Öl und legen sie dann auf einen Teller. Geben Sie gehackte Tomaten, Tomatenpüree und Zwiebeln in die Pfanne. Braten Sie alles etwa 15 Minuten bei mäßig hoher Hitze, bis die Tomaten gut eingekocht sind. Rühren Sie erst ab und zu um und dann öfter, sobald die Tomaten eindicken.

3 Reduzieren Sie die Hitze etwas, wenden das Fleisch und rühren, um es mit der Soße zu bedecken. Braten Sie 10 Minuten unter Rühren und geben dann Brühe, getrocknete Shrimps oder Krebse und Chili dazu. Kochen Sie alles auf und köcheln 5 Minuten, bis das Huhn gar ist, und rühren ab und zu um.

4 Geben Sie derweil Reis in einen Topf, gießen 750 ml/2½ Tassen Wasser und die Soße vom Huhn dazu. Kochen Sie alles auf, reduzieren dann die Hitze und decken den Topf ab. Kochen Sie 12–15 Minuten bei kleiner Hitze, bis die Flüssigkeit aufgesaugt wurde und der Reis weich ist.

5 Füllen Sie den Reis in vier Formen und stellen ihn beiseite. Nehmen Sie die Hühnerbrüste aus der Soße und legen sie auf ein Brett. Wenn die Soße zu dünn ist, kochen Sie sie bei großer Hitze, um sie zu reduzieren. Stürzen Sie den Reis auf vier Teller. Geben Sie die Soße dazu, schneiden die Hühnerbrüste in Scheiben und verteilen sie fächerförmig. Garnieren Sie mit Thymian und servieren Sie sofort.

Tansanischer Gemüsereis

Servieren Sie dieses schmackhafte Gericht mit gebackenem Huhn oder mit Fisch. Geben Sie das Gemüse erst gegen Ende dazu, damit es knackig bleibt.

VIER PORTIONEN

ZUTATEN
- 350 g/1¾ Tassen Basmati-Reis
- 45 ml/3 EL Pflanzenöl
- 1 Zwiebel, gehackt
- 2 Knoblauchzehen, zerdrückt
- 750 ml/3 Tassen Gemüsebrühe oder Wasser
- 115 g/2/3 Tassen Zuckermais, frisch oder abgetropft aus der Dose
- ½ rote oder grüne Paprikaschote, entkernt und gehackt
- 1 große Möhre, gerieben
- Garnitur: frische Kerbelzweige

1 Spülen Sie den Reis gut in einem Sieb unter kaltem Wasser und lassen ihn dann etwa 15 Minuten abtropfen.

2 Erhitzen Sie Öl in einem großen Topf und braten die Zwiebel einige Minuten bei mittlerer Hitze, bis sie weich ist.

3 Geben Sie Reis dazu und braten ihn etwa 10 Minuten unter ständigem Rühren, damit er nicht anbrennt. Rühren Sie den zerdrückten Knoblauch ein.

4 Gießen Sie Brühe oder Wasser dazu und rühren gut um. Kochen Sie alles auf, reduzieren dann die Hitze, decken den Topf ab und köcheln 10 Minuten.

5 Streuen Sie den Mais über den Reis, darüber die gehackte Paprika und dann die geriebene Möhre. Decken Sie den Topf fest ab. Dämpfen Sie über kleiner Hitze, bis der Reis weich ist, mischen dann alles mit einer Gabel, geben es auf eine Platte und garnieren mit Kerbel. Servieren Sie sofort.

MAROKKANISCHE PAELLA

DIESE VARIANTE EINER PAELLA KAM AUS SPANIEN NACH MAROKKO UND ERHIELT EINE PIKANTE NOTE. ANDERS ALS BEI DER SPANISCHEN PAELLA WIRD HIER LANGKORNREIS VERWENDET.

SECHS PORTIONEN

ZUTATEN

- 2 große entbeinte Hühnerbrüste ohne Haut
- etwa 150 g geputzter Tintenfisch, in Ringe geschnitten
- 275 g Kabeljaufilets, enthäutet und in mundgerechte Stücke geschnitten
- 8–10 rohe Königsgarnelen, geschält und ohne Darm
- 8 Kammmuscheln, geputzt, halbiert
- 350 g frische Miesmuscheln
- 250 g/1 1/3 Tassen weißer Langkornreis
- 30 ml/2 EL Sonnenblumenöl
- 1 Bund Frühlingszwiebeln in Streifen
- 2 kleine Aubergine, in Streifen
- 1 rote Paprikaschote, entkernt und in Streifen geschnitten
- 400 ml/1 2/3 Tassen Hühnerbrühe
- 250 ml/1 Tasse Passata
- Salz und schwarzer Pfeffer
- Garnitur: frische Korianderzweige und Zitronenspalten

Für die Marinade

- 2 frische rote Chilischoten, entkernt und grob gehackt
- 1 gute Hand voll frischer Koriander
- 10–15 ml/2–3 TL Kümmel, gemahlen
- 15 ml/1 EL Paprikapulver
- 2 Knoblauchzehen
- 45 ml/3 EL Olivenöl
- 60 ml/4 EL Sonnenblumenöl
- Saft einer Zitrone

1 Geben Sie für die Marinade alle Zutaten und 5 ml/1 EL Salz in eine Küchenmaschine und verarbeiten sie, bis sie gut vermischt sind. Schneiden Sie das Huhn in mundgerechte Stücke und legen es in eine Schüssel.

2 Geben Sie Fisch und Schalentiere (außer den Miesmuscheln) in eine Glasschüssel. Teilen Sie die Marinade auf beide Schüsseln auf und verrühren sie gut. Decken Sie mit Klarsichtfolie ab und lassen alles mindestens 2 Stunden marinieren.

3 Putzen Sie die Miesmuscheln und werfen alle weg, die beim Anfassen nicht zugehen und stellen sie zunächst kühl. Geben Sie den Reis in eine Schüssel, bedecken ihn mit kochendem Wasser und stellen ihn etwa 30 Minuten beiseite. Gießen Sie Huhn und Meeresfrüchte ab, heben aber die Marinade auf. Erhitzen Sie Öl in einem Wok, oder einer Balti- oder Paellapfanne und braten die Hühnerstücke ein paar Minuten, bis sie leicht gebräunt sind.

4 Geben Sie die Frühlingszwiebeln dazu, braten sie 1 Minute, geben Zucchini und Paprika dazu und braten weitere 3–4 Minuten, bis sie weich sind. Legen Sie das Huhn auf einen Teller und das Gemüse auf einen anderen.

5 Gießen Sie die Marinade in die Pfanne und kochen sie 1 Minute. Gießen Sie den Reis ab, geben ihn dazu und kochen ihn 1 Minute. Geben Sie Brühe, Passata und das Huhn dazu, würzen mit Salz und Pfeffer und rühren gut um. Kochen Sie alles auf, decken die Pfanne mit einem großen Deckel oder Folie ab und köcheln 10–15 Minuten ganz leicht, bis der Reis fast weich ist.

6 Geben Sie das Gemüse in die Pfanne und legen Fisch und Muscheln darauf. Decken Sie die Pfanne wieder ab und kochen 10–12 Minuten bei mäßiger Hitze, bis der Fisch gar und die Muscheln offen sind. Werfen Sie alle Muscheln weg, die nicht aufgegangen sind. Servieren Sie garniert mit frischem Koriander und Zitronenspalten.

Schmackhafter Reisschrot

Dieses Gericht wird in Westafrika oft als Beilage zu Suppen und Eintöpfen serviert.

VIER PORTIONEN

ZUTATEN
- 300 ml/1¼ Tassen Wasser
- 300 ml/1¼ Tassen Milch
- 2,5 ml/½ TL Salz
- 15 ml/1 EL Petersilie, gehackt
- 25 g/2 EL Butter oder Margarine
- 275 g/1 2/3 Tassen Reisschrot

TIPP
Reisschrot hat eine cremig weiße Farbe ist leicht körnig. Obwohl er oft für Süßspeisen verwendet wird, schmeckt er auch in pikanten Gerichten. Durch die Milch wird er cremiger; Sie können aber durchaus auch die doppelte Menge Wasser nehmen.

1 Gießen Sie Wasser und Milch in einen Topf, kochen alles auf und geben Salz und Petersilie dazu.

2 Geben Sie Butter und Reisschrot dazu und rühren mit einem Holzlöffel um, damit der Reis nicht klumpig wird.

3 Decken Sie den Topf ab, kochen etwa 15 Minuten bei kleiner Hitze und rühren alle 2 Minuten um, damit keine Klümpchen entstehen.

4 Prüfen Sie, ob der Reis gar ist. Zerreiben Sie ein wenig Reis zwischen den Fingern: ist er weich und recht trocken, ist er gar. Servieren Sie heiß.

Pikante Marokkanische Fleischbällchen mit Rotem Reis

Roter Camargue-Reis stammt aus Frankreich, wurde aber rasch im ganzen Mittelmeerraum bekannt. In diesem marokkanischen Gericht ergänzt der nussige Reisgeschmack die pikanten Fleischbällchen perfekt.

VIER BIS SECHS PORTIONEN

ZUTATEN

- 225 g/1 knappe Tasse roter Camargue-Reis
- 675 g Lammkeulensteak
- 2 Zwiebeln
- 3–4 frische Petersilienzweige
- 3 frische Korianderzweige und 30 ml/ 2 EL frischer Koriander, gehackt
- 1–2 frische Minzezweige
- 2,5 ml/½ TL Kümmel, gemahlen
- 2,5 ml/½ TL Zimt, gemahlen
- 2,5 ml/½ TL Ingwer, gemahlen
- 5 ml/1 TL Paprikapulver
- 30 ml/2 EL Sonnenblumenöl
- 1 Knoblauchzehe, zerdrückt
- 300 ml/1¼ Tassen Tomatensaft
- 450 ml/2 knappe Tassen Hühner- oder Gemüsebrühe
- Salz und schwarzer Pfeffer
- Beilage: marokkanisches Fladenbrot und Jogurtdressing (nach Wahl)

1 Kochen Sie den Reis 30 Minuten oder laut Packungsanweisung in reichlich leicht gesalzenem Wasser oder Brühe. Gießen Sie ihn ab.

2 Bereiten Sie derweil die Fleischbällchen zu. Hacken Sie das Lamm grob, geben es in eine Küchenmaschine und hacken es dort sehr fein. Füllen Sie das Fleisch in eine große Schüssel.

3 Vierteln Sie 1 Zwiebel und hacken sie mit Petersilie, Koriander und Minze in der Küchenmaschine fein. Geben Sie das Lamm mit den Gewürzen in die Küchenmaschine und verarbeiten alles weiter, bis die Mischung glatt ist. Füllen Sie die Mischung in eine Schüssel und kühlen sie etwa 1 Stunde.

4 Formen Sie aus der Mischung etwa 30 Bällchen. Erhitzen Sie die Hälfte des Öls in einer Pfanne, geben die Bällchen hinein, bräunen sie gleichmäßig und legen sie dann auf einen Teller. Hacken Sie die zweite Zwiebel fein.

5 Gießen Sie das Fett bis auf etwa 2 EL ab und braten die Zwiebel und den Knoblauch ein paar Minuten weich. Rühren Sie den Reis ein. Kochen Sie ihn unter Rühren 1–2 Minuten und rühren dann Tomatensaft, Brühe und gehackten Koriander ein. Schmecken Sie mit Salz und Pfeffer ab.

6 Legen Sie die Fleischbällchen auf den Reis, decken die Pfanne mit einem Deckel oder Alufolie ab und köcheln 15 Minuten leicht. Servieren Sie solo oder mit Fladenbrot und Jogurtdressing.

TIPP

Zu diesen Fleischbällchen schmeckt Jogurtdressing köstlich. Rühren Sie einfach 10 ml/2 EL fein gehackte frische Minze in 90 ml/6 EL Naturjogurt.

Afrikanisches Lamm mit Gemüse-Pilaw

Hier wird pikantes Lamm mit Basmati-Reis, farbenfrohem Gemüse und Cashewkernen serviert. Lamm und Reis sind eine beliebte Kombination in der afrikanischen Küche.

VIER PORTIONEN

ZUTATEN

450 g entbeinte Schulter vom Lamm, gewürfelt
2,5 ml/½ TL getrockneter Thymian
2,5 ml/½ TL Paprikapulver
5 ml/1 TL Garam masala
1 Knoblauchzehe, zerdrückt
25 ml/1½ EL Pflanzenöl
900 ml/3¾ Tasse Lammbrühe
Beilage: Wirsingkohl oder knackiger Kopfsalat

Für den Reis

25 g/2 EL Butter
1 Zwiebel, gehackt
1 mittlere Kartoffel, gewürfelt
1 Möhre, geschnitten
½ rote Paprika, entkernt und gehackt
1 frische grüne Chilischote, entkernt und gehackt
115 g/1 Tasse Grünkohl, geschnitten
60 ml/4 EL Naturjogurt
2,5 ml/½ TL Kümmel, gemahlen
5 grüne Kardamomkapseln
2 Knoblauchzehen, zerdrückt
225 g/1 gute Tasse Basmati-Reis, eingeweicht
etwa 50 g/½ Tasse Cashewkerne
Salz und schwarzer Pfeffer

1 Geben Sie die Lammwürfel mit Thymian, Paprikapulver, Garam masala, Knoblauch und reichlich Salz und Pfeffer in eine Schüssel. Rühren Sie um und stellen sie dann bedeckt 2–3 Stunden an einen kühlen Platz.

2 Erhitzen Sie Öl in einem Topf und braten das Lamm 5–6 Minuten bei mittlerer Hitze braun. Rühren Sie die Brühe ein und kochen bedeckt 35–40 Minuten. Heben Sie das Lamm mit einem Schaumlöffel in eine Schüssel. Gießen Sie die Flüssigkeit in einen Messbecher und füllen wenn nötig mit Wasser auf 600 ml/2½ Tassen auf.

TIPP

Wenn die Brühe nach dem Kochen der Lammwürfel zu fettig aussieht, tupfen Sie die Oberfläche mit Küchenpapier ab, um das Fett abzusaugen, bevor Sie die Brühe in den Messbecher gießen.

3 Schmelzen Sie Butter in einem Topf und braten Zwiebel, Kartoffel und Möhre 5 Minuten. Geben Sie Paprika und Chili dazu, braten weitere 3 Minuten und rühren dann Kohl, Jogurt, Knoblauch und Lammbrühe ein. Rühren Sie gut und köcheln bedeckt 5–10 Minuten, bis der Kohl weich ist.

4 Gießen Sie den Reis ab und rühren ihn in den Eintopf. Köcheln Sie ihn bedeckt 20 Minuten bei kleiner Hitze, bis der Reis gar ist. Streuen Sie die Cashewkerne ein und schmecken mit Salz und Pfeffer ab. Servieren Sie heiß in Kohl oder Salatblättern (Bild oben).

Fisch mit Kürbisreis aus Nordafrika

Dieses Gericht ist voller Gegensätze: Der leicht süsse Geschmack vom Kürbis, der pikante Fisch und die Mischung aus Korinader und Ingwer werden durch den aromatischen Reis miteinander verbunden.

VIER PORTIONEN

ZUTATEN

- 450 g Seebarsch oder anderes festes Fischfilet
- 30 ml/2 EL Weizenmehl
- 5 ml/1 TL Koriander, gemahlen
- 1,5–2,5 ml/¼–½ TL Kurkuma, gemahlen
- etwa 500 g Kürbis
- 30–45 ml/2–3 EL Olivenöl
- 6 Frühlingszwiebeln, geschnitten
- 1 Knoblauchzehe, fein gehackt
- 275 g/1½ Tassen Basmati-Reis, eingeweicht
- 550 ml/2½ Tassen Fischbrühe
- Salz und schwarzer Pfeffer
- Beilage: Limonen- oder Zitronenstücke und frische Korianderzweige

Für die Koriander-Ingwer-Mischung

- 45 ml/3 EL frischer Koriander, fein gehackt
- 10 ml/2 TL frische Ingwerwurzel, fein gehackt
- ½–1 frische Chilischote, entkernt und sehr fein gehackt
- 45 ml/3 EL Limonen- oder Zitronensaft

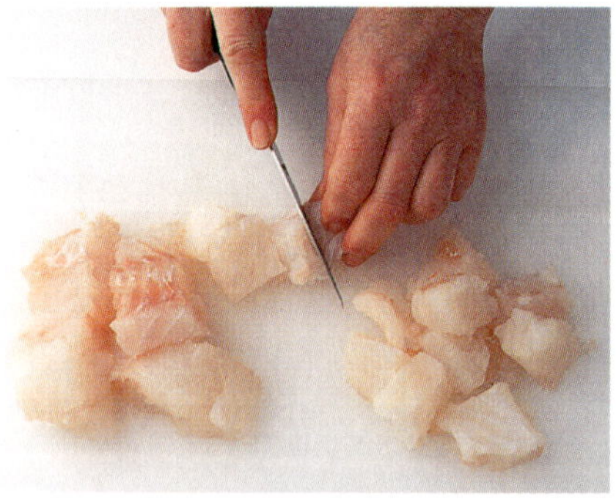

1 Entfernen Sie Haut und Gräten vom Fisch und schneiden ihn in 2-cm-Stücke. Mischen Sie Mehl, Koriander, Kurkuma und etwas Salz und Pfeffer in einer Plastiktüte, geben den Fisch hinein, schütteln einige Sekunden, um den Fisch damit zu bestäuben und stellen ihn dann beiseite. Mischen Sie für die Koriander- und Ingwermischung alle Zutaten in einem Schälchen.

2 Entfernen Sie Haut und Kerne vom Kürbis. Schneiden Sie das Fleisch in 2 cm große Stücke.

3 Erhitzen Sie 15 ml/1 EL Öl in einer feuerfesten Kasserolle und braten Frühlingszwiebeln und Knoblauch ein paar Minuten, bis sie weich sind. Geben Sie den Kürbis dazu und braten ihn unter ständigem Rühren 4–5 Minuten bei kleiner Hitze weich.

4 Gießen Sie den Reis ab, geben ihn dazu und wenden ihn bei reger Hitze 2–3 Minuten. Rühren Sie Brühe und etwas Salz ein. Bringen Sie es zum Siedepunkt und kochen dann bedeckt 12–15 Minuten bei geringer Hitze, bis Reis und Kürbis weich sind.

5 Etwa 4 Minuten, bevor der Reis fertig ist, erhitzen Sie das restliche Öl in einer Pfanne und braten den gewürzten Fisch etwa 3 Minuten bei mäßig hoher Hitze, bis die Außenseite etwas gebräunt und knusprig, das Fleisch aber noch saftig ist.

6 Rühren Sie die Inger-Koriander-Mischung in den Reis und geben alles in eine angewärmte Servierschüssel. Legen Sie die Fischstücke obenauf. Servieren Sie sofort, garniert mit Koriander und bieten Limonen- oder Zitronenstücken zum Beträufeln des Fischs an.

TIPP

Dieses Gericht kann auch in einem Wok zubereitet und serviert werden.

Hühner-und-Gemüse-Tagine

Marokkanische Taginen werden gewöhnlich mit Kuskus zubereitet, aber Reis ist eine gleichwertige Beilage. Hier wird Kuskus zusätzlich in den Reis eingerührt, Sie können aber auch puren Reis verwenden.

VIER PORTIONEN

ZUTATEN

- 30 ml/2 EL Erdnussöl
- 4 entbeinte Hühnerbrüste ohne Haut, in große Stücke geschnitten
- 1 große Zwiebel, gehackt
- 2 Knoblauchzehe, zerdrückt
- 1 kleine Pastinake, in 2,5-cm-Stücke geschnitten
- 1 kleine Gelbrübe, in 2-cm-Stücken
- 3 Möhren, in 4-cm-Stücken
- 4 Tomaten, gehackt
- 1 Zimtstange
- 4 Nelken
- 5 ml/1 TL Ingwer, gemahlen
- 1 Lorbeerblatt
- 1,5–2,5 ml/¼–½ TL Cayennepfeffer
- 350 ml/1½ Tassen Hühnerbrühe
- 400 g Kichererbsen (Dose), abgetropft und geschält
- 1 rote Paprikaschote, entkernt und geschnitten
- 150 g grüne Bohnen, halbiert
- 1 Stück Zitronenschale, dünn geschnitten
- 20–30 entsteinte braune oder grüne Oliven
- Salz

Für den Kuskus-Reis

- 750 ml/3 Tassen Hühnerbrühe
- 225 g/1 gute Tasse Langkornreis
- 115 g/2/3 Tasse Kuskus
- 45 ml/3 EL frischer Koriander, gehackt

1 Erhitzen Sie die Hälfte des Öls in einer großen feuerfesten Kasserolle, braten die Hühnerstücke ein paar Minuten an, bis sie gleichmäßig braun sind, und geben sie auf einen Teller. Erhitzen Sie das restliche Öl und braten unter ständigem Rühren Zwiebel, Knoblauch, Pastinake, Rübe und Möhren 4–5 Minuten bei mittlerer Hitze, bis das Gemüse braune Punkte bekommt. Reduzieren Sie die Hitze, decken den Topf ab, schwitzen das Gemüse noch 5 Minuten an und rühren ab und zu um.

2 Geben Sie Tomaten dazu, kochen sie einige Minuten und geben dann Zimt, Nelken, Lorbeer und Cayennepfeffer dazu. Kochen Sie alles 1–2 Minuten.

3 Füllen Sie Hühnerbrühe, Kichererbsen und die Hühnerstücke hinein und würzen mit Salz. Decken Sie den Topf ab und köcheln 25 Minuten.

4 Kochen Sie derweil die Reis-Kuskusmischung. Kochen Sie die Brühe auf. Geben Sie Reis hinein und köcheln ihn etwa 5 Minuten, bis er fast weich ist. Nehmen Sie den Topf vom Herd, rühren das Kuskus ein, decken ihn fest ab und lassen ihn etwa 5 Minuten stehen.

5 Wenn das Gemüse für die Tagine so gut wie gar ist, rühren Sie Paprikastücke und grüne Bohnen ein und köcheln 10 Minuten. Geben Sie Zitronenschale und Oliven dazu, rühren gut um und kochen noch 5 Minuten, bis das Gemüse richtig weich ist.

6 Rühren Sie den gehackten Koriander in die Reismischung und häufen diese dann auf einen Teller. Servieren Sie die Hühnertagine in der traditionellen Schüssel oder in einer Kasserolle.

Reis und Bohnen

Dieses Gericht ist vor allem in der östlichen Karibik sehr beliebt. Die Bohnen müssen über Nacht eingeweicht werden, planen Sie also reichlich Zeit für dieses Rezept ein.

VIER BIS SECHS PORTIONEN

ZUTATEN
- 175 g/¾ Tasse rote Kidneybohnen
- 2 frische Thymianzweige
- 50 g Kokoscreme
- 2 Lorbeerblatt
- 1 Zwiebel, fein gehackt
- 2 Knoblauchzehe, zerdrückt
- 2,5 ml/½ TL Piment
- 115 g/2/3 Tasse rote Paprika, gehackt
- 600 ml/2½ Tassen Wasser
- 450 g/2 1/3 Tassen weißer Langkornreis

1 Geben Sie die Kidneybohnen in eine Schüssel, bedecken sie mit Wasser und lassen sie über Nacht einweichen.

2 Füllen Sie die abgetropften Bohnen in einen Topf und geben so viel Wasser dazu, dass es 2,5 cm übersteht. Kochen Sie 10 Minuten bei großer Hitze auf und köcheln die Bohnen dann bei kleiner Hitze 1½ Stunden weich.

3 Geben Sie Thymian, Kokoscreme, Lorbeer, Zwiebel, Knoblauch, Piment und Paprika dazu. Würzen Sie gut und rühren das abgemessene Wasser ein.

4 Kochen Sie alles auf und füllen den Reis dazu. Rühren Sie gut um und decken den Topf ab. Köcheln Sie 25–30 Minuten, bis alle Flüssigkeit aufgesaugt ist. Servieren Sie das Gericht als Beilage zu Fisch, Fleisch oder vegetarischen Gerichten.

TIPP
Um Zeit zu sparen, nehmen Sie eine 400-g-Dose rote Kidneybohnen. Geben Sie diese mit dem Reis dazu.

Karibisches Erdnusshuhn

Erdnussbutter wird in vielen karibischen Gerichten verwendet. Sie macht das Rezept reichhaltig und betont den Eigengeschmack der Zutaten.

VIER PORTIONEN

ZUTATEN
- 4 entbeinte Hühnerbrüste ohne Haut, in dünne Streifen geschnitten
- 225g/1 gute Tasse weißer Langkornreis
- 30 ml/2 EL Erdnussöl
- 15 g/1 EL Butter und mehr zum Einfetten
- 1 Zwiebel, fein gehackt
- 2 Tomaten, enthäutet, entkernt und gehackt
- 1 frische grüne Chilischote, entkernt und geschnitten
- 60 ml/4 EL weiche Erdnussbutter
- 450 ml/2 knappe Tassen Hühnerbrühe
- Zitronensaft, nach Belieben
- Salz und schwarzer Pfeffer
- Garnitur: Limonenspalten und frische Zweige glatter Petersilie

Für die Marinade
- 15 ml/1 EL Sonnenblumenöl
- 1–2 Knoblauchzehen, zerdrückt
- 5 ml/1 TL frischer Thymian, gehackt
- 25 ml/1½ EL Currypulver
- Saft einer halben Zitrone

1 Mischen Sie alle Marinadezutaten in einer Schüssel und rühren das Huhn ein. Decken Sie alles mit Klarsichtfolie ab und stellen es 2–3 Stunden kalt.

2 Kochen Sie den Reis in reichlich leicht gesalzenem Wasser weich, tropfen ihn gut ab und geben ihn in eine gut eingefettete Kasserolle.

3 Heizen Sie den Ofen auf 180° C/Gas Stufe 4 vor. Erhitzen Sie 15 ml/1 EL Öl und die Butter in einer feuerfesten Kasserolle und braten das Huhn 4–5 Minuten, bis es gleichmäßig braun ist. Legen Sie es auf einen Teller.

4 Braten Sie die Zwiebel 5–6 Minuten in der Kasserolle leicht braun und gießen ggf. mehr Öl dazu. Rühren Sie Tomaten und Chilischote ein. Köcheln Sie 3–4 Minuten bei kleiner Hitze und nehmen die Kasserolle vom Herd.

5 Mischen Sie die Erdnussbutter mit der Brühe. Rühren Sie die Tomaten-Zwiebelmischung ein und geben das Huhn dazu. Rühren Sie Zitronensaft ein, schmecken ab und verteilen die Mischung dann über dem Reis.

6 Decken Sie die Kasserolle ab. Backen Sie alles 15–20 Minuten im Ofen oder bis es kochend heiß ist. Heben Sie die Hühnermischung mit einem großen Löffel unter den Reis. Servieren Sie sofort, garniert mit Limonenspalten und Petersilienzweigen.

TIPP

Wenn die Kasserolle nicht groß genug ist, um die Hühnermischung vor dem Servieren unter den Reis zu heben, legen Sie einen großen tiefen Teller auf die Kasserolle. Drehen Sie beides um und mischen alles auf dem Teller.

Pikante Erdnussbällchen

Leckere Reisbällchen, die vor dem Frittieren in gehackten Erdnüssen gewälzt werden, sind ein köstlicher Snack. Sie werden allein serviert oder mit einer Chilisosse zum Dippen.

SECHZEHN BÄLLCHEN

ZUTATEN

- 1 Knoblauchzehe, zerdrückt
- 1 cm frische Ingwerwurzel, geschält und fein gehackt
- 1,5 ml/¼ TL Kurkuma, gemahlen
- 5 ml/1 TL Zucker
- 2,5 ml/½ TL Salz
- 5 ml/1 TL Chilisoße
- 10 ml/2 TL Fisch- oder Sojasoße
- 30 ml/2 EL Koriander, gehackt
- Saft von ½ Limone
- 225 g/2 Tassen weißer Langkornreis, gekocht
- 115 g Erdnüsse, gehackt
- Pflanzenöl zum Fritieren
- Beilage: Limonenspalten und Chili-Dip (nach Wahl)

1 Verarbeiten Sie Knoblauch, Ingwer und Kurkuma in einer Küchenmaschine zu einer Paste. Geben Sie Zucker, Salz, Chilisoße, Fisch- oder Sojasoße, gehackten Koriander und Limonensaft dazu. Mischen Sie alles kurz in der Küchenmaschine.

2 Geben Sie ¾ vom gekochten Reis zur Paste in der Küchenmaschine und verarbeiten sie, bis sie glatt und klebrig ist. Füllen Sie alles in einen Mischbecher und rühren den restlichen Reis ein. Formen Sie mit feuchten Händen aus der Mischung daumengroße Bällchen.

3 Wälzen Sie die Bällchen gleichmäßig in den gehackten Erdnüssen.

4 Erhitzen Sie Öl in einer Friteuse oder im Wok. Frittieren Sie die Bällchen, bis sie knusprig sind, tropfen sie auf Küchenpapier ab und geben sie auf einen Teller. Servieren Sie heiß.

Karibik-Huhn mit Straucherbsenreis

Bei diesem herzhaften und köstlichen Gericht krönt würzig karamellisiertes Hühnerfleisch den Gemüsereis. Straucherbsen sind eine übliche Zutat in der Karibik.

VIER PORTIONEN

ZUTATEN
- 5 ml/1 TL Piment
- 2,5 ml/½ TL Zimt, gemahlen
- 5 ml/1 TL getrockneter Thymian
- 1 Prise gemahlene Nelken
- 1,5 ml/¼ TL Muskatnuss, frisch gemahlen
- 4 entbeinte Hühnerbrüste ohne Haut
- 45 ml/3 EL Erdnuss- oder Sonnenblumenöl
- 15 g/1 EL Butter
- 1 Zwiebel, gehackt
- 2 Knoblauchzehen, zerdrückt
- 1 Möhre, gewürfelt
- 1 Stange Sellerie, gehackt
- 3 Frühlingszwiebeln, gehackt
- 1 frische rote Chilischote, entkernt und dünn geschnitten
- 400 g Dose Straucherbsen
- 225 g/1 gute Tasse Langkornreis
- 120 ml/½ Tasse Kokosmilch
- 550 ml/2½ Tassen Hühnerbrühe
- 30 ml/2 EL brauner Rohrzucker
- Salz und Cayennepfeffer

1 Vermischen Sie Piment, Zimt, Thymian, Nelken und Muskat. Reiben Sie damit die Hühnerstücke ein und stellen sie dann 30 Minuten beiseite.

2 Erhitzen Sie 15 ml/1 EL Öl mit Butter in einem Topf. Braten Sie Zwiebel und Knoblauch bei mittlerer Hitze, bis sie weich sind und braun werden. Geben Sie Möhre, Sellerie, Frühlingszwiebeln und Sellerie dazu. Sautieren Sie ein paar Minuten, rühren dann die Straucherbsen, Reis, Kokosmilch und Brühe ein. Schmecken Sie mit Salz und Cayennepfeffer ab. Bringen Sie alles zum Siedepunkt und kochen dann bedeckt etwa 25 Minuten bei kleiner Hitze.

TIPP
Straucherbsen werden in Asialäden manchmal auch Gungobohnen genannt. Wenn sie nicht erhältlich sind, nehmen Sie einfach Borlotti-Bohnen.

3 Etwa 10 Minuten, bevor die Reismischung gar ist, erhitzen Sie das übrige Öl in einer schweren Pfanne, geben den Zucker hinein und kochen, ohne umzurühren, bis er zu karamellisieren beginnt.

4 Geben Sie vorsichtig das Huhn in die Pfanne. Kochen Sie es 8–10 Minuten, bis das Huhn gebräunt und glasiert aussieht und gar ist. Geben Sie das Huhn auf ein Brett und schneiden es dick. Servieren Sie den Erbsenreis in Schalen und das Huhn obenauf.

Jamaikanisches Fisch-Curry

Obwohl der Reis für dieses Gericht einfach pur gekocht wird, ist er doch ein wichtiger Bestandteil und ein ausgezeichnetes Beispiel dafür, wie gut Reis den Geschmack der jeweiligen Sosse annimmt.

VIER PORTIONEN

ZUTATEN

- 2 Heilbuttfilets, Gesamtgewicht etwa 500–700 g
- 30 ml/2 EL Erdnussöl
- 2 Kardamomschoten
- 1 Zimtstange
- 6 Pimentbeeren
- 4 Nelken
- 1 große Zwiebel, gehackt
- 3 Knoblauchzehen, zerdrückt
- 10–15 ml/2–3 TL frische Ingwerwurzel, gerieben
- 10 ml/2 TL Kreuzkümmel, gemahlen
- 5 ml/1 TL Koriander, gemahlen
- 2,5 ml/½ TL Cayennepfeffer oder nach Belieben
- 4 Tomaten, enthäutet, entkernt und gehackt
- 1 Süßkartoffen, etwa 225 g, in 2 cm große Würfel geschnitten
- 475 ml/2 Tassen Fischbrühe oder Wasser
- 115 g Kokoscreme
- 1 Lorbeerblatt
- 225 g/1 gute Tasse weißer Langkornreis
- Salz

TIPP

Süßkartoffeln verlieren sehr schnell ihre Farbe. Wenn Sie die Zutaten im voraus vorbereiten, geben Sie die Süßkartoffel vorübergehend in eine Schüssel kaltes Wasser mit 30–45 ml/2–3 EL Zitronensaft, bis sie gebraucht wird.

In diesem Rezept werden einige der am häufigsten vorkommenden Gewürze der Küche Afrikas und der Karibik verwendet, durch die man klar den indischen Einfluss erkennt. Die Gerichte schmecken eher scharf als feurig. In der Karibik wird viel Piment benutzt, während Kardamom und Cayennepfeffer die wichtigsten Zutaten für Currygerichte sind.

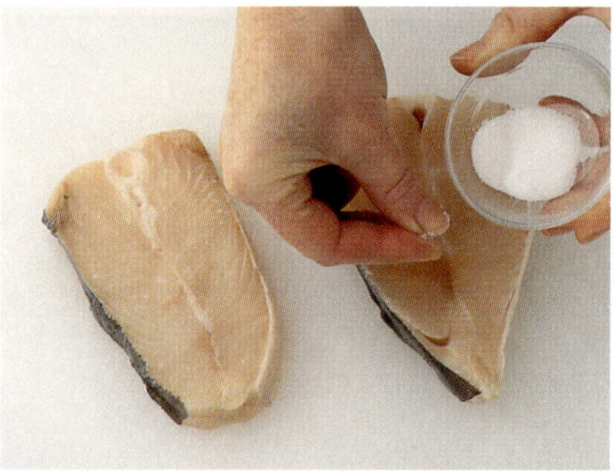

1 Reiben Sie die Heilbuttfilets gut mit Salz ein und stellen sie beiseite.

2 Erhitzen Sie Öl in einer feuerfesten Kasserolle und rösten Kardamom, Zimt, Pimentbeeren und Nelken etwa 3 Minuten, um ihr Aroma freizusetzen.

3 Fügen Sie Zwiebel, Knoblauch und Ingwer hinzu. Kochen Sie unter Rühren noch 4–5 Minuten bei kleiner Hitze, bis die Zwiebel so gut wie weich ist, geben dann Kümmel, Koriander und Cayennepfeffer dazu und kochen sie kurz unter ständigem Rühren.

VARIATION

Anstelle der Süßkartoffeln können Sie auch Kürbisfleisch verwenden. Wenn Sie das Gericht lieber etwas süßer mögen, rühren Sie etwas Zucker oder Aprikosenmarmelade hinein.

4 Rühren Sie Tomaten, Süßkartoffel, Fischbrühe oder Wasser, Kokoscreme und Lorbeerblatt ein. Salzen Sie gut. Kochen Sie alles auf und köcheln dann bedeckt 15–18 Minuten, bis die Süßkartoffel weich ist.

5 Kochen Sie den Reis nach Ihrer Lieblingsmethode. Legen Sie derweil die Fischfilets in den Topf mit der Soße und bedecken Sie die Filets völlig damit. Decken Sie den Topf ab und köcheln etwa 10 Minuten, bis der Fisch gerade weich und leicht teilbar ist.

6 Geben Sie den Reis in eine angewärmte Schüssel, gießen die Currysoße darüber und legen die Filets obenauf. Garnieren Sie nach Wunsch mit Koriander und servieren Sie sofort.

ORANGEN-MILCHREIS

In Marokko ist wie in Spanien, Griechenland und Italien dicker, cremiger Milchreis sehr beliebt, besonders wenn er mit Honig gesüsst und mit Orange aromatisiert wird.

VIER PORTIONEN

ZUTATEN

- 50 g/gute ¼ Tasse Milchreis
- 600 ml/2½ Tassen Milch
- Schale von ½ kleinen Orange, fein gerieben
- 30–45 ml/2–3 EL klarer Honig
- 150 ml/2/3 Tasse Schlagsahne
- 15 ml/1 EL gehackte Pistazien, geröstet (nach Wahl)
- Garnitur: Orangenschale, gerieben

1 Mischen Sie den Reis mit Milch und Orangenschale in einem Topf. Geben Sie Honig dazu und rühren gut um.

2 Kochen Sie alles auf, reduzieren die Hitze und köcheln bedeckt unter ständigem Rühren etwa 1¼ Stunde.

3 Nehmen Sie den Deckel ab und kochen unter Rühren 15–20 Minuten weiter, bis der Reis cremig ist.

4 Gießen Sie unter Rühren die Sahne ein und köcheln noch 5–8 Minuten. Geben Sie den Milchreis in warme Schalen. Streuen Sie Pistazien und Orangenschale darüber und servieren.

VARIATION

Rühren Sie statt Schlagsahne griechischen Jogurt ein. Servieren Sie sofort (ohne Aufwärmen), garniert mit gerösteten Pinienkernen und Orangenspalten.

Karibischer würziger Milchreis

Karibische Rezepte können sehr süss sein. Die Früchte in diesem Rezept haben viel natürliche Eigensüsse, verwenden Sie nach Wunsch etwas weniger Zucker.

VIER BIS SECHS PORTIONEN

ZUTATEN
- 25 g/2 EL Butter
- 1 Zimtstange
- 115 g/½ Tasse brauner Zucker
- 115 g/2/3 Tasse Reisschrot
- 1,2 Liter/5 Tassen Milch
- 2,5 ml/½ TL Piment
- 50 g/1/3 Tasse Sultaninen
- 75 g Mandarinen, gehackt
- 75 g Ananas, gehackt

1 Schmelzen Sie Butter in einem Teflontopf und geben Zucker und Zimt hinein. Erhitzen Sie bei mittlerer Hitze, bis der Zucker karamellisiert, und nehmen den Topf sofort vom Herd.

2 Rühren Sie vorsichtig den Reis und ¾ der Milch ein. Kochen Sie alles unter ständigem Rühren auf, lassen aber die Milch nicht anbrennen. Reduzieren Sie die Hitze und köcheln unter Rühren ca. 10 Minuten, bis der Reis gar ist.

3 Geben Sie die übrige Milch, den Piment und die Sultaninen dazu. Köcheln Sie 5 Minuten weiter und rühren ab und zu um.

4 Wenn der Reis dick und cremig ist, lassen Sie ihn etwas abkülen und rühren die Früchtstücken ein. Sie können sie Früchte auch extra servieren – mit warmem oder kaltem Reis.

GROSS-BRITANNIEN

In Großbritannien ist Reis relativ neu. Überraschenderweise wurde er früher nur mit Milch und Zucker zu Milchreis verarbeitet, aber in den letzten zwanzig Jahren hat sich Reis seinen rechtmäßigen Platz an der Tafel verdient. Einige der heutigen englischen Reisgerichte wurden aus den Küchen anderer Länder übernommen, andere sind einheimisch.

Hühnersuppe mit Kürbis und Reis

Eine warme Suppe, die trotz der Gewürzen und des Basmati-Reis durch und durch englisch ist. Für eine kräftigere Mahlzeit geben Sie einfach etwas mehr Reis dazu und verwenden das ganze Hühnerfleisch aus der Brühe.

VIER PORTIONEN

ZUTATEN

- etwa 500 g Kürbisfleisch
- 15 ml/1 EL Sonnenblumenöl
- 25 g/2 EL Butter
- 6 grüne Kardamomkapseln
- 2 Porreestangen (Lauch), gehackt
- 115 g/gute ½ Tasse Basmati-Reis, eingeweicht
- 350 ml/1½ Tassen Milch
- Salz und schwarzer Pfeffer
- Garnitur: Streifen von Orangenschale

Für die Hühnerbrühe

- 2 Hühnerviertel
- 1 Zwiebel, geviertelt
- 2 Möhren, gehackt
- 1 Stange Sellerie, gehackt
- 6–8 Pfefferkörner
- 900 ml/3¾ Tasse Wasser

1 Für die Hühnerbrühe geben Sie Hühnerviertel, Zwiebel, Möhren, Sellerie und Pfefferkörner in einen großen Topf. Gießen Sie Wasser dazu und kochen es langsam auf. Schöpfen Sie, wenn nötig, die Oberfläche ab, reduzieren die Hitze und köcheln bedeckt 1 Stunde.

2 Gießen Sie die Brühe in eine saubere Schüssel ab und werfen das Gemüse weg. Enthäuten und entbeinen Sie ein oder beide Hühnerstücke und schneiden sie in Streifen (Wenn Sie nicht beide verwenden, nehmen Sie das zweite Stück für ein anderes Rezept).

3 Schälen Sie den Kürbis und entfernen Kerne und weiße Haut, so dass Sie etwa 350 g Fleisch erhalten. Schneiden Sie es in 2,5 cm große Würfel.

4 Erhitzen Sie Öl und Butter in einem Topf und rösten die Kardamomkapseln 2–3 Minuten, bis sie leicht geschwollen sind. Geben Sie Porree und Kürbis dazu. Kochen Sie unter Rühren 3–4 Minuten bei mittlerer Hitze, reduzieren sie dann die Hitze und schwitzen bedeckt noch 5 Minuten, oder bis der Kürbis recht weich ist, und rühren noch ein- oder zweimal um.

5 Geben Sie 600 ml/2½ Tassen der Brühe zur Kürbismischung. Kochen Sie alles auf, reduzieren dann die Hitze und köcheln bedeckt 10–15 Minuten, bis der Kürbis weich ist.

6 Gießen Sie die restliche Brühe in einen Messbecher und füllen sie mit Wasser auf 300 ml/1¼ Tassen auf. Gießen Sie den Reis ab und geben ihn in einen Topf. Gießen Sie die Brühe dazu, kochen sie auf und köcheln dann etwa 10 Minuten, bis der Reis weich ist. Geben Sie nach Belieben Gewürze dazu.

7 Entfernen Sie die Kardamomkapseln und verarbeiten die Suppe dann in einem Mixer oder einer Küchenmaschine, bis sie glatt ist. Gießen Sie alles in einen sauberen Topf zurück und rühren Milch, Huhn und Reis (mit noch nicht aufgesaugter Brühe) ein. Erhitzen Sie, bis es köchelt. Garnieren Sie mit Orangenschale und frisch gemahlenem schwarzen Pfeffer und servieren mit Körner- oder Vollkornbrot.

Reiskuchen mit geräuchertem Lachs

Diese eleganten Reiskuchen werden nach der Risotto-Methode zubereitet. Sie können diesen Schritt weglassen, indem Sie ein Risotto vom Vortag verarbeiten. Oder Sie verwenden übrigen Langkornreis und würzen ihn mit Frühlingszwiebeln.

VIER PORTIONEN

ZUTATEN
- 30 ml/2 EL Olivenöl
- 1 mittlere Zwiebel, gehackt
- 225 g/1 gute Tasse Risotto-Reis
- etwa 90 ml/6 EL Weißwein
- etwa 750 ml/3 Tassen Fisch- oder Hühnerbrühe
- 15 g/2 EL frische oder getrocknete Porcini-Pilze (diese 10 Minuten in warmem Wasser eingeweicht)
- 15 ml/1 EL frische Petersilie, gehackt
- 15 ml/1 EL frischer Schnittlauch, geschnitten
- 5 ml/1 TL frischer Dill, gehackt
- 1 Ei, leicht geschlagen
- etwa 45 ml/3 EL Reisschrot und mehr zum Bestäuben
- Öl zum Braten
- 60 ml/4 EL saure Sahne
- 175 g geräucherter Lachs
- Salz und schwarzer Pfeffer
- Beilage: Radicchio- und Eichblattsalat mit einem französischen Dressing

1 Erhitzen Sie Olivenöl in einem Topf und braten die Zwiebel 3–4 Minuten weich. Geben Sie Reis dazu und kochen unter Rühren, bis die Körner völlig vom Öl umhüllt sind. Gießen Sie nach und nach Wein und Brühe dazu und rühren ständig bei kleiner Hitze, bis die ganze Flüssigkeit aufgesaugt wurde, bevor Sie mehr dazugeben.

2 Gießen Sie die Pilze ab und hacken sie in kleine Stücke. Wenn der Reis weich und alle Flüssigkeit aufgesaugt ist, rühren Sie Pilze, Petersilie, Schnittlauch, Dill und Gewürze ein. Nehmen Sie den Topf vom Herd und stellen ihn ein paar Minuten beiseite, damit er abkühlt.

TIPP

Für besondere Anlässe garnieren Sie die Reiskuchen mit gerösteten Spargelspitzen, Zitronenscheiben und Dill.

3 Geben Sie das geschlagene Ei dazu und rühren dann genug Reisschrot ein, um die Mischung zu binden. Sie sollte glatt, aber geschmeidig sein. Bestäuben Sie Ihre Hände mit Reisschrot und formen die Mischung in vier Pastetchen von etwa 15 cm Durchmesser und etwa 2 cm Dicke.

4 Braten Sie die Reiskuchen 4–5 Minuten in heißem Öl, bis sie auf beiden Seiten gleichmäßig gebräunt sind, tropfen sie auf Küchenpapier ab und lassen sie etwas abkühlen. Legen Sie jeden Reiskuchen auf einen Teller und 15 ml saure Sahne darauf. Drehen Sie zwei, drei Scheiben Räucherlachs darüber und servieren mit Salat-Garnitur.

Lachs in Blätterteig

Dieses elegante Partygericht besteht aus Reis, Eiern und Lachs, die von Teig umhüllt sind.

SECHS PORTIONEN

ZUTATEN

- 450 g Blätterteig, aufgetaut, wenn gefroren
- 1 Ei, geschlagen
- 3 hartgekochte Eier
- 90 ml/6 EL fettarme Sahne
- 200 g/1¾ Tasse gekochter Langkornreis
- 30 ml/2 EL Petersilie, fein gehackt
- 10 ml/2 TL frischer Estragon, gehackt
- 675 g frische Lachsfilets
- 40 g/3 EL Butter
- Saft von ½ Zitrone
- Salz und schwarzer Pfeffer

1 Heizen Sie den Ofen auf 190° C/Gas Stufe 5 vor. Rollen Sie zwei Drittel des Teiges zu einem großen Oval von etwa 35 cm Länge aus. Schneiden Sie eine Fischform aus und geben sie auf ein leicht eingefettetes Backblech. Verarbeiten Sie die Reste zu langen Teigstreifen, pinseln sie auf einer Seite mit etwas Ei ein und ordnen sie so auf der Fischform an, dass sie einen erhöhten Rand bilden. Pieksen Sie mit einer Gabel überall Löcher und backen dann 8–10 Minuten, bis die Ränder schön aufgegangen sind und der Teig leicht golden ist. Lassen Sie ihn abkühlen.

TIPP

Wenn der Teig zu schnell braun wird, decken Sie ihn beim Backen mit Folie ab und nehmen ihn die letzten 5 Minuten aus dem Ofen. Der „Fisch“ muss jedoch die angegebene Zeit gebacken werden, damit der Lachs richtig gar wird.

2 Zerquetschen Sie die gekochten Eier mit der Sahne in einer Schüssel und rühren den Reis ein. Geben Sie die Kräuter dazu und würzen gut. Verteilen Sie alles auf den vorbereiteten Teig.

3 Schneiden Sie den Lachs in 2-cm-Stücke. Schmelzen Sie die Butter, bis sie brutzelt, geben den Lachs hinein und wälzen Sie die Stücke darin, damit sie sich färben, aber nicht gar werden.

4 Nehmen Sie den Topf vom Herd, geben den Lachs auf den Reis und häufen ihn in der Mitte auf. Rühren Sie Zitronensaft in die Butter im Topf und gießen beides auf die Lachsstücke.

5 Rollen Sie den übrigen Blätterteig aus und schneiden Sie je einen Halbkreis für den Kopf und einen Schwanz aus. Pinseln Sie beide Teile mit etwas Ei ein, legen sie auf den Fisch und drücken sie fest an. Ritzen Sie ein Kreuzmuster in den Fischschwanz.

6 Schneiden Sie den übrigen Teig in kleine Kreise, die Sie vom Schwanz aus als Fischschuppen überlappend anordnen. Legen Sie einen Kreis als Auge. Pinseln Sie die ganze Fischform mit dem restlichen geschlagenen Ei ein.

7 Backen Sie 10 Minuten, reduzieren die Temperatur auf 160° C/Gas Stufe 3 und backen den Teigfisch in weiteren 15–20 Minuten gleichmäßig golden. Servieren sie den Fisch auf einer Platte.

VARIATION

Wenn Sie keine Zeit haben, gibt es auch eine Kurzversion: Rollen Sie den Teig zum Viereck aus, ink. der Seitenränder für die Füllung. Backen Sie den „Fisch“, geben einfach ausgerollten Teig darauf und schieben ihn wieder in den Ofen.

KEDGEREE

Ein beliebtes viktorianisches Frühstück, das vom Kitchiri, einem indischen Reisgericht mit Linsen, abstammt. Kedgeree kann mit Currypulver gewürzt werden, dieses hier ist mild.

VIER PORTIONEN

ZUTATEN

- 500 g geräucherter Schellfisch
- 115 g/gute ½ Tasse Basmati-Reis
- 30 ml/2 EL Zitronensaft
- 150 ml/2/3 Tasse fettarme oder saure Sahne
- 1 Prise frisch gemahlene Muskatnuss
- 1 Prise Cayennepfeffer
- 2 hartgekochte Eier, geschält und in Stücke geschnitten
- 50 g/4 EL Butter, gewürfelt
- 30 ml/2 EL frische Petersilie, gehackt
- Salz und schwarzer Pfeffer

TIPP

Probieren Sie das Kedgeree erst, bevor Sie es salzen, da der geräucherte Schellfisch ziemlich salzig sein kann.

1 Geben Sie den Fisch in eine Pfanne, bedecken ihn mit Wasser und erhitzen bis zum Siedepunkt. Pochieren Sie den Fisch etwa 10 Minuten, bis das Fleisch leicht zerfällt, wenn Sie es mit der Messerspitze antippen. Heben Sie den Fisch aus dem Wasser, entfernen Haut und Gräten und zerbröseln das Fleisch. Heben Sie die Kochflüssigkeit auf.

2 Gießen Sie die Kochflüssigkeit in einen Messbecher und füllen mit Wasser auf 250 ml/1 Tasse auf.

3 Gießen Sie diese Flüssigkeit in einen Topf und kochen sie auf. Rühren Sie den Reis ein, reduzieren dann die Hitze und köcheln bedeckt etwa 10 Minuten, bis der Reis weich und die Flüssigkeit aufgesaugt ist. Heizen Sie derweil den Ofen auf 180° C/Gas Stufe 4 vor und fetten eine Backform mit Butter ein.

4 Wenn der Reis gar ist, nehmen Sie ihn vom Herd und rühren Zitronensaft, Sahne, Fisch, Muskat und Cayennepfeffer ein. Geben Sie die Eierstücke in die Mischung und rühren sie vorsichtig ein.

5 Schütten Sie die Reismischung in die vorbereiteter Backform. Streichen Sie die Oberfläche glatt und bestreichen sie mit Butter. Bedecken Sie die Form lose mit Folie und backen etwa 25 Minuten.

6 Rühren Sie Petersilie in das gebackene Kedgeree ein und würzen nach Belieben. Servieren Sie sofort.

Hühner-Mango-Salat mit Orangenreis

Die heutige britische Küche lässt sich gern von der ganzen Welt inspirieren.

VIER PORTIONEN

ZUTATEN
- 15 ml/1 EL Sonnenblumenöl
- 1 Zwiebel, gehackt
- 1 Knoblauchzehe, zerdrückt
- 30 ml/2 EL rote Currypaste
- 10 ml/2 TL Aprikosenmarmelade
- 30 ml/2 EL Hühnerbrühe
- etwa 450 g gekochtes Huhn, gehackt
- 150 ml/2/3 Tasse Naturjogurt
- 60–75 ml/4–5 EL Mayonnaise
- 1 große Mango, in 1 cm große Würfel geschnitten
- Garnitur: frische Zweige glatter Petersilie
- Beilage: Papadum-Brot

Für den Orangenreis
- 175 g/1 knappe Tasse weißer Langkornreis
- 225 g Möhren, gerieben (etwa 1 1/3 Tassen)
- 1 große Orange, in Spalten geschnitten
- 40 g/1/3 Tasse Mandelsplitter, geröstet

Für das Dressing
- 45 ml/3 EL Olivenöl
- 60 ml/4 EL Sonnenblumenöl
- 45 ml/3 EL Zitronensaft
- 1 Knoblauchzehe, zerdrückt
- 15 ml/1 EL frische Kräuter, gehackt (Estragon, Petersilie, Schnittlauch)
- Salz und schwarzer Pfeffer

1 Erhitzen Sie Öl in einer Pfanne und braten Zwiebel und Knoblauch 3–4 Minuten, bis sie weich sind.

2 Rühren Sie die Currypaste ein, kochen sie etwa 1 Minute, reduzieren die Hitze und rühren Marmelade und Brühe ein. Mischen Sie gut, geben dann das gehackte Huhn dazu und rühren, bis es völlig von der Paste umhüllt ist. Füllen Sie die Mischung in eine große Schüssel und lassen sie abkühlen.

3 Kochen Sie den Reis in reichlich leicht gesalzenem Wasser weich. Gießen Sie ihn ab, spülen ihn gut unter kaltem Wasser und tropfen ihn ab. Wenn er kalt ist, rühren Sie Möhren, Orangenspalten und Mandelsplitter ein.

4 Verquirlen Sie alle Zutaten für das Dressing in einer Schüssel.

5 Wenn die Hühnermischung kalt ist, rühren Sie Jogurt und Mayonnaise ein, geben die Mango dazu und rühren vorsichtig, um das Fruchtfleisch nicht zu zerquetschen. Kühlen Sie 30 Minuten.

6 Bevor Sie servieren, rühren Sie das Dressing in die Reismischung und mischen gut. Geben Sie den Reis auf eine Platte und häufen das kalte Curryhuhn darauf. Garnieren Sie mit glatter Petersilie und servieren mit Papadum-Brot.

TIPP

Am einfachsten würfeln Sie die Mango, indem Sie diese ungeschält längs halbieren. Schneiden Sie in jede Hälfte ein Kreuzmuster und stülpen die Hälften um. Die Würfel stehen jetzt gerade von der Haut ab und können leicht abgeschnitten werden.

Schweinelende mit einer Füllung aus Cashewkernen und Orangen

Orangen und Cashewkerne geben der Füllung gegensätzlichen Geschmack und Struktur, außerdem passen sie gut zum braunen Reis. Es macht nichts, wenn die Füllung nicht bindet – durch den braunen Reis wird sie in jedem Fall fest genug.

SECHS PORTIONEN

ZUTATEN
- 1,5 kg entbeinte Schweinelende
- 15 ml/1 EL Weizenmehl
- 300 ml/1¼ Tasse trockener Weißwein
- Salz und frisch gemahlener schwarzer Pfeffer
- Garnitur: frische Rosmarinzweige und Orangenscheiben

Für die Füllung
- 25 g/2 EL Butter
- 1 kleine Zwiebel, fein gehackt
- 75 g/knappe ½ Tasse brauner Basmati-Reis, eingeweicht, abgetropft
- 350 ml/knappe 1½ Tassen Hühnerbrühe
- 50 g/½ Tasse Cashewkerne
- 1 Orange
- 50 g/1/3 Tasse Sultaninen

1 Kochen Sie zuerst den Reis für die Füllung. Schmelzen Sie Butter in einer Pfanne und braten die Zwiebel 2–3 Minuten, bis sie weich, aber noch nicht braun ist. Geben Sie den Reis dazu, kochen 1 Minute, gießen Brühe dazu und kochen sie auf. Rühren Sie, verringern die Hitze und köcheln dann bedeckt 35 Minuten, bis der Reis weich und die Flüssigkeit aufgesaugt ist. Heizen Sie den Backofen auf 220° C/Gas Stufe 7 vor.

2 Während der Reis kocht, breiten Sie die Lende auf und schneiden längs zwei Schlitze hinein, schneiden aber nicht durch. Drehen Sie das Fleisch um und entfernen überflüssiges Fett, lassen aber etwas Fett stehen. Dadurch bleibt die Lende beim Kochen saftig.

3 Geben Sie die Cashewkerne auf ein Backblech, rösten sie 2–4 Minuten golden und lassen sie abkühlen. Hacken Sie die Kerne dann grob in einer Küchenmaschine. Lassen Sie den Ofen an.

4 Reiben Sie 5 ml/1 TL Orangenschale in eine Schale und schälen die Orange über einer weiteren Schale, um den Saft aufzufangen. Schneiden Sie die Orange in Spalten und hacken sie grob.

5 Geben Sie gehackte Orange, Schale, Cashewkerne und Sultaninen in den gekochten Reis. Würzen Sie gut und rühren Sie 15–30 ml/1–2 EL des aufgefangenen Orangensafts ein. Es macht nichts, wenn der Reis nicht bindet. Er sollte von nun körnig genug sein.

6 Verteilen Sie eine gute Schicht der Füllung in der Mitte der Lende. Wenn etwas Füllung übrig bleibt, stellen Sie diese in einer hitzebeständigen Schüssel beiseite.

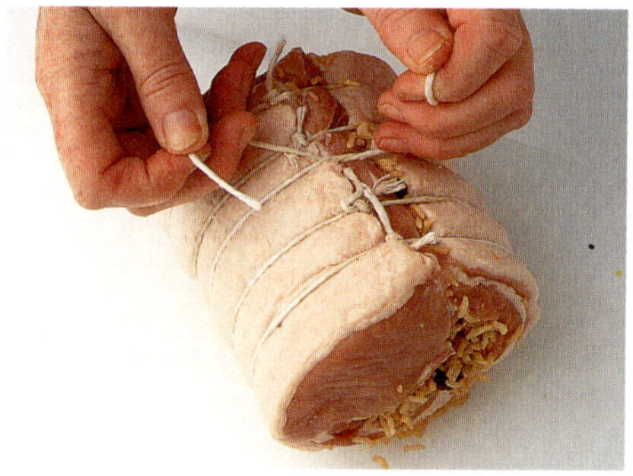

7 Rollen Sie die Lende auf und binden Bindfaden darum. Reiben Sie etwas Salz und Pfeffer auf die Außenseite und geben sie auf ein Blech. Braten Sie 15 Minuten und verringern dann die Temperatur auf 180° C/Gas Stufe 4. Braten Sie noch 2–2¼ Stunden, oder bis der Saft vom Fleisch klar und nicht mehr rosa ist. Erhitzen Sie die übrige Füllung die letzten 15 Minuten in einer abgedeckten Schüssel im Ofen.

8 Geben Sie das Fleisch auf eine angewärmte Servierplatte und halten es warm. Rühren Sie Mehl in den Saft auf dem Blech, kochen 1 Minute und rühren Weißwein ein. Kochen Sie alles auf, rühren, bis es eindickt, und gießen die Flüssigkeit in eine Sauciere ab.

9 Entfernen Sie den Bindfaden, bevor Sie das Fleisch tranchieren. Spicken Sie das Schwein mit Rosmarin und garnieren mit Orangenscheiben. Servieren Sie mit der Soße und der Extra-Füllung.

TIPP
Schwein wird gewöhnlich ganz durchgebraten, die Kochzeit hängt von Ihrem Ofen und der Größe der Lende ab. Nehmen Sie 35–40 Minuten bei 180° C/Gas Stufe 4 pro 500 g Fleisch als Richtlinie plus zusätzliche 15–20 Minuten. Wenn Sie es knusprig mögen, muss die Haut völlig trocken ist. Ritzen Sie vor dem Braten ein Diamantmuster hinein und reiben alles großzügig mit Salz ein.

ERDBEERTÖRTCHEN

Reisschrot wird gern beim Backen verwendet. Er macht dieses Dessert leicht und locker.

ACHT PORTIONEN

ZUTATEN
- 350 g/3 Tassen Erdbeeren
- 300 ml/1¼ Tassen Schlagsahne
- 30 ml/2 EL Streuzucker
- 15 ml/1 EL Puderzucker (nach Wahl)

Für den Biskuitboden
- 115 g/1 Tasse Weizenmehl
- 50 g/1/3 Tasse Reisschrot
- 75 g/6 EL Streuzucker
- 115 g/½ Tasse Butter
- 1 Eigelb
- etwa 15 ml/1 EL Milch

1 Heizen Sie den Ofen auf 180° C/Gas Stufe 4 vor. Sieben Sie für den Tortenboden Mehl und Reisschrot in eine Schüssel. Verrühren Sie Zucker, Butter, Eigelb und Milch zu einem Teig.

2 Kneten Sie den Teig leicht, teilen ihn und rollen jede Hälfte zu einem 20 cm großen Kreis aus. Legen Sie beide auf ein eingefettetes Blech. Zeichnen Sie auf einem Kreis mit einem Messer acht Stücke ein.

3 Backen Sie den Boden 15–20 Minuten, bis er golden ist. Lassen Sie ihn auf dem Blech etwas abkühlen. Schneiden Sie den angezeichneten Kreis in die Stücke, stellen dann alles beiseite und lassen es abkühlen.

4 Heben Sie die schönste Erdbeere für die Dekoration der Mitte auf und putzen und zerschneiden die anderen. Stellen Sie etwa acht Stücke für die Dekoration beiseite. Schlagen Sie die Sahne steif und rühren den Zucker ein.

5 Geben Sie etwa 1/3 der Sahne in einen Spritzbeutel. Verteilen Sie die restliche Sahne auf dem ganzen Boden und geben die Erdbeerstücke darüber.

6 Krönen Sie die Torte mit eingeschobenen Stücken des zweiten Bodens und spritzen Sahne dazwischen. Dekorieren Sie mit den aufgehobenen Erdbeerstückchen. Schneiden Sie die ganze Erdbeere ein und fächern sie auf. Setzen Sie diese in die Mitte der Torte, bestreuen nach Wunsch alles mit Staubzucker und servieren.

TIPP
Reisschrot ist ein guter Ersatz für Weizenmehl und besonders bei Glutenallergikern beliebt.

TRADITIONELLER ENGLISCHER MILCHREIS

Lassen Sie sich nicht von Erinnerungen an den möglicherweise verkochten Milchreis Ihrer Kindertage abhalten. Ein richtiger Milchreis ist zart und cremig mit einem Hauch aromatischer Gewürze. Servieren Sie ihn mit Kirschkompott oder -marmelade obenauf.

VIER PORTIONEN

ZUTATEN
- 600 ml/½ Tassen sahnige Milch
- 1 Vanilleschote
- 50 g/gute ¼ Tasse Milchreis
- 45 ml/3 EL Streuzucker
- 25 g/2 EL Butter
- frisch geriebene Muskatnuss

1 Gießen Sie die Milch mit der Vanilleschote in einen Topf. Kochen Sie alles auf, nehmen es vom Herd und lassen es bedeckt 1 Stunde ziehen. Heizen Sie den Ofen auf 150° C/Gas Stufe 2 vor.

2 Geben Sie Reis und Zucker in eine feuerfeste Schale, gießen Milch darüber und entfernen die Vanilleschote. Verrühren Sie und pinseln alles mit Butter ein.

3 Backen Sie unbedeckt 2 Stunden. Rühren Sie nach etwa 40 Minuten die Haut der Milch in den Pudding ein und wiederholen dies nach weiteren 40 Minuten. Streuen Sie dann Muskat über den Milchreis. Lassen Sie den Milchreis zu Ende kochen, ohne umzurühren.

TIPP
Benutzen Sie wenn möglich immer einen beschichteten Topf, wenn Sie Milch erhitzen. Sie setzt sonst schnell am Topfboden an und brennt an.

NORD-AMERIKA

Nordamerika ist eins der größten Reis produzierenden Länder der Welt. Es überrascht nicht, hier eine große Zahl einheimischer Reisrezepte vorzufinden, aber auch viele importierte Rezepte, die von Generationen von Einwanderern, besonders aus Italien, Japan und China, in den USA eingeführt und angenommen wurden.

Sämige Suppe mit Meeresfrüchten

Früher wurden Suppen und Eintöpfe in einem grossen Kessel zubereitet. Wie die meisten Chowder (von französisch Chaudière) ist auch diese Suppe ein kräftiges Gericht, das ohne weiteres mit knusprigem Brot als komplette Mahlzeit serviert werden kann.

VIER BIS SECHS PORTIONEN

ZUTATEN

200 g/1 gute Tasse Zuckermais aus der Dose, abgetropft
600 ml/2½ Tassen Milch
15 g/1 EL Butter
1 kleine Porreestange, geschnitten
1 kleine Knoblauchzehe, zerdrückt
2 Scheiben geräucherter durchwachsener Speck ohne Schwarte, fein gehackt
1 kleine grüne Paprikaschote, entkernt und gewürfelt
1 Stange Sellerie, gehackt
115 g/gute ½ Tasse weißer Langkornreis
5 ml/1 TL Weizenmehl
etwa 450 ml/2 knappe Tassen heiße Hühner- oder Gemüsebrühe
4 große Kammmuscheln, am besten mit Korallen
115 g Weißfischfilets wie Mönchsfisch oder Scholle
15 ml/1 EL Petersilie, fein gehackt
1 gute Prise Cayennepfeffer
30–45 ml/2–3 EL fettarme Sahne (nach Wahl)
Salz und schwarzer Pfeffer

1 Geben Sie die Hälfte vom Mais in eine Küchenmaschine oder einen Mixer. Gießen Sie etwas Milch dazu und verarbeiten die Mischung, bis sie dick und cremig ist.

2 Schmelzen Sie Butter in einem großen Topf und braten Porree, Knoblauch und Speck 4–5 Minuten, bis der Porree weich, aber nicht braun ist. Geben Sie Paprika und Sellerie dazu und schwitzen sie unter ständigem Rühren noch 3–4 Minuten bei sehr kleiner Hitze an.

3 Rühren Sie den Reis ein und braten ein paar Minuten, bis die Körner anschwellen. Stäuben Sie das Mehl darüber. Kochen Sie etwa 1 Minute unter Rühren und rühren dann nach und nach auch die restliche Milch und die Brühe ein.

4 Kochen Sie die Mischung bei mittlerer Hitze auf, verringern dann die Hitze und rühren die cremige Maismischung und den restlichen Mais ein. Würzen Sie gut.

5 Decken Sie den Topf ab und köcheln die Suppe leise 20 Minuten, oder bis der Reis weich ist, rühren ab und zu und geben mehr Brühe oder Wasser dazu, wenn die Mischung zu schnell eindickt oder der Reis sich am Topfboden absetzt.

6 Entfernen Sie die Korallen von den Muscheln und schneiden das weiße Fleisch in kleine Stücke. Schneiden Sie das Fischfilet in mundgerechte Stücke.

7 Rühren Sie Muscheln und Fisch in die Suppe, kochen sie 4 Minuten und rühren dann Korallen, Petersilie und Cayennepfeffer ein. Kochen Sie ein paar Minuten, damit alles warm wird, rühren dann nach Wunsch die Sahne ein. Schmecken Sie ab und servieren Sie.

Meeresfrüchte-Pasteten nach Thai-Art

Thailändisches Essen ist in vielen Teilen der USA sehr beliebt, besonders an der Westküste, wo Reis eines der wichtigsten Anbauprodukte ist.

ACHTZEHN STÜCK

ZUTATEN

- 500 g Blätterteig, aufgetaut, wenn gefroren
- 1 Ei, mit 30 ml/2 EL Wasser verquirlt
- Garnitur: frische Korianderblätter und Limonenstücke

Für die Füllung

- 275 g enthäutete Weißfischfilets wie Kabeljau oder Schellfisch
- Weizenmehl, gewürzt mit Salz und schwarzem Pfeffer
- 8–10 große rohe Garnelen
- 15 ml/1 EL Sonnenblumenöl
- etwa 75g/6 EL Butter
- 6 Frühlingszwiebeln, fein geschnitten
- 1 Knoblauchzehe, zerdrückt
- 225 g/2 Tassen gekochter Thai-Duftreis
- 4 cm frische Ingwerwurzel, gerieben
- 10 ml/2 TL frischer Koriander, fein gehackt
- 5 ml/1 TL Limonenschale, fein gerieben

1 Heizen Sie den Ofen auf 190° C/Gas Stufe 5 vor. Bereiten Sie die Füllung zu. Schneiden Sie den Fisch in 2 cm große Würfel und wälzen sie im Mehl. Schälen Sie die Garnelen, entfernen den Darm und schneiden jede in vier Stücke.

2 Erhitzen Sie die Hälfte des Öls und 15 g/1 EL Butter in einer Pfanne. Geben Sie Frühlingszwiebeln hinein und braten sie bei geringer Hitze 2 Minuten. Fügen Sie Knoblauch dazu und braten noch etwa 5 Minuten, bis die Zwiebeln ganz weich sind. Geben Sie alles in eine große Schüssel.

3 Erhitzen Sie das übrige Öl und weitere 25 g/2 EL Butter in einem sauberen Topf. Braten Sie die Fischstücke kurz an und geben sie, sobald sie undurchsichtig werden, mit einem Schaumlöffel in die Schüssel mit den Frühlingszwiebeln. Kochen Sie die Garnelen im Topf mit dem übrigen Fett. Wenn sie ihre Farbe ändern, heben Sie die Garnelen in die Schüssel.

4 Geben Sie den gekochten Reis mit Ingwer, Koriander und Limonenschale in die Schüssel. Mischen Sie; der Fisch kann ruhig auseinanderbrechen.

5 Stäuben Sie die Arbeitsfläche mit etwas Mehl ein. Rollen Sie den Blätterteig aus und schneiden ihn in 10 cm große Kreise. Löffeln Sie etwas Füllung genau neben die Kreismitte. Pinseln Sie alles mit etwas Butter ein. Feuchten Sie die Teigecken mit etwas Ei an, falten eine Seite des Teigs über die Füllung und drücken die Ränder fest zusammen.

6 Legen Sie die Pasteten auf ein leicht eingefettetes Backblech. Wenn Sie mögen, dekorieren Sie mit den Teigresten. Pinseln Sie die Pasteten mit Ei ein und backen sie 12–15 Minuten, oder bis sie golden sind.

7 Garnieren Sie mit Koriander und Limone und servieren Sie die Pasteten.

TIPP

Sie können auch 6 größere Pasteten machen und als Hauptgericht servieren.

GEBRATENER ZITRUSREIS AUS KALIFORNIEN

WIE BEI ALLEN BRATREIS-GERICHTEN IST ES WICHTIG, DASS DER REIS KALT IST. GEBEN SIE IHN ERST DAZU, WENN ALLE ZUTATEN GAR SIND, UND RÜHREN SIE UM, DAMIT ER RICHTIG HEISS WIRD.

VIER BIS SECHS PORTIONEN

ZUTATEN
- 4 Eier
- 10 ml/2 TL japanischer Reisessig
- 30 ml/2 EL helle Sojasoße
- etwa 45 ml/3 EL Erdnussöl
- 50 g/½ Tasse Cashewkerne
- 2 Knoblauchzehen, zerdrückt
- 6 Frühlingszwiebeln, schräg geschnitten
- 2 kleine Möhren , in dünne Streifen geschnitten
- 225 g Spargel, jede Stange schräg in 4 Stücke geschnitten
- 175 g/2¼ Tassen junge Champignons, halbiert
- 30 ml/2 EL Reiswein
- 30 ml/2 EL Wasser
- 450 g/4 Tassen weißer Langkornreis, gekocht
- etwa 10 ml/2 TL Sesamöl
- 1 Grapefruit oder Orange, gespalten
- Garnitur: Streifen Orangenschale

Für das scharfe Dressing
- 5 ml/1 TL Orangenschale, gerieben
- 30 ml/2 EL japanischer Reiswein
- 45 ml/3 EL Austernsoße
- 30 ml/2 EL frisch gepresster Grapefruit- oder Orangensaft
- 5 ml/1 EL Chilisoße

1 Verquirlen Sie die Eier mit Essig und 10 ml/2 TL Sojasoße. Erhitzen Sie 15 ml/1 EL Öl in einem Wok, braten die Eier, bis sie stocken, geben sie auf einen Teller und stellen sie beiseite.

2 Braten Sie die Cashewkerne 1–2 Minuten im Wok und stellen sie beiseite.

3 Erhitzen Sie das übrige Öl und braten Knoblauch und Frühlingszwiebeln 1–2 Minuten bei mittlerer Hitze, bis die Zwiebeln weich werden, geben die Möhren dazu und braten 4 Minuten.

4 Geben Sie den Spargel dazu und braten 2–3 Minuten, rühren die Pilze ein und braten 1 weitere Minute. Rühren Sie Reiswein, die restliche Sojasoße und Wasser ein. Köcheln Sie, bis das Gemüse zart, aber noch bissfest ist.

5 Mischen Sie alle Zutaten für das Dressing, füllen sie in den Wok und kochen alles auf. Geben Sie Reis, Rühreier und Cashewkerne dazu. Wenden Sie alles 3–4 Minuten bei kleiner Hitze, bis der Reis heiß ist. Rühren Sie kurz vor dem Servieren Sesamöl und die Grapefruit- oder Orangenspalten ein. Garnieren Sie mit dünnen Streifen Orangenschale und servieren sofort.

WALDORF-REISSALAT

Waldorfsalat hat den Namen vom Waldorf-Astoria-Hotel in New York City, wo er zuerst zubereitet wurde. Durch den Reis wird diese Version etwas kräftiger als gewöhnlich. Der Salat kann als Beilage serviert werden oder als Hauptgericht für zwei Personen.

ZWEI BIS VIER PORTIONEN

ZUTATEN

- 115 g/gute ½ Tasse weißer Langkornreis
- 1 roter Apfel
- 1 grüner Apfel
- 60 ml/4 EL Zitronensaft
- 3 Stangen Sellerie
- 2–3 dicke Scheiben Kochschinken
- 90 ml/6 EL Mayonnaise, am besten hausgemachte
- 60 ml/4 EL saure Sahne
- 1 gute Prise Safran, in 15 ml/1 EL heißem Wasser aufgelöst
- 10 ml/2 TL frisches Basilikum, gehackt
- 15 ml/1 EL Petersilie, gehackt
- Römer- oder Eisbergsalat
- 50 g/½ Tasse Walnüsse, grob gehackt
- Salz und schwarzer Pfeffer

1 Kochen Sie den Reis in reichlich Salzwasser gar. Gießen Sie ihn ab und stellen ihn zum Abkühlen beiseite.

2 Vierteln Sie die Äpfel, entfernen das Gehäuse und schneiden je ein rotes und ein grünes Viertel fein. Geben Sie die Stücke mit der Hälfte Zitronensaft in eine Schüssel und heben sie als Garnitur auf. Schälen Sie die anderen Viertel, schneiden sie in dünne Streifen, geben sie in eine Schüssel und mischen sie mit 15 ml/1 EL Zitronensaft.

3 Schneiden Sie den Sellerie in dünne Streifen. Rollen Sie den Schinken auf, schneiden ihn fein und geben ihn mit dem Sellerie zu den Apfelstücken.

4 Verrühren Sie Mayonnaise, Sahne und Safranwasser mit Salz und Pfeffer.

5 Rühren Sie Mayonnaise und Kräuter in den Reis. Geben Sie Äpfel, Sellerie und den restlichen Zitronensaft dazu.

6 Legen Sie eine Schüssel mit Salatblättern aus und geben die Reis-Apfelmischung in die Mitte. Streuen Sie gehackte Walnüsse darüber und garnieren mit gefächerten Apfelscheiben.

GERÄUCHERTE LACHSPAKETE MIT REISSALAT

Fetakäse, Gurke und Tomaten verleihen dem Salat ein griechisches Aroma. Diese Kombination passt gut zu Reis, besonders wenn etwas Wildreis dazugemischt wird.

VIER PORTIONEN

ZUTATEN

- 175 g/1 knappe Tasse Wildreis gemischt mit Basmati-Reis
- 8 Scheiben geräucherter Lachs, Gesamtgewicht etwa 350 g
- 10 cm Salatgurke, fein gewürfelt
- etwa 225 g Fetakäse, gewürfelt
- 8 Kirschtomaten, geviertelt
- 30 ml/2 EL Mayonnaise
- 10 ml/2 TL frischer Limonensaft
- 15 ml/1 EL frischer Kerbel, gehackt
- Salz und frisch gemahlener schwarzer Pfeffer
- Garnitur: Limonenscheiben und frischer Kerbel

1 Kochen Sie den Reis laut Anweisung. Gießen Sie ihn ab, schütten ihn in eine Schüssel und lassen ihn abkühlen.

2 Legen Sie vier Auflaufförmchen mit Klarsichtfolie aus und dann jede mit zwei Scheiben Lachs. Heben Sie den restlichen Lachs für die Hülle der Pakete auf.

3 Geben Sie Gurke, Feta und Tomaten zum Reis und rühren Mayonnaise, Zitronensaft und Kerbel ein. Mischen Sie alles gut. Würzen Sie nach Belieben mit Salz und Pfeffer.

4 Geben Sie die Reismischung in die Auflaufförmchen (Mit dem Rest können Sie einen Reissalat anrichten). Legen Sie den restlichen Lachs obenauf und falten dann überstehende Lachsstücke so ein, dass die Reismischung völlig umhüllt ist.

5 Kühlen Sie die Pakete 30–60 Minuten im Kühlschrank und stürzen dann die Pakete mit Hilfe der Klarsichtfolie auf einen Teller. Ziehen Sie die Folie vorsichtig ab, garnieren dann jedes Paket mit Limonenscheiben und einem Zweig frischen Kerbels und servieren.

Gefüllte Eierkuchen mit Pute und Preiselbeeren

So können Sie wunderbar übrig gebliebenen Putenbraten verwenden. Die Preiselbeeren schmecken frisch süss-sauer, und der Wildreis steuert ein herrlich nussiges Aroma bei.

SECHS BIS ACHT PORTIONEN

ZUTATEN

- 50 g/gute ¼ Tasse Wildreis
- Brühe oder Wasser
- 15 g/1 EL Butter
- 2,5 ml/½ TL Sonnenblumenöl
- 1 kleine Zwiebel, fein gehackt
- 50 g/½ Tasse kleine Maronen-Pilze, geviertelt
- 75 g/¾ Tasse Preiselbeeren, frisch oder gefroren
- 25 ml/1½ EL Zucker
- 60–75 ml/4–5 EL Wasser
- etwa 300 g gekochte Putenbrust, in 2 cm große Würfel geschnitten
- 150 ml/2/3 Tasse saure Sahne
- 30 ml/2 EL Parmesan, frisch gerieben
- Salz und schwarzer Pfeffer

Für die Eierkuchen

- 175 g/1½ Tassen Weizenmehl
- 1 Ei
- 350 ml/1½ Tassen Milch
- Öl zum Braten

1 Kochen Sie den Wildreis 40–50 Minuten in Brühe oder Wasser oder laut Anweisung. Gießen Sie ihn ab. Heizen Sie den Ofen auf 190° C/Gas Stufe 5 vor.

2 Sieben Sie für die Eierkuchen Mehl und eine Prise Salz in eine Schüssel. Verquirlen Sie alles mit Ei und Milch zu einem glatten Teig. Erhitzen Sie etwas Öl in einer Pfanne, gießen etwa 30 ml/2 EL Teig hinein und verteilen ihn gleichmäßig in der Pfanne. Backen Sie den Eierkuchen, bis die Unterseite hellbraun ist, wenden ihn und backen kurz die andere Seite. Nehmen Sie ihn vorsichtig aus der Pfanne und backen weitere 5–7 Eierkuchen.

3 Erhitzen Sie Butter und Sonnenblumenöl in einer weiteren Pfanne und braten die Zwiebel 3–4 Minuten, bis sie weich ist. Geben Sie die Pilze dazu und braten 2–3 Minuten, bis sie eine blassgoldene Farbe haben.

4 Geben Sie die Preiselbeeren mit Zucker und dem abgemessenen Wasser in einen kleinen Topf. Kochen Sie es auf und köcheln dann bedeckt bei sehr kleiner Hitze, bis die Beeren aufplatzen. Das dauert bei frischen Preiselbeeren etwa 10 Minuten, bei gefrorenen etwa 2–3 Minuten.

5 Heben Sie die gekochten Beeren mit einem Schöpflöffel in eine Schüssel und gießen 45 ml/3 EL der Kochflüssigkeit dazu. Geben Sie Reis, Pute, Zwiebel, die Pilzmischung und 60 ml/4 EL Sahne dazu. Würzen Sie mit etwas Salz und Pfeffer und verrühren alles. Versuchen Sie, die Beeren ganz zu lassen.

6 Falten Sie die Eierkuchen zweimal, geben die Füllung in eine der Taschen und legen sie auf ein leicht eingefettetes Blech. Verrühren Sie die restliche Sahne mit dem Parmesan und geben sie über die Eierkuchen. Backen Sie die Kuchen 10 Minuten und servieren Sie.

Fischauflauf mit Süsskartoffeln

Dieses leckere Gericht ist voller gegensätzlicher Geschmacksrichtungen – die süsse, aber leicht pikante Süsskartoffel und der milde Fisch. Zudem ist dieser Auflauf auch ein recht hübscher Anblick und mit Zuckererbsen als Beilage besonders köstlich.

VIER PORTIONEN

ZUTATEN
- 175 g/1 knappe Tasse Basmati- oder Texmati-Reis, eingeweicht
- 450 ml/knappe 2 Tassen Brühe
- 175 g/1½ Tassen Saubohnen, enthülst
- 675 g Schellfisch- oder Kabeljaufilets, enthäutet
- etwa 450 ml/knappe 2 Tassen Milch

Für die Soße
- 40 g/3 EL Butter
- 30–45 ml/2–3 EL Weizenmehl
- 15ml/1 EL frische Petersilie, gehackt
- Salz und schwarzer Pfeffer

Für den Belag
- 450 g Süßkartoffeln, geschält und in große Stücke geschnitten
- 450 g mehlige weiße Kartoffeln, geschält und in große Stücke geschnitten
- Milch und Butter zum Zerquetschen
- 10 ml/2 TL Petersilie, frisch gehackt
- 5 ml/1 TL Dill, frisch gehackt
- 15 ml/1 EL fettarme Sahne (nach Wahl

1 Heizen Sie den Ofen auf 190° C/Gas Stufe 5 vor. Gießen Sie den Reis ab und geben ihn mit Brühe, etwas Salz und Pfeffer in einen Topf und kochen alles auf. Verringern Sie die Hitze und köcheln bedeckt etwa 10 Minuten, oder bis alle Flüssigkeit aufgesaugt wurde.

2 Kochen Sie die Saubohnen in leicht gesalzenem Wasser weich und tropfen sie gut ab. Wenn sie etwas abgekühlt sind, drücken Sie die leuchtend grünen Bohnen aus ihrer Haut.

3 Kochen Sie Süß- und weiße Kartoffeln getrennt in kochendem Salzwasser weich, gießen Sie ab und zerquetschen sie mit etwas Milch und Butter. Geben Sie die Kartoffelpürees in verschiedene Schüsseln. Rühren Sie Petersilie und Dill mit der Sahne in die Süßkartoffeln.

4 Legen Sie den Fisch in eine Pfanne und bedecken ihn gerade mit Milch (etwa 350 ml/1½ Tassen). Betupfen Sie ihn mit 15 g/1 EL Butter und würzen mit Salz und Pfeffer. Erhitzen Sie und köcheln 5–6 Minuten, bis er weich ist. Nehmen Sie ihn aus der Pfanne und brechen ihn in große Stücke. Geben Sie die Kochflüssigkeit in einen Messbecher und füllen sie mit der übrigen Milch auf 450 ml/knappe 2 Tassen auf.

5 Machen Sie nun die Soße. Schmelzen Sie Butter in einem Topf, rühren Mehl ein und kochen 1 Minute. Geben Sie unter Rühren nach und nach die Milchmischung dazu, bis eine ziemlich dünne Soße entsteht. Rühren Sie die Petersilie ein und schmecken Sie ab.

6 Verteilen Sie den gekochten Reis in einer großen ovalen Auflaufform. Geben Sie Saubohnen und Fisch dazu und gießen die Soße darüber. Belegen Sie alles mit zerquetschten Kartoffeln und machen ein hübsches Muster. Pinseln Sie alles mit Butter ein und backen den Auflauf in 15 Minuten braun.

TIPP
Es gibt mehrere Sorten Süßkartoffeln. Die Sorte mit der helleren Schale hat überraschenderweise das rotere Fleisch. Sie können den Auflauf auch komplett mit Süßkartoffeln belegen oder beide Sorten mischen. Kochen Sie trotzdem Kartoffeln und Süßkartoffeln getrennt, da die Süßkartoffeln schneller gar werden.

WILDREIS-PILAW

Wildreis ist eigentlich kein Reis, sondern eine wilde Grassorte. Er hat einen wundervoll nussigen Geschmack und passt gut zum Langkornreis in dieser fruchtigen Mischung. Servieren Sie das Pilaw als Beilage.

SECHS PORTIONEN

ZUTATEN
- 200 g/1 Tasse Wildreis
- 40 g/3 EL Butter
- ½ Zwiebel, fein gehackt
- 200 g/1 Tasse Langkornreis
- 475 ml/2 Tassen Hühnerbrühe
- 75 g/¾ Tasse Mandelblättchen oder -splitter
- 115 g/2/3 Tasse Sultaninen
- 30 ml/2 EL Petersilie, gehackt
- Salz und schwarzer Pfeffer

1 Kochen Sie einen großen Topf Wasser auf. Geben Sie Wildreis und 5 ml/1 TL Salz hinein. Verringern Sie die Hitze und köcheln bedeckt 45–60 Minuten. Tropfen Sie den Reis gut ab.

2 Schmelzen Sie inzwischen in einem anderen Topf 15 g/1 EL Butter. Geben Sie die Zwiebel hinein und braten sie etwa 5 Minuten bei mittlerer Hitze weich. Rühren Sie den Langkornreis ein und kochen noch 1 Minute.

3 Rühren Sie die Brühe ein und kochen sie auf. Köcheln Sie bedeckt 30–40 Minuten, bis der Reis weich ist und die Flüssigkeit aufgesaugt wurde.

4 Schmelzen Sie die restliche Butter in einem kleinen Topf. Geben Sie Mandeln hinein, braten sie golden und stellen sie beiseite.

5 Geben Sie die Reismischung mit Mandeln, Sultaninen und der Hälfte der Petersilie in eine Schüssel. Verrühren Sie alles gut und schmecken ab. Verteilen Sie dann alles auf einer vorgewärmten Platte, streuen die übrige Petersilie darüber und servieren Sie.

TIPP
Wie alle Reisgerichte wird auch dieses mit einer gut gewürzten Brühe zubereitet. Wenn Sie keine Zeit zum Kochen haben, nehmen Sie fertige Brühe.

Wildreis mit gegrilltem Gemüse

Die Kombination von Wildreis und Langkornreis passt gut zusammen und ergibt ein außerordentlich leckeres vegetarisches Gericht.

VIER PORTIONEN

ZUTATEN
- 225 g/1 gute Tasse Wildreis gemischt mit Langkornreis
- 1 große Aubergine, dick geschnitten
- je 1 rote, gelbe und grüne Paprikaschote, entkernt und geviertelt
- 2 rote Zwiebeln, geschnitten
- 225 g/gute 3 Tasssen Butter- oder Shiitake-Pilze
- 2 kleine Zucchini, längs halbiert
- Olivenöl zum Einpinseln
- 30 ml/2 EL frischer Thymian, gehackt und mehr zum Garnieren

Für das Dressing
- 90 ml/6 EL natives Olivenöl extra
- 30 ml/2 EL Balsamessig
- 2 Knoblauchzehen, zerdrückt
- Salz und schwarzer Pfeffer

1 Geben Sie den Reis in einen Topf mit kaltem Salzwasser. Kochen Sie es auf, reduzieren dann die Hitze und kochen bedeckt 30–40 Minuten (oder laut der Packungsanweisung), bis der Reis weich ist.

2 Verquirlen Sie für das Dressing Olivenöl, Essig, Knoblauch und Gewürze in einer Schüssel oder schütteln sie in einem Schraubglas, bis sie gut vermischt sind. Stellen Sie es beiseite.

3 Legen Sie das Gemüse auf ein Grillblech. Pinseln Sie alles mit Olivenöl ein und grillen etwa 5 Minuten.

4 Wenden Sie das Gemüse, pinseln es erneut ein und grillen weitere 5–8 Minuten, oder bis es weich und an einigen Stellen angebräunt ist.

5 Gießen Sie den Reis ab, schütten ihn in eine Schüssel und gießen die Hälfte des Dressings darüber. Geben Sie ihn auf einzelne Teller und verteilen das gegrillte Gemüse obenauf. Gießen Sie das restliche Dressing darüber, streuen Thymian über alles und servieren.

Milchreis aus dem Südwesten

Die Geheimzutat bei diesem ungewöhnlichen Milchreis ist Kokosnuss. Verkochen Sie den Reis nicht, er wird sonst matschig. Frische Früchte wie Erdbeeren passen gut dazu.

VIER PORTIONEN

ZUTATEN

- 40 g/¼ Tasse Rosinen
- etwa 475 ml/2 Tassen Wasser
- 200 g/1 Tasse Milchreis
- 1 Zimtstange
- 30 ml/2 EL Zucker
- 475 ml/2 Tassen Milch
- 250 ml/1 Tasse Kokoscreme aus der Dose
- 2,5 ml/½ TL Vanille-Essenz
- 15 g/1 EL Butter
- 25 g/1/3 Tasse Kokosraspeln
- gemahlener Zimt zum Bestäuben

1 Geben Sie die Rosinen in ein Schälchen, bedecken Sie mit Wasser und lassen sie einweichen.

2 Gießen Sie das abgemessene Wasser in einen Teflontopf und kochen es auf. Geben Sie Reis, Zimtstange und Zucker hinein und rühren. Bringen Sie die Mischung wieder zum Kochen und köcheln bedeckt 15–20 Minuten, bis die Flüssigkeit aufgesaugt wurde.

3 Entfernen Sie die Zimtstange. Gießen Sie die Rosinen ab und geben sie mit Milch, Kokoscreme und Vanille-Essenz in den Reis. Verrühren Sie alles gut. Decken Sie den Topf ab und kochen die Mischung noch etwa 20 Minuten, bis sie eindickt. Verkochen Sie den Reis nicht. Heizen Sie den Grill vor.

4 Geben Sie die Mischung in eine feuerfeste Servierschüssel. Pinseln Sie alles mit Butter ein und streuen gleichmäßig Kokosraspeln darüber. Grillen Sie den Milchreis oben braun. Streuen Sie Zimt darüber. Servieren Sie den Milchreis warm oder kalt.

KARAMELLMILCHREIS

DIESER MILCHREIS SCHMECKT HERRLICH MIT KNACKIGEN FRISCHEN FRÜCHTEN.

VIER PORTIONEN

ZUTATEN
- 15 g/1 EL Butter
- 50 g/¼ Tasse Milchreis
- 75 ml/5 EL brauner Rohrzucker
- 400 g Dose Kondensmilch, mit Wasser zu 600 ml/2½ Tassen aufgefüllt
- 2 frische Babyananas
- 2 Feigen
- 1 knackiger Essapfel
- 10 ml/2 TL Zitronensaft
- Salz

1 Heizen Sie den Ofen auf 150° C/Gas Stufe 2 vor. Fetten Sie eine Auflaufform mit Butter ein. Geben Sie den Reis in ein Sieb und waschen ihn gründlich unter kaltem Wasser. Lassen Sie ihn gut abtropfen und füllen ihn in die Form.

2 Streuen Sie 30 ml/2 EL Zucker und eine Prise Salz in die Form. Gießen Sie die verdünnte Kondensmilch dazu und verrühren alles vorsichtig.

3 Betupfen Sie die Reisoberfläche mit Butter. Backen Sie den Reis 2 Stunden und lassen ihn 30 Minuten abkühlen.

4 Vierteln Sie inzwischen die Ananas und die Feigen. Schneiden Sie den Apfel in Spalten und beträufeln alles mit Zitronensaft an. Heizen Sie den Backofengrill vor.

5 Streuen Sie den restlichen Zucker gleichmäßig über den Reis. Grillen Sie ihn 5 Minuten, oder bis der Zucker karamellisiert ist. Lassen Sie den Milchreis 5 Minuten stehen, damit das Karamell hart wird, und servieren dann mit den frischen Früchten garniert.

REGISTER

BILDNACHWEIS

Die Fotos in diesem Buch stammen bis auf die unten aufgeführten von Dave King und David Jordan:

Seite 8 Life File/Emma Lee; *Seite 9 oben* Archiv/Free Library Philadelphia; *unten* Archiv/Domenica del Corriere; *Seite 10 oben* Archiv/Gallery of Art, Free; *unten* Archiv/Gallery of Art, Free; *Seite 11* Life File/Emma Lee; *Seite 12* Life File/Emma Lee; *Seite 13 oben und unten* Life File/Emma Lee.